ENTRE A SEDUÇÃO E A INSPIRAÇÃO: O HOMEM

TRADUÇÃO
VANISE DRESCH

ENTRE A SEDUÇÃO E A INSPIRAÇÃO: O HOMEM JEAN LAPLANCHE

PORTO ALEGRE · SÃO PAULO
2023

ÍNDICE

7		NOTA DA TRADUTORA
9		APRESENTAÇÃO
13	I	Sedução, perseguição, revelação
53	II	Notas sobre o *après-coup*
61	III	Curto tratado do inconsciente
97	IV	A didática: uma psicanálise "por encomenda"
107	V	As forças em jogo no conflito psíquico
123	VI	Responsabilidade e resposta
145	VII	A psicanálise na comunidade científica
157	VIII	A assim chamada pulsão de morte: uma pulsão sexual
179	IX	Objetivos do processo psicanalítico
197	X	A psicanálise como anti-hermenêutica
211	XI	A psicanálise: mitos e teoria
235	XII	Narratividade e hermenêutica: algumas considerações
241	XIII	Sublimação e/ou inspiração

NOTA DA TRADUTORA

Diante do desafio e da responsabilidade de traduzir mais um livro de Jean Laplanche, *Entre a sedução e a inspiração: o homem*, cabe-me expor alguns critérios que pautaram minhas decisões e escolhas de tradução.

Em primeiro lugar, seria inadmissível traduzir Laplanche, tradutor criterioso — junto com sua equipe — da obra completa de Freud do alemão ao francês, sem levar em conta seu pensamento sobre a tradução e os princípios tradutórios gerais que orientaram seu projeto científico e editorial: fidelidade, integralidade e exatidão.

Além do livro *Traduire Freud*, de grande auxílio para entender como Laplanche e seu grupo concebem a tradução, apoiei-me não só nos conhecimentos acumulados com a tradução de outro livro do autor, *Sexual*, como também nas sugestões e conselhos dos revisores técnicos, que são, todos, estudiosos da obra laplancheana.

Em sua grande maioria, os termos já tinham uma tradução consagrada no meio psicanalítico. Alguns deles, no entanto, foram revistos, seguindo uma nova tendência predominante na literatura psicanalítica de língua portuguesa, como o uso de *isso* em vez de *id*. Outros foram propostos por Laplanche, ainda que possam causar estranhamento, fazendo-me, assim, recorrer a neologismos.

Todavia, em relação a algumas noções e expressões laplancheanas, ainda se discute sobre a melhor tradução. É o caso, por exemplo, de *fourvoiement*: desvio ou extravio? Deparei-me, várias vezes, com sugestões discordantes da revisão técnica para uma mesma palavra recorrente empregada por Laplanche. Foi necessário, então, optar pelo que já estava consagrado em traduções anteriores ou acatar uma nova sugestão. Outras vezes, a tradução não pôde prescindir de comentário explicativo em nota de rodapé. Nesses casos, não se trata de um fracasso da tradução, mas de um limite objetivo, como dizia o próprio Laplanche.

Quanto às citações dos textos freudianos, preferi traduzir livremente a partir do francês, uma vez que Laplanche se atém a algumas palavras ou formulações que não correspondem exatamente às que encontramos nas obras de Freud em português. As referências bibliográficas da *Edição standard brasileira*, então, são meramente para auxiliar o leitor.

Assim, busquei ao máximo a preservação do sentido mais literal do texto original, seguindo uma escolha sempre adotada pelo próprio Laplanche na sua longa experiência como tradutor de Freud.

Vanise Dresch

APRESENTAÇÃO DA EDIÇÃO BRASILEIRA

É com renovada satisfação que lançamos o segundo título traduzido ao português de uma obra de Jean Laplanche, por iniciativa da Fundação Jean Laplanche — Novos Fundamentos para à Psicanálise, em parceria com a Dublinense.

Jean Laplanche foi um emérito psicanalista francês, nascido em 1924 e falecido em 2012. Filósofo e médico de formação, publicou em psicanálise de 1960 a 2007. Este volume contém textos escolhidos por ele entre os escritos entre 1992 e 1998 — portanto, de cinco a dez anos depois da publicação dos *Novos fundamentos para a psicanálise*, obra que consolida a teoria original de Laplanche, a teoria da sedução generalizada, e doze a dezessete anos depois da publicação de sua coleção *Problemáticas*, que reuniu transcrições de seminários com minuciosa análise crítica sobre a obra de Freud, ao longo dos quais Laplanche foi construindo sua própria teoria. Essa referência inicial é indispensável, porque alude ao caráter de evolução e investigação minuciosa do pensamento de Laplanche sobre sua própria teoria, presente no conjunto agora apresentado.

Os textos aqui reunidos são sobre aprofundamentos epistemológicos e metapsicológicos, baseados em consistente pensamento clínico, como exposto no prefácio desta publicação. Eles antecipam mudanças significativas que vão aparecer depois, no livro *Sexual*, de 2007.

Muitos dos artigos são densos e demandam do leitor o conhecimento prévio de alguns textos e conceitos, como, principalmente, os apresentados em *Novos fundamentos para a psicanálise*, de 1987, em *Vida e morte em psicanálise*, de 1970, e em textos de *Sexual*, como *Pulsão e instinto*, *Sexualidade e apego na metapsicologia*, *A partir da situação antropológica fundamental* e *Os fracassos da tradução*. Fundamentalmente, no primeiro título mencionado, Laplanche expõe sua teoria original sobre a natureza e a origem do inconsciente, destacando a relação do bebê humano com os adultos e a importância das mensagens sexuais por estes transmitidas, criando significados para tais mensagens, em uma atividade que ele chama de tradução. A dinâmica tradução-destradução-retradução expande as articulações entre os significados criados e os espaços da alma humana (pré-consciente e inconsciente recalcado — e em estudos posteriores aos aqui apresentados, separando-os do inconsciente encravado). Essa teoria dá centralidade ao sexual na constituição do aparelho psíquico e redefine conceitos nucleares, como pulsão, recalcamento, sublimação, simbolização, après-coup, constituição do eu, narrativa e temporalização, com grande destaque à sexualidade infantil (como por ele definida) e o mundo de fantasia. Laplanche conduz a compreensão desse movimento de expansão estimulada pelo outro através da palavra inspiração, e o volume agora apresentado discute e aprofunda muitos desses conceitos, contendo também escritos sobre o processo psicanalítico e a relação da psicanálise com outras áreas do conhecimento.

Trata-se de um conjunto de textos que se torna fundamental na compreensão dos conceitos do autor, iluminados pela essencialidade do estímulo do outro humano.

Nosso agradecimento novamente à tradutora Vanise Dresch, pelo revitalizado cuidado e pela dedicação, que uma vez mais resultou na excelente qualidade desta versão em português.

Do mesmo modo, ao grupo de colegas, revisores da tradução, que auxiliaram a manter o texto o mais próximo o possível das intenções do autor.

José Carlos Calich
Membro do conselho científico da
Fundação Jean Laplanche — Novos Fundamentos
para a Psicanálise e psicanalista pela Sociedade
Psicanalítica de Porto Alegre (SPPA)

I
Sedução, perseguição, revelação[1]

Para Jean-Pierre Maïdani-Gérard

Não esconderei meu jogo. Ele se resume em três lances:
• Digo "sedução" e alguém me responde: "Sim, com certeza. Fantasia de sedução".
• O psicótico diz "perseguição", alguém lhe responde: "Sim, com certeza. Delírio de perseguição".
• O homem religioso diz "revelação", alguém lhe responde: "Sim, com certeza. Mito de revelação".

"Sim, com certeza", alguém diz nos três casos. Esse "sim, *com certeza*" vem assegurar contra a ideia de que o neurótico, o psicótico e o religioso possam ter "razão, de certa forma". Esta frase é de Freud, mas seu ponto de vista se refere ao *conteúdo* do sintoma. E deve-se dizer que, em relação ao conteúdo das fantasias, dos delírios ou das crenças, há antes uma pletora de interpretações. Mas, aqui, pretendo ir bem mais adiante, para desvendar a parte de "razão" que se encontra na própria *forma* da asserção: seduzir, perseguir e revelar, afinal de contas, são verbos ativos, e é essa atividade do outro que pretendo questionar.

[1] Trabalho apresentado nas Journées de l'Association Psychanalytique de France, em 12 de dezembro de 1992. *Psychanalyse à l'Université*, 1993, 18, 72, p. 3-34.

Esse "alguém" que responde "sim, com certeza" é Freud, mas também todo mundo. Isso se for mesmo verdade que todo o movimento do ser humano consiste em negar, reintegrar a alteridade, e que o movimento teórico de Freud reproduz esse fechamento e esse recentramento.

Seria paradoxal considerar que a descoberta mais radical da alteridade, a descoberta feita pela psicanálise de outra coisa em mim mesmo e da ligação dessa outra coisa com outra pessoa, conduz, passando por mutações diversas, a um recentramento cada vez mais explícito?

Em Freud, no entanto, esse movimento de fechamento não é linear, não toma um sentido único. São diversos os percursos que levam, por exemplo, da sedução à fantasia de sedução, da fantasia ao biológico ou, ainda, em outro plano, da pulsão (*Trieb*) ao instinto (*Instinkt*). Ao lermos atentamente um texto tardio, como *Moisés e o monoteísmo*, percebemos que a retomada do termo instinto é muito mais marcada e extensiva do que se havia suspeitado[2].

Para introduzir esta exposição e antes de abordar meus três temas, os três descentramentos-recentramentos, quero situá-la em eco às ideias de Guy Rosolato, em particular ao seu recente trabalho sobre as fantasias originárias e seus mitos correspondentes[3].

Em eco quer dizer não só em ressonância, em harmonia, as quais são profundas, mas também em dissonâncias, que, na verdade, somente Rosolato pode julgar se são menores ou relevantes.

SEDUÇÃO

Meu primeiro tema será então o debate entre *sedução* e *fantasia de sedução*, em que priorizo a sedução à fantasia. Isso poderia me fazer passar por um tolo ou, eventualmente, por

---

[2] Por exemplo: "Descobrimos que, em certo número de relações importantes, nossas crianças reagem, não de maneira correspondente às suas próprias experiências, mas *instintivamente*, como os animais, de um modo que só é explicável como aquisição filogenética" (L'homme Moïse et la religion monothéiste. *GW,* XVI, p. 241; tradução francesa, Paris, Gallimard, 1986, p. 238). [*Edição standard brasileira*, vol. XXIII, Rio de Janeiro, Imago, p. 84.]

[3] Cf. *Nouvelle Revue de Psychanalyse*, outono de 1992, 46, p. 223-246.

um temível maníaco. Não sabemos aonde leva qualquer visão unitária? A psicanálise não nos ensina o pluralismo, a pluralidade ou até mesmo a justaposição? É precisamente esta que reina no inconsciente, onde tudo permanece lado a lado, sem obrigação de síntese. "Ao lado" da sedução, objetam-me com uma obstinação que não é menor que a minha, não haveria "também" outros roteiros não menos importantes nem menos originários? Cena originária, o que pode ser mais originário? Castração, o que pode ser mais fundamental? E retorno ao ventre materno, o que pode ser mais primordial?

Por que, então, privilegiar a sedução dentre os três ou quatro roteiros principais? E, além disso, com uma obstinação ainda maior, por que não aceitar essa palavrinha que nos reconciliaria todos: "fantasia de"? Afinal, não é na fantasia que se focaliza a psicanálise? O exercício desta não tem a fantasia como o único campo em que funciona de ponta a ponta, desde o seu início até seu fim?[4]

As duas objeções que me são feitas — de esquecer que a sedução é uma fantasia e de priorizá-la equivocadamente em

---

4   Faço aqui papel de advogado do diabo, mas de um diabo que leva a maioria dos votos. No tratamento analítico, *originariamente*, a regra fundamental implicaria uma redução ao subjetivo, e esta, por sua vez, uma colocação de todos os conteúdos no mesmo plano. "Não há indício de realidade no inconsciente", lembra Freud ao explicar o abandono de sua teoria em 1897. No entanto, Freud estende, sem precauções, essa ausência de indício de realidade ao próprio tratamento analítico, provavelmente pelo fato de que este, de certa forma, visa a chegar o mais próximo possível do inconsciente. Dizer tudo e apenas dizer implica, seguramente, em certa irrealização no "dizer", e isso, em proveito do imaginar. Então, a partir daí, todas as confusões são possíveis: alegar que a realidade psicológica do tratamento analítico é a realidade psíquica do inconsciente, alegar que o discurso do tratamento analítico consegue abolir a dimensão referencial de qualquer fala, etc. Tratei demoradamente das modalidades dessa redução da situação analítica ao ilusório em *Problématiques V: Le baquet. Transcendance du transfert*, Paris, PUF, 1987, p. 88-134. [*A Tina. A transcendência da transferência*, Martins Fontes, 1993.]
    Quanto à *finalidade* da análise, parece também ser consenso, como um menor denominador comum, que ela visa assumir plenamente a posição daquele que diz "Eu". As sutilezas gramaticais sobre *wo Es war, soll Ich werden* são certamente interessantes, mas que o *Ich* de Freud seja um *moi* ou um *je*, e/ou um *je* [o autor se refere aqui à ambiguidade introduzida por Lacan, que usa o termo *moi* como sinônimo de eu imaginário e *je* como sinônimo de sujeito do inconsciente], no final das contas, o que "deve advir" é sempre um recentramento (cf. *La révolution copernicienne inachevée*, Paris, Aubier, 1992, p. 32-35). O mesmo acontece muitas vezes em relação a Lacan: mais de uma fórmula nos leva a esse ideal de uma "palavra plena", isto é, em última instância, autocentrada. Veremos, contudo, que sua contribuição vai mais longe.

detrimento de outros fatores não menos originários — são, finalmente, uma só. Se a sedução é apenas fantasia, ela não tem nenhuma primazia sobre as outras produções da *própria* imaginação do sujeito. Cena originária, castração, todas essas formas de imaginação se equivalem como esquemas narrativos criados pelo sujeito sob a pressão da pulsão ou do desejo.

Porém, inversamente, sustentar a *realidade da sedução* é afirmar sua prioridade, sua primazia sobre outras cenas fantasiadas ditas originárias.

A *sedução* seria mais real que a observação da cena originária? Em nome de qual confirmação experimental, estatística, eu poderia sustentar tal absurdo? Da mesma maneira, alguém poderia me desafiar, com razão, a provar que as crianças são masturbadas por um adulto com maior frequência do que são ameaçadas de castração por esse adulto. Toda a questão, aqui, reside no termo "realidade", no tipo de realidade em discussão. O que está em discussão é saber se, sim ou não, a psicanálise trouxe novidade nesse campo, se ela afirmou a existência de um *terceiro campo de realidade*[5].

"Realidade psíquica". Em várias oportunidades afirmei que Freud apresenta esse termo como indicador de um campo à parte no psiquismo, mas eu disse também que ele fracassa em manter firmemente sua definição, em particular, diferenciando-a da realidade do campo psicológico tomado em sua generalidade. A realidade *psicológica* é o fato de que, de qualquer forma, sou *eu que penso* "sedução"; a sedução não pode ser outra coisa a não ser meu modo de apreendê-la. Em relação ao psicológico, a realidade *material* parece diferenciar-se facilmente: são os gestos constatáveis, sexuais. Porém, se refletirmos bem, esse "constatável" logo se torna contestável. Constatável se nós nos reportarmos a uma concepção genital da sexualidade: tocar no pênis do menino pode, sem dúvida, ser considerado um gesto de sedução real. E tocar nos lábios ou no ânus? Dir-se-ia que há sedução porque são zonas erógenas pré-formadas? No entanto, apesar das aparências, essa é ainda uma concepção pré-freudiana, se concordarmos com Freud que, no início, o

---

[5] Minha primeira fala para a comunidade analítica, já há muito tempo, aconteceu na Sociedade Francesa de Psicanálise e teve como tema "A realidade na neurose e na psicose". Paris, 1961.

corpo inteiro é uma zona erógena potencial. A partir desse postulado básico, o que dizer do gesto de tocar no dedão do pé da criança? É uma sedução ou não? Em que condições se trata de uma sedução? Qual é o tipo de *realidade* em questão? Quais são os "indícios" dessa realidade?

A solução proposta é a da presença de uma fantasia sexual *no adulto*. Neste caso, porém, é necessário ainda estabelecer uma distinção: ou se postula uma comunicação imaterial de inconsciente a inconsciente, de fantasia a fantasia, o que seria um postulado totalmente injustificado da preexistência de uma fantasia e de um inconsciente no bebê; ou então se começa a considerar essa ideia de que existe um *terceiro campo de realidade*, que não é *nem* a pura materialidade do gesto (supondo-se mesmo que seja possível determiná-la), *nem* a pura psicologia do protagonista ou dos protagonistas.

Realidade da mensagem, irredutibilidade do fato de comunicação. O que a psicanálise acrescenta a isso é um dado de sua experiência, ou seja, o fato de que essa mensagem está frequentemente comprometida, sendo falha e bem-sucedida ao mesmo tempo[6]. Opaca para quem a recebe, opaca também para quem a emite. Para simplificar a explicação, a sedução não é mais nem menos real que um lapso ou um ato falho. A realidade de um lapso não é redutível à sua materialidade. Um lapso não é mais nem menos real, do ponto de vista material, que uma palavra pronunciada corretamente. Um lapso, contudo, também não é redutível às imaginações que cada interlocutor forja a seu respeito, imaginações essas, com frequência, muito pobres e redutoras. Ele veicula uma mensagem detectável, observável, interpretável em parte pela psicanálise. É em função desse *terceiro campo de realidade*, e não em função da realidade material, que persisto em dizer "sedução" e não "fantasia de sedução".

Quanto à prioridade que dou à sedução, deve-se ao fato de que os outros grandes esquemas narrativos invocados como origi-

---

[6] É notável que as *Conferências introdutórias sobre psicanálise* introduzam todo o desenvolvimento de Freud não pelo sonho, mas pelo lapso e pelo ato falho: fenômenos da vida de comunicação.

nários têm um núcleo de sedução na medida em que também veiculam uma ou mais mensagens do outro, primeiramente sempre no sentido do adulto à criança.

Deixo de lado o retorno ao seio materno e o seu correlativo, o novo nascimento. Em seu maior momento de lucidez, Freud mostra que esse retorno está longe de ser tão fundamental quanto alega Jung. Enraíza-se na cena originária e repousa nos desejos oriundos desta, especialmente no desejo de ser submetido ao coito pelo pai[7].

O que me interessa, aqui, é *o que existe de sedução, isto é, de mensagem inconsciente, na cena primitiva e na castração*. No que se refere à primeira, encontramos em Freud uma espécie de exercício forçado que consiste em querer fabricá-la a partir de dois ingredientes apenas: de um lado, a realidade perceptual e, de outro, a fantasia da criança, ambas as proporções variando infinitamente. Essa é a velha história do Homem dos Lobos, que não retomarei aqui. Mas nunca é questionada essa outra realidade que não é material, tampouco puramente subjetiva: o adulto *propõe* a cena a ver, a ouvir, sugere por uma conduta, um gesto ou até mesmo um beijo conjugal. Deixar ver não equivaleria muitas vezes a dar a ver? Existem, contudo, formas que são mais explícitas do que deixar ver por descuido. Quando o pai do Homem dos Lobos leva o filho para assistir ao coito entre animais, como pensar que seja um passeio inocente e desprovido de intenção?[8]

A cena primitiva veicula mensagens. Ela só é traumatizante porque propõe, impõe seus enigmas, os quais comprometem o espetáculo dirigido à criança. Longe de mim a ideia de querer repertoriar essas mensagens. A meu ver, de fato, não existem enigmas objetivos: só há enigmas propostos, somente enigmas que se reiteram de uma forma ou outra na relação do emissor da mensagem com seu próprio inconsciente. As mensagens da cena originária são muitas vezes de violência, selvageria, castra-

---

[7] A partir de L'histoire d'une névrose infantile. *OCF-P,* XIII, Paris, PUF, 1988, p. 97-100. [História de uma neurose infantil. *Edição standard brasileira*, vol. XVII, Rio de Janeiro, Imago.]

[8] O que pode ser mais inocente que um passeio? Recordo-me que, durante a ocupação alemã, as poucas palavras francesas que os soldados alemães conheciam eram: "Promenade, mademoiselle?" [Passeio, senhorita?]. Convite sexual, codificado como tal.

ção e analidade. Uma mensagem de exclusão é quase inerente à situação em si mesma: eu mostro a você — ou deixo-o ver — alguma coisa que, por definição, você não pode compreender e da qual não pode participar. O que Melanie Klein define como "pais combinados" designa exatamente esse nó enigmático ou, poder-se-ia dizer também, em dupla ligação.

Pontalis e eu, em momento um tanto retórico sobre as fantasias das origens, propusemos este enunciado: "Na cena primitiva, o que é figurado é a origem do indivíduo"[9]. Expressei posteriormente toda a minha desconfiança em relação a essa afirmação e gostaria de ser claro a respeito. Eliminemos de saída a ideia de um enigma "objetivo" por assim dizer. Com que razão, de fato, pensar que o espetáculo do coito parental pode despertar — no caso do pequeno investigador que é a criança — para a questão da fecundação? Desta, para aquela do nascimento? E, por fim, deste, para o problema de sua própria origem? Como sustentei anteriormente, só há enigma — diferentemente do *problema* puramente científico — quando seus elementos se encontram não na objetividade dos dados, mas em quem *propõe* o enigma. Assim, é do lado dos protagonistas adultos da cena originária que devemos nos situar para saber se o enigma em questão está relacionado às origens, isto é, à procriação do ser humano. Seria necessário admitir, então, que o coito humano é realizado e como que habitado pelo desejo de procriação, ideia contra a qual Freud não deixou de lutar desde os *Três ensaios sobre a teoria da sexualidade*, de 1905, propondo a existência, tanto no homem como na mulher, de uma gênese do desejo sexual que o desvincula primeiro do desejo de ter filhos, para depois restabelecer com este apenas ligações complexas, contingentes, individualmente muito variáveis.

Antes de entoar, acerca das fantasias originárias, como nós mesmos fizemos, o refrão das grandes interrogações filosóficas — "de onde viemos?", "para onde vamos?", etc. —, é preciso lembrar que o desejo de procriar, consciente ou não, está longe de ser geral e preponderante e de ser invencível ao desejo sexual.

---

9   Fantasme originaire, fantasmes des origines, origine du fantasme. In *Les temps modernes*, 1964, 215, p. 1133-1168. O artigo foi revisado e reeditado em livro, Paris, Hachette, 1985. [*Fantasia originária, fantasias das origens, origens da fantasia*, Jorge Zahar, 1990.]

Mas isso não é suficiente. É preciso também lembrar que Freud, por outro lado, não se priva de levar em conta o questionamento do pequeno humano sobre a origem e a procriação. Ele o situa, contudo, justamente *em outro lugar* que não é o do espetáculo da cena originária, mas na chegada de um irmão caçula. Eu acrescento que essa chegada também não é um fato puramente objetivo: "Vamos dar a você um irmãozinho" é também uma mensagem enigmática vinda do outro.

É interessante observar que Freud trata dos enigmas do nascimento e da morte quase nos mesmos termos. Não é verdade, diz ele, que a investigação sobre o nascimento resulta "de uma necessidade inata de causas estabelecidas"[10]. Da mesma maneira, em relação à morte, Freud diz que "os filósofos pensam [na morte] filosoficamente em excesso" vendo nela um enigma puramente intelectual: o homem das origens — a criança, também podemos ler — não crê em sua própria morte. E o homem não "se indaga ao lado do cadáver do inimigo assassinado"[11]. Mais uma vez, *o enigma lhe é apresentado pela mensagem* endereçada pelo outro no momento de sua morte, da morte do ente querido.

É claro que a categoria da mensagem encontra um limite naquela mensagem que o outro nos envia quando nos falta definitivamente. Menciono isso apenas para ressaltar que o luto não poderia ser repensado — ele também não — somente a partir das duas categorias da realidade material e da fantasia, isto é, sem considerar a mensagem, interrompida para sempre, inexoravelmente interrompida[12].

A castração. A questão é complexa, encoberta, principalmente desde Lacan, por todo um *pathos* que inflou o seu conceito, a ponto de fazer com que significasse indistintamente a morte, a finitude e simplesmente a condição humana. Mas desde Freud a questão não é simples, mesmo reduzida, como ele insiste o tempo todo, ao seu contexto anatômico específico, genital. Porque

---

10 Les théories sexuelles infantiles. In *La vie sexuelle*, Paris, PUF, 1969, p. 16. [Sobre as teorias sexuais das crianças. *Edição standard brasileira*, vol. IX, Rio de Janeiro, Imago, p. 112.]

11 Actuelles sur la guerre et la mort. *OCF-P*, XIII, Paris, PUF, 1988, p. 148. [Reflexões para os tempos de guerra e morte. *Edição standard brasileira*, vol. XIV, Rio de Janeiro, Imago, p. 112.]

12 Cf. Le temps et l'autre (1990). In *La révolution copernicienne inachevée*, Paris, Aubier, 1992, p. 374-379.

ela é feita de diferentes "ingredientes", eles mesmos situados em diferentes "níveis"[13]. Ao nível da "teoria" (a "teoria de Hans e Sigmund")[14], ela se apresenta como resposta, organização e, enquanto tal, como barreira contra a angústia. Além disso, em um nível mais profundo, ela pertence à categoria do enigma: sempre posta, proposta pelo outro. Dentre os ingredientes desse enigma, quero deter-me um instante na ameaça de castração. Faço isso para destacar que uma indicação do problema que estou levantando pode ser encontrada, em Freud, na presença e no jogo de dois termos: *Drohung* e *Androhung*. Na tradução das *Œuvres complètes*, diferenciamos cuidadosamente os dois termos. Traduzimos *Drohung* por *menace* [ameaça] e *Androhung* por *menace prononcée* ou *menace proférée* [ameaça pronunciada ou proferida], que é a ameaça endereçada.

A ameaça pura é objetiva: a tempestade ameaça. Mas, se Júpiter aparecer acenando com o raio, neste caso, ela se torna precisamente *Androhung*. A ameaça *endereçada*, contudo, não é redutível ao seu enunciado simplista: vamos cortá-lo. Ela não pode ser suposta sem substrato inconsciente. Se um pai ou uma mãe pronunciasse "vamos cortá-lo", isso não poderia ser assimilado pura e simplesmente à Lei, como se quer desde Lacan. A redução a esse aspecto legislador e unívoco me parece ter o efeito, sobretudo, de mascarar os desejos inconscientes subjacentes. A ameaça de castração não poderia ser — em quem a pronuncia — o vetor, a cobertura de outros desejos? E, para mencionar apenas o mais frequente deles, o desejo inconsciente de penetração?

Para uma breve conclusão sobre a cena originária e a castração, direi então que o que falta tanto em Freud como em Lacan é a tomada em consideração da dimensão do enigma, da alteridade, pelo lado dos protagonistas adultos da criança: é como se os outros da cena originária, o outro da ameaça de castração não tivessem relação com seu próprio inconsciente; de acordo com a fórmula de Lacan, válida também para Freud (e que eu recuso), "não há Outro do Outro".

---

13 Ingredientes e níveis que me dediquei a distinguir em *Problématiques II: Castration-symbolisations*, Paris, PUF, 1980. [*Problemáticas II: Castração-simbolizações*, Martins Fontes, 1988.]
14 Ibid., p. 170.

PERSEGUIÇÃO

O ser humano seria determinantemente fechado em si mesmo? Ele seria inexoravelmente ptolomaico, autocêntrico? Poderíamos pensar assim sem a psicanálise e, às vezes, até mesmo dentro da psicanálise, ao vê-la se esforçar ridiculamente para reconstruir o exterior, a objetividade, a partir do interior. Certas construções psicanalíticas da objetalidade não têm nada a invejar aos sistemas mais complexos, justamente os mais delirantes, dos grandes idealistas, como Berkeley, Fichte ou mesmo Hegel. Neste, talvez tenhamos a tentativa mais extrema de tirar o outro da cartola do mesmo. A ideia de base é a de uma alienação — de uma *Entfremdung* —, de uma exteriorização — de uma *Entaüsserung*. No entanto, por mais peremptório que seja esse "exterior", esse "estrangeiro", no fim das contas, ele não é tão importante assim. Afinal, é para me reconhecer que crio o estrangeiro e para depois me reapropriar dele.

Ao contrário desses delírios autocentrados, a psicanálise traz em germe, apesar de tudo, uma ruptura com o ptolomeísmo. Em germe, com a teoria da sedução em Freud, em germe, com a transferência. Mas ela também pode estar pronta para inverter o movimento, como se a sedução e a transferência também fossem apenas exteriorizações, alienações, o essencial sendo encontrar-se e reconhecer-se nelas.

Existem ainda outros traços, outras demonstrações dessa prioridade do outro. Dentre esses traços, o supereu — que menciono apenas de passagem — e a psicose ou, mais exatamente, a perseguição.

Antes de falar de Schreber, contarei, não sem escrúpulos, uma história supostamente engraçada, que muitos conhecem, mas o riso que provoca é indissociável de seu caráter insondável. É a história do louco que se toma por um grão e que teme ser comido pelos frangos. Ele é, então, internado num hospital psiquiátrico, tratado não somente por psiquiatras, mas também por psicanalistas. Naquilo que se chama de "crítica" do delírio, o psicanalista, fazendo jus à sua função, vai muito além do que faz o psiquiatra clássico. Não se contenta em confrontar o paciente com o real, explicando ainda com muita clareza como, a partir da assertiva "Eu (um homem) quero devorá-lo (ele, um frango)", chega-se — pela negação do desejo e por uma derivação cujo esquema Freud mostrou bem[15] — à assertiva: "Ele (um frango) quer me devorar (a mim, um grão)". Tudo isso é bem explicado, "criticado", até que chega o dia da alta do hospital psiquiátrico. Trata-se de um asilo que segue um padrão antigo, situado no interior do país, onde ainda se está bem próximo da natureza e que tem, no pátio, um galinheiro. Pois bem, tendo acabado de sair do consultório do psiquiatra, o homem passa pelo galinheiro e se põe a correr. O médico logo o alcança: "Mas, afinal, o que está acontecendo? Você estava bem curado, você sabe perfeitamente que isso não passa de um engano e da projeção de seus próprios desejos". E o paciente responde: "Sei perfeitamente que não sou um grão, sei que ele não pode me comer, sei até mesmo que ele não quer me comer, que não pode querer me comer. Mas será que ele sabe disso?"

Essa interrogação tem um caráter irredutível. Não é uma afirmação, não é uma crença delirante: a crença foi reduzida, explicada, interiorizada. Uma *interrogação* sobre o outro não se explica. É o resíduo de toda explicação. Pertence ao terreno da fé ou da desconfiança, ao terreno do que poderíamos chamar de "fiança".

A perseguição nos reporta, evidentemente, ao caso Schreber, que, suponho, é bem conhecido, e a respeito do qual Freud comenta de passagem que poderia ser uma contribuição importante para a psicologia religiosa. Mas, se formos olhar o capítulo do "Freud" de Jones sobre a religião e também os textos freudianos explicitamente dedicados ao tema, não encontraremos nenhuma palavra sobre Schreber; um descaso espantoso em relação ao que não deixa de ser o testemunho e o desenvolvimento psicanalítico mais completo sobre uma

---

15 Cas Schreber. *GW*, VIII, p. 299 e seguintes; *OCF-P*, X, Paris, PUF, 1993, p. 285 e seguintes. [Notas psicanalíticas sobre um relato autobiográfico de um caso de paranoia (*Dementia paranoides*). *Edição standard brasileira*, vol. XII, Rio de Janeiro, Imago.]

relação individual do homem com Deus. "Schreber" é, pois, a perseguição amorosa por Flechsig (dita abertamente: transferência a partir do pai) e depois por Deus. É uma extraordinária construção religiosa, englobando Deus, sua multiplicidade (o Deus de cima, o Deus de baixo, da frente, de trás, etc., as almas examinadas, os nervos, etc.), sua relação com o homem feita de revelação e de incompreensão fundamental. Do meu ponto de vista — o da sedução — é extraordinário que Deus não compreenda nada sobre os homens e, poder-se-ia sem dúvida acrescentar, não compreenda nada de si mesmo, englobando, por fim, a destruição do mundo, sua redenção e sua nova construção.

Porém, essa destruição e reconstrução, numa leitura atenta do texto, não é a mesma do mundo em geral, mas a do mundo humano, inter-humano e precisamente a do mundo sexual. A realidade em questão nessa destruição-reconstrução é apenas acessoriamente a realidade material, aquela que denomino (por um termo um tanto restrito) "autoconservadora". Notemos que o caso Schreber se situa claramente, na obra de Freud, no período em que ainda são bem distinguidas a autoconservação e a sexualidade. E a discussão com Jung que encontramos tanto nesse texto como naquele sobre "o narcisismo" é totalmente marcada por essa distinção, que vai justamente de encontro ao monismo pulsional jungiano. Fato capital: a noção de "perda da realidade", naquele momento, ainda não havia sido unificada, como virá a ser mais tarde nos textos de 1924-1925, em que justamente a autoconservação desaparece como dimensão independente, sendo totalmente englobada no segundo dualismo pulsional. Assim, os textos de 1924-1925 sobre a neurose e a psicose[16] sofrem em absoluto de uma falta de distinção entre a realidade sexual e a realidade simplesmente.

Resumidamente, o caso Schreber de Freud é composto por duas partes: uma trata do conteúdo e a outra é explicitamente voltada para o mecanismo paranoico.

---

16 Névrose et psychose. La perte de la réalité dans la névrose et la psychose. *OCF-P*, XVII, Paris, PUF, 1992. [A perda da realidade na neurose e na psicose. *Edição standard brasileira*, vol. XIX, Rio de Janeiro, Imago.]

Como decidi dedicar a minha apresentação e a minha crítica essencialmente à segunda parte, preciso, antes, enfatizar isto: a primeira parte do caso Schreber é uma demonstração fascinada da importância do delírio do paciente, devido à sua concordância com a teoria psicanalítica[17]. O uso brilhante e demonstrativo do método analítico vai ao extremo do que se pode esperar da "psicanálise fora do tratamento". Mas o mais espantoso é o fato de que o conteúdo psicanalítico dessa primeira parte será quase totalmente esquecido, podendo ser considerado caso perdido quando Freud passa ao estudo do "mecanismo" — quero dizer que serão negligenciados o conteúdo sexual e suas aberturas possíveis à teoria da sedução[18].

Esse conteúdo certamente retorna, mas sob a forma atenuada e sublimada do "complexo" paterno, como veremos o tempo todo. Porque, logo em seguida, Freud lembrará que o problema teórico fundamental, o que deve ser explicado, é o mecanismo paranoico, a forma do delírio e, mais especificamente, sua forma persecutória. Ora, a doutrina freudiana das neuroses e das psicoses é precisa: por mais interessante que seja o conteúdo (a sexualidade genital e pré-genital, a homossexualidade, a castração, etc.), ele é supostamente o mesmo em todas as afecções; é universal.

> Em tudo isso, nada existe de característico da enfermidade conhecida como paranoia, nada que não possa ser encontrado em outros tipos de neuroses. O caráter distintivo da paranoia deve ser procurado [...] na forma específica assumida pelos sintomas; e esperamos descobrir que por estes os responsáveis não são os próprios complexos, mas o mecanismo mediante o qual os sintomas são formados, ou seja, o recalque é ocasionado.[19]

---

17 Concordância que Freud não para de frisar, tanto no final do "Caso Schreber" (*GW*, VIII, p. 315; *OCF-P*, X, op. cit., p. 301), quanto na sua correspondência com Jung.
18 Esse contraste entre as duas partes do caso Schreber é bem destacado por Bertrand Vichyn em sua tese muito inovadora sobre a paranoia, defendida em 1988.
19 *GW*, VIII, p. 295; *OCF-P*, X, op. cit., p. 281. [Notas psicanalíticas sobre um relato autobiográfico de um caso de paranoia (*Dementia paranoides*). Edição standard brasileira, vol. XIX, Rio de Janeiro, Imago, p. 35.]

Todavia, devemos atentar para o fato de que haverá uma grande reviravolta, uma contradição apresentada pela clínica em relação a esse ponto da doutrina, mas essa reviravolta não vai muito longe.

Grande reviravolta: quando deveríamos passar a falar apenas em termos de mecanismo — defesa e retorno do recalcado —, precisamos admitir que o "conteúdo" não deixa de desempenhar um papel essencial. Somos advertidos pela experiência "a atribuir à fantasia de desejo homossexual uma relação muito estreita, talvez constante, com essa *forma* específica de enfermidade"[20].

Além disso — e voltamos aqui a algo mais clássico —, no próprio mecanismo, convém distinguir, de um lado, o recalque e, de outro, o retorno do recalcado. Mas Freud insiste — o que, para ele, é um ponto de doutrina — no fato de que os dois não são simétricos, o retorno não passa necessariamente pelas vias do recalque. Ora, o que determina a escolha da neurose é justamente este último tempo do retorno que, em princípio, é independente[21].

Enfim, na segunda parte do caso Schreber, o desenvolvimento de Freud atém-se a três pontos: ao complexo (homossexual), ao retorno (projeção) e ao recalque. Mas o paradoxo está no fato de que ele aniquila aquilo que, na doutrina pura, deveria ter-se imposto: a independência do mecanismo do retorno, supostamente o único específico da "escolha da neurose", isto é, a independência do mecanismo da projeção, uma vez que é desta que se trata.

A projeção, diz Freud, deve constituir o caráter essencial da paranoia, mas eis que ele a liquida em uma página[22]. Ele se restringe a dar uma definição psicológica geral, assinalando logo em seguida que se trata de um processo universal, de modo que a projeção paranoica se vê reduzida ao modelo

---

20 Ibid. O grifo é nosso.
21 Cf. J. Laplanche, J.-B. Pontalis. *Vocabulaire de la psychanalyse*, Paris, PUF, 1967, art. Retour du refoulé. [*Vocabulário da psicanálise*, São Paulo, Martins Fontes, 2000. Verbete: Retorno do recalcado.]
22 *GW*, VIII, p. 303; *OCF-P*, X, op. cit., p. 288-289. [Notas psicanalíticas sobre um relato autobiográfico de um caso de paranoia (*Dementia paranoides*). Edição standard brasileira, vol. XIX, Rio de Janeiro, Imago, p. 194.]

da projeção dita normal: buscam-se no exterior, e não em si mesmo, "as causas de certas sensações de origem sensorial" que supostamente estiveram primeiro "no interior". O modelo é claramente psicológico, com uma espécie de reminiscência do significado "neurológico" clássico segundo o qual a projeção é concebida como uma correspondência ponto a ponto entre determinada zona do cérebro e determinado receptor periférico de sensações. Esse modelo da "projeção normal" é, pois, construtivista, seguindo de certa forma o esquema sensualista, que permanece pregnante em todas as tentativas psicanalíticas de uma pretensa gênese da realidade: a *first not me possession* (nos termos de Winnicott) remete infalivelmente a Condillac e ao famoso "odor de rosa". Por fim, como exposto nessa página do caso Schreber, esse modelo desconsidera justamente a distinção entre os dois campos da realidade — a autoconservação e a sexualidade — que me fez elogiar Freud anteriormente, por mantê-los independentes nessa etapa de seu pensamento.

Enfim, nesse texto, a atitude de Freud em relação à projeção é das mais curiosas. De um lado, somos remetidos, sem mais, a um futuro estudo exaustivo sobre a projeção que nunca será escrito. De outro, no entanto, o *essencial* da paranoia, que se situava supostamente no "retorno" projetivo ao mundo externo, é, na realidade, deslocado para aquilo que pretensamente não era específico, isto é, para os dois outros elementos: os conteúdos e o processo do recalque. E, para complicar ainda mais as coisas, essa projeção, ficando para as calendas gregas e como que ejetada do texto que devia estudá-la, vem assombrar, em diversos aspectos, dois outros estudos: o do recalque e o do "complexo".

Quanto à descrição do *recalque*, não entrarei em detalhes, destacarei apenas que, neste caso também, deparamo-nos com uma total ambiguidade. Freud faz uma descrição canônica, abstrata em sua generalidade, do recalque *neurótico* com suas três fases, tentando ao mesmo tempo, embora em vão, encaixar nela o processo paranoico. Não é minha intenção confrontar o processo psicótico com o recalque neurótico, confrontação que envolve problemas consideráveis. A questão prévia essencial, a meu ver, é: não seria necessário reavaliar *primeiramente* a teoria do recalque à luz de uma teoria a que dou o nome de tradutiva, ligada às ideias de sedução e mensagem?[23]

Apesar de toda a ambiguidade, a descrição e a discussão de Freud são de grande riqueza. Mas tenho de encurtar o caminho para chegar ao trecho principal sobre a projeção, que vale a pena citar e discutir, depois de outros já o terem feito.

> O que se impõe tão ruidosamente à nossa atenção é o processo de restabelecimento, que desfaz o trabalho do recalque e traz de volta a libido para as pessoas que ela havia abandonado. Na paranoia, este processo é efetuado pela via da projeção. Foi incorreto dizer que a sensação suprimida internamente é projetada para o exterior; a verdade é que, pelo contrário, como agora percebemos, aquilo que foi internamente abolido retorna desde fora. O exame aprofundado do processo de projeção, que adiamos para outra ocasião, esclarecerá as dúvidas remanescentes sobre o assunto[24].

---

23 A forma pela qual Freud introduz, em sua discussão do caso Schreber, uma descrição do recalque em geral levanta muitas questões. Notemos, primeiramente, para não ficarmos numa simples distinção terminológica, que Freud não emprega aqui o termo como simples sinônimo de "defesa". É exatamente uma descrição canônica que Freud apresenta, muito próxima daquela que retornará no artigo de 1915. Examinemos agora algumas questões essenciais para destrinçar esse texto:
• Qual é o sentido de aplicar um modelo do *recalque no inconsciente* a toda forma psicopatológica?
• O esquema do recalque pode, por assim dizer, ser usado na psicose de forma invertida? Esse é em certa medida o esquema dos artigos de 1924 (citados mais adiante).
Assim, o desinvestimento do objeto viria corresponder, na psicose, ao desinvestimento da representação na neurose. No entanto, a analogia por simetria não se sustenta por muito tempo: por exemplo, o "retorno" do recalcado se dá, nos dois casos, na mesma direção.
• Outra forma de conceber a defesa psicótica no âmbito do recalque seria fazer dela um fracasso fundamental deste; uma via que não nos é desconhecida, mas que requer, em nossa opinião, uma revisão aprofundada, com a introdução da dimensão "tradutiva".
• Por fim, para complicar as coisas, é preciso ter em mente que há *também* o recalque neurótico clássico e o "retorno" clássico em toda psicose concreta.

24 *GW*, VIII, p. 308; *OCF-P*, X, op. cit., p. 294. [Notas psicanalíticas sobre um relato autobiográfico de um caso de paranoia (*Dementia paranoides*). *Edição standard brasileira*, vol. XIX, Rio de Janeiro, Imago, p. 44.]

Resumindo a estrutura do raciocínio, encontramos as seguintes afirmações sucessivas: trata-se de uma projeção — é incorreto dizer que seja uma projeção ("Foi incorreto dizer que a sensação suprimida internamente é projetada para o exterior") —, e a investigação da projeção esclarecerá tudo isso. É uma projeção, mas não é uma projeção, e "vocês verão o que ela é exatamente" quando eu finalmente falar da projeção.

Quem conhece os textos de Lacan, principalmente seu artigo sobre a psicose, sabe que ele se baseia nesse trecho para uma antecipação da forclusão. "Aquilo que foi internamente abolido retorna desde fora" poderia ser entendido: "Aquilo que foi forcluído do simbólico ressurge no real". Por isso — mais uma vez — proponho indagar, antes de qualquer coisa, de que "real" se trata dentre as (três) categorias do real[25].

Esse texto sobre as psicoses é um grande texto, um texto inspirado. A atitude de Lacan em relação a Freud é maquiavélica, pois ele critica os sucessores clássicos deste (adversários de Lacan), atribuindo-lhes a responsabilidade por certas ideias que são explicitamente de Freud, ao mesmo tempo que lhe empresta ideias suas, do próprio Jacques Lacan. Num esboço de crítica à projeção, Lacan atribui a seus adversários a formulação simplista que segue: "O depósito de acessórios está no interior, nós os buscamos na medida das necessidades"[26]. Ora, essa fórmula é diretamente extraída de Freud: "o mundo da fantasia [...] é o depósito do qual derivam os materiais ou o padrão para construir a nova realidade"[27].

Lacan sempre se recusou a passar a faca em Freud. Não a faca do assassinato (seguindo uma imagem convencional), mas aquela da clivagem e da dialética para mostrar a contradição em Freud, que, a duas linhas de distância, apoia-se na boa e velha teoria da projeção, para logo em seguida recusá-la.

25 Cf. anteriormente apresentado no início do artigo.
26 In *Écrits*, Paris, Le Seuil, 1966, p. 542.
27 La perte de la réalité dans la névrose et la psychose. *OCF-P*, XVII, Paris, PUF, 1992, p. 41. [A perda da realidade na neurose e na psicose. *Edição standard brasileira*, vol. XIX, Rio de Janeiro, Imago, p. 109.]

Se eu fosse semear a discórdia sobre esse texto de Lacan, diria que o seu início é extraordinário por mostrar que a concepção do delírio ou da alucinação não poderia se satisfazer com o retorno ao primado do percebente sobre o percebido — esse velho *percipiens* indestrutível, cuja função de síntese, unidade ou mesmo unicidade é contestada por Lacan. Esse início destaca de forma espantosa o que eu chamo de dimensão da mensagem e que o delírio faz sobressair como alteridade irredutível.

Não darei uma aula de lacanismo. Até porque não sei se ainda está em voga, nos dias de hoje, ler Lacan. Em todo caso, seria uma prática a ser reativada entre aqueles que não são leitores de estrita fidelidade. O texto a que me refiro não é dos mais fáceis. A parte central, que apresenta a teoria lacaniana, torna-se cada vez mais difícil de entender por seus esquemas de caráter matemático ou geométrico. Pessoalmente, acho que a alteridade do outro acaba sendo antes empalidecida. O perseguidor passa a ser cada vez mais abstrato, "estruturado como uma linguagem", poder-se-ia dizer. E, sobretudo, cada vez menos sexual. Como acontece em relação à introdução do conceito de forclusão: a "forclusão do nome-do-pai" é um curioso eufemismo para aquilo que, em Schreber, "retorna no real" — para empregar as mesmas palavras —, ou seja, uma perseguição sádico-anal, sodomista, caracterizada.

Isso nos leva de volta a Freud e ao primeiro aspecto por ele desenvolvido: o conteúdo do delírio, a pulsão, o desejo homossexual condensado na fórmula "Eu (um homem) o amo (um homem)". Poder-se-ia dizer que, na sua dedução gramatical do delírio, Freud já é lacaniano? Provavelmente, pelo seu modo de desenvolver como proposições lógicas todas as formas de negação dessa fórmula, como sendo tipos de delírio: perseguição, ciúme, erotomania, etc. Essa matriz estruturo-lógico-linguística, realmente estruturalista *avant la lettre*, não tem nada a invejar às fórmulas de permutação que, por exemplo, servirão a Lacan para definir os famosos "quatro tipos de discurso". No entanto, nessa dedução freudiana, temos boas razões para um exame mais minucioso, sem nos extasiarmos muito tempo diante da beleza da demonstração.

1. Em primeiro lugar, notemos como um sinal o espanto de Freud diante disto: enquanto a forma da doença deveria ser, na doutrina pura, dependente unicamente do mecanismo, isto é, da metapsicologia do retorno, a experiência obriga a constatar que a perseguição está sempre ligada a um conteúdo libidinal preciso. Para Freud, isso permanece um dado da experiência que contradiz a teoria, mas que não o leva em absoluto a aprofundar a relação entre o que ele chama de "projeção" e aquilo a que denomina "homossexualidade". Ao contrário, ele as mantém separadas nas famosas negações do "eu o amo". A projeção continua sendo um mecanismo extrínseco ao movimento libidinal, como uma "compulsão" (*Zwang*) suplementar inexplicável. O que mostra bem o fato da projeção continuar sendo extrínseca, sem ser verdadeiramente determinada pelo conteúdo, é o seu uso arbitrário por Freud em momentos diferentes e como *ad libitum*. Assim, do mecanismo persecutório, dois esquemas muito diferentes nos são dados. No primeiro[28], a evolução é descrita do seguinte modo:

Eu o amo.
Eu o odeio.
Ele me odeia.

Há duas inversões bem distintas: a primeira faz passar do amor ao ódio, e a segunda corresponde a uma projeção posterior pelo fato de que o eu não pode tolerar o ódio em seu interior.

Porém, em outro momento do texto[29], a projeção é descrita como primeira:

Eu o amo.
Ele me ama.
Ele me odeia.

Neste caso, a transformação em ódio não seria mais que uma deformação secundária, acessória, com a finalidade de fazer com que a projeção não seja reconhecida.

---

28 *GW*, VIII, p. 299; *OCF-P*, X, op. cit., p. 285. [Notas psicanalíticas sobre um relato autobiográfico de um caso de paranoia (*Dementia paranoides*). *Edição standard brasileira*, vol. XIX, Rio de Janeiro, Imago, p. 38.]

29 *Ibid.*, p. 302-303; ibid., p. 288-289. [Ibid., p. 40.]

2. Além disso, a homossexualidade postulada é uma homossexualidade bem curiosa. Simultaneamente ao caso Schreber, Freud desenvolve uma psicogênese complexa da homossexualidade no texto sobre Leonardo da Vinci, uma gênese que passa pela identificação narcísica com a mãe. Mais tarde, ele falará de outra psicogênese possível, passando também pelo conflito psíquico. No texto sobre Schreber é bem diferente; deparamo-nos com uma espécie de homossexualidade direta, pré-conflitual, que não passa pelo inconsciente, é um amor direto pelo pai, um amor primário, que quase poderíamos chamar de pré-histórico.

3. Essa homossexualidade não é somente estranha por sua gênese (ou melhor, sua falta de gênese), mas também por sua formulação que tende a dessexualizá-la, isto é, a formulá-la em termos de amor e de ódio. Essa dessexualização contrasta de forma gritante com o que Schreber descreve abertamente e que Freud segue em sua primeira parte, mas deixa de levar em conta depois: de um lado, uma união indissociável de investidas sexuais com uma perseguição vinda de Deus e, de outro, o caráter principalmente sádico-anal do comportamento divino. Reduzir esse verdadeiro assédio sexual ao amor e ao ódio seria realmente um progresso na análise?

4. Um último ponto, a meu ver, capital é o fato de que as transformações feitas por Freud não dizem respeito às fantasias nem aos esquemas narrativos. Comparemos, por exemplo, com as descrições de *As pulsões e seus destinos*, onde as inversões, reversões, retornos para a própria pessoa referiam-se a ações libidinais como ver, olhar, espancar, etc. No caso Schreber, as reversões referem-se a formulações abstratas de sentimentos mais ou menos dessexualizados: são ditos movimentos pulsionais, mas *sem* as fantasias de desejo (*souhait*), que, na teoria pura, deveriam ser os seus suportes representativos, os "representantes-representação".

Guy Rosolato, em um artigo que se tornou clássico, "Paranoïa et scène primitive"[30], destacou as teorias que colocam o masoquismo no centro do delírio paranoico. Dentre os autores, R. Bak

---

30 In *Essais sur le symbolique*, Paris, Gallimard, 1969, p. 236 e seguintes.

considera a paranoia um "masoquismo delirante" e descreve como primeiro estágio uma "regressão da homossexualidade sublimada ao masoquismo". Posição essa que, a meu ver, inverte com razão toda a sequência de Schreber: a homossexualidade é sublimada e não originária; o fundamental é o masoquismo, como não tenho deixado de afirmar desde *Vida e morte em psicanálise* e meu artigo "La position originaire du masochisme dans le champ de la pulsion sexuelle" (1968)[31]. O masoquismo patológico, o masoquismo de Schreber, seria um caso particular e obviamente aberrante dessa posição originária do masoquismo.

É notável também que o próprio Freud — aliás, como lembra Rosolato — tenha examinado atentamente essa teoria, em 1919, bem depois de Schreber, em *Uma criança é espancada*. Ao falar a respeito de sua famosa sequência da segunda fase masoquista e inconsciente, "ser espancado pelo pai", Freud se expressa nos seguintes termos: "Não me surpreenderia se algum dia fosse possível provar que a mesma fantasia é a base do delirante espírito litigioso dos paranoicos"[32].

A meu ver, essa observação é capital e revoluciona toda a sequência anterior descrita por Freud.

1. Com a fórmula "sou espancado por meu pai" (que, aliás, é dada como estritamente equivalente a "meu pai me espanca", equivalência essa em conformidade com a fantasia inconsciente), estamos no nível da cena sexual concreta e não mais na lógica afetiva desencarnada de "eu o amo".

2. Em *Uma criança é espancada*, Freud considera que essa fase inconsciente (2) é sucessiva a uma experiência vivida conscientemente (1) em que *o pai surra* um irmão menor.

3. Em um texto sobre a interpretação[33], dediquei-me demoradamente a assinalar o caráter de mensagem enigmática da fase 1: meu pai surra um irmão pequeno *na minha frente; mostra-me isso*. Tentei mostrar como o recalque, agindo de 1 a 2, pode ser concebido segundo o modelo tradutivo, como tradução parcial

---

31 In *La révolution copernicienne inachevée*, Paris, Aubier, 1992, p. 37-58.
32 In *Névrose, psychose et perversion*, Paris, PUF, 1973, p. 235. [Uma criança é espancada. Uma contribuição ao estudo da origem das perversões sexuais. *Edição standard brasileira*, vol. XVII, Rio de Janeiro, Imago, p. 122.]
33 A interpretação entre determinismo e hermenêutica (1991). In *La révolution copernicienne inachevée*, op. cit., p. 385-416.

da mensagem com os "recursos à disposição". O fracasso parcial da tradução deixa um resto não traduzido, mas deformado, "anamorfótico": a fantasia inconsciente.

Com o que presumimos da psicose, a apresentação desse modelo não poderia senão mostrar o seu fracasso radical. Fracasso que Freud denomina ora rejeição, ora recusa, e Lacan, forclusão. Avançando apenas passo a passo, talvez devamos supor que, afinal, na psicose, entre a fase 1 e a fase 2, há pouca ou nenhuma diferença. O que antecede "meu pai me surra" seria "meu pai me surra"; é claro, com toda a dimensão sexual, eventualmente metafórica, desse ato. Isso está bem de acordo com o que se sabe do pai de Schreber e também da ausência de um irmão pequeno que possa ter sido surrado na presença do irmão mais velho.

———

Deve-se, então, supor que, na psicose, a mensagem permanece imutável, à espera, suspensa? Em que estado? E onde?

Os modelos afluem e todos eles nos fazem correr o perigo de incluí-los "em": apesar de tudo, "em um sujeito". Nossa insatisfação com as noções de recalque e inconsciente é notória. Mas deveríamos, por isso, reinventar outros modos de inclusão? A cripta supõe o eu; a clivagem do eu supõe o eu, dos dois lados da clivagem. A forclusão? É ainda o eu [*moi*] — ou sou eu, o sujeito do inconsciente [*je*] — que forclui.

De minha parte, propus certa vez, com o modelo tradutivo do recalque em dois tempos, a imagem de que, num primeiro tempo, a mensagem do outro, sexual-pré-sexual, enigmática, é como que implantada realmente no corpo. Em suma, ela não é levada em conta por um *moi* [ego] ou por um *je* [sujeito]. Na verdade, é preciso insistir nisto: o recalque originário é correlativo à constituição do eu [ego], daquele que se enuncia "eu" [sujeito]. Deve-se, pois, conseguir pensar um processo que não seja em primeira pessoa, nem mesmo, talvez, em pessoa alguma. Porém, qualquer modelo, seja de forclusão ou seclusão[34], corre forçosamente o risco de ser captado pelo pensamento identitário: modelo ptolomaico em última instância. Isso assegura, com certeza...

---

34 N.T.: Do latim *seclusum*, *secludere* "fechar à parte, isolar, separar".

REVELAÇÃO

Neste encontro, devemos supostamente falar da religião. Não sou em absoluto especialista nessa área, sequer em catolicismo, que é a religião da minha família e da minha juventude, muito menos nas outras religiões, sua história e suas particularidades. Novamente aqui, uma obra como a de Rosolato sobre o sacrifício (*Le sacrifice*[35]) oferece um conhecimento profundo, admirável — uma mina — e também um conjunto essencial de reflexões e aproximações.

Hoje, quero abordar a religião pelo vértice da *revelação*. As "religiões reveladas", não somente as três religiões "do livro", mas muitas outras, como, ao que parece, a religião dos etruscos.

A escolha desse tema da revelação corresponde, não há razão para esconder, à minha visão da psicanálise e à prioridade que dou à mensagem do outro. Poderia ter-me documentado sobre a teologia ou a filosofia da revelação, mas o fiz apenas pontualmente. Em compensação, fui buscar um texto muito interessante de Fichte, de 1792-1793, que tem por título *Versuch einer Kritik aller Offenbarung* (*Tentativa de crítica a qualquer revelação*)[36].

Trata-se de um texto cuja história é divertida: estamos nos anos de glória de Kant, que está envelhecendo, e Fichte, um ilustre desconhecido, publica esse texto, o qual se apresenta na forma e no título como uma *crítica*. Seu editor, astuciosamente, julga ser sensato publicar sem o nome do autor, e todo mundo logo supõe que se trata da quarta *Crítica* de Kant. O público filosófico não demora a fazer apreciações elogiosas. Eis que Fichte, por honestidade e também com a preocupação de reaver seu bem, revela sua autoria: reviravolta imediata das críticas, que proclamam a nulidade desse escrito...

Esse trabalho, a meu ver, dá acesso a uma teoria da comunicação, portanto, a um descentramento possível, enquanto Kant permanece naquilo que chamo de ptolomeísmo. O parágrafo central do texto, intitulado "Exposição formal do conceito de religião", é essencialmente uma exposição do conceito de *Bekanntmachung. Bekanntmachung*, à época da ocupação alemã, eram aqueles cartazes colados nas paredes cujo nome defor-

---

[35] Paris, PUF, 1991.
[36] Tradução francesa, Paris, Vrin, 1988.

mamos, por zombaria e talvez influenciados pelo surrealismo, para *bécane machin*. A *Bekanntmachung* avisava que os cartões de pão seriam distribuídos em determinado horário, mas também que determinada pessoa seria fuzilada. Era um *aviso* ou um *anúncio*, sendo que o segundo termo permite distinguir — como, aliás, faz Fichte — o anunciador, o anunciatário (quem recebe o anúncio) e o anunciado. Fichte, portanto, à maneira kantiana, desenvolve dois pontos: a *necessidade* da *Bekanntmachung* e sua *possibilidade*. Quanto à "necessidade", ele mostra que, com exceção das verdades demonstradas *a priori*, todo o campo do que sabemos é "histórico", sendo-nos então transmitido, comunicado, anunciado, dado a conhecer (*bekanntgemacht*) pela mediação de outrem. Esse é também o caso da maior parte de verdades que, por outro lado, são demonstráveis, uma vez que não refazemos sua demonstração todo o tempo, contentando-nos em confiar no raciocínio alheio. Vivemos quase exclusivamente no campo da verdade histórica, ou seja, do anúncio por outrem.

Quanto à "possibilidade" da *Bekanntmachung*, ela traz um problema tipicamente kantiano: enquanto o mundo sensível é totalmente determinado, fadado a uma determinação infalível por causas ditas eficientes, a "comunicação" de uma verdade deve ser de outra ordem, obedecendo a uma finalidade. A resposta de Fichte é rigorosamente kantiana: a existência de um sujeito livre — suposta por uma comunicação de sujeito a sujeito — é um postulado da lei moral[37].

---

37 Fichte refere-se à 3ª antinomia da Razão Pura, segundo Kant, que opõe diretamente o determinismo do mundo sensível à necessidade de conceber um sujeito livre, evidentemente o sujeito moral.
A questão seria se essa antinomia não teria uma formulação mais exata se opusesse ao determinismo (o mundo das leis físicas) a inelutabilidade de uma comunicação de verdade que postula que essa comunicação não seja regida por uma causalidade física: se meu interlocutor for um "autômato", um "animal-máquina", eu deveria me interessar apenas pelas leis que o movem, e não pelo pretenso conteúdo do que ele enuncia. A antinomia kantiana permanece extrínseca: ela opõe uma tese e uma antítese que se situam em dois terrenos diferentes (fenomenal e numenal; ciência e moral) e podem coabitar sem verdadeiro conflito. A verdadeira antinomia é muito mais aguçada e conflitual; é ela que corrói qualquer afirmação, ou melhor, qualquer *comunicação* da tese do determinismo completo: no momento em que escrevo "o homem neuronal", contradigo a mim mesmo ao me dirigir a um leitor e ao tentar convencê-lo de acordo com a ordem das razões, e não de acordo com a ordem dos neurônios. A antinomia se reformularia então: 1) o homem é um ser da natureza e "todos

Nessa discussão, o importante é a promoção da categoria da comunicação vinda de outrem e a subordinação da revelação — como um caso particular e finalmente sem muita especificidade — a essa categoria. Deixo essa questão pendente, lembrando também que na *Bekanntmachung* de Fichte não há, é claro, absolutamente mensagem que seja enigmática, comprometida pelo inconsciente.

Indaguemos por um instante o título destas Jornadas de Estudos: "Começos". Ou melhor, seu subtítulo: "Formações neuróticas, formações religiosas". Sejam formações ou modelos, há uma pluralidade de modelos da religião em Freud, uma diversidade e, talvez, uma unidade difícil de manter. Em primeiro lugar, como lembra claramente Rosolato[38], é necessário distinguir o modelo para os ritos, que é o modelo da neurose obsessiva, do modelo ou dos modelos para a crença. Porém, no âmbito da crença, o modelo freudiano é mais complexo e mais disperso do que parece. Há, primeiro, o que é dado de imediato em *O futuro de uma ilusão*, isto é, justamente o esquema da ilusão, que, pela definição de Freud, é uma crença em conformidade com o desejo e que não pode ser provada. De maneira

---

os seus atos deveriam poder explicar-se segundo as leis da natureza" (*Critique de la raison pure*, Paris, Barni, 1900, II, p. 83); 2) a comunicação de um homem com outro, em particular a do enunciado anterior, postula que não entendamos essa comunicação como sendo determinada pelas leis da natureza.

Dessa antinomia, cujos dois termos são inelutáveis, procurou-se muitas vezes escapar, tentando encontrar na ciência física um ponto de deiscência utópico em que a liberdade se introduziria: é o que chamo de solução do tipo "glândula pineal". Sabe-se que Descartes supunha que a "alma", num ponto específico do cérebro, podia agir sobre o corpo, influenciando na *direção* dos movimentos dos "espíritos animais". Uma mudança de direção não necessitaria da intervenção de uma força adicional. Essa é uma concepção baseada num enunciado errôneo do princípio de conservação da energia sob a forma de uma suposta "conservação da quantidade de movimento". A "solução" moderna — "tipo glândula pineal" — é tentar introduzir uma "liberdade" ou "sentido" pela porta entreaberta com as relações de Heisenberg e a teoria quântica.

A 3ª antinomia, sob a forma que dei a ela anteriormente, só é sustentável (de um ponto de vista especulativo) graças ao reconhecimento do fato de que a ciência não é e jamais será uma totalidade acabada e de que o determinismo — tanto quanto o seu oposto: a comunicação de verdade — é um princípio regulador da prática teórica. Digo "de um ponto de vista especulativo" porque, de qualquer maneira, no dia a dia, ela é perfeitamente tolerada, como uma inconsequência sem consequências, até mesmo pelos adeptos de um determinismo absolutista a partir do momento em que comunicam.

38 *Le sacrifice*, op. cit., p. 72.

muito explícita, o delírio se insere nesse quadro como uma parte da ilusão, parte essa que, como é possível demonstrar, entra em contradição com a realidade. A insuficiência dessa teoria do delírio salta aos olhos: uma ilusão poderia se tornar delírio, de acordo com o estado de nossos conhecimentos, em um dado momento. Quem acredita na geração espontânea antes da descoberta de Pasteur tem uma ilusão, mas, a partir do momento em que Pasteur demonstrou o erro, isso se torna delírio. Entre indivíduos com nível diferente de conhecimentos, mas também se compararmos uma civilização com outra, o problema se torna quase insolúvel: a partir de que momento começamos a delirar acreditando na geração espontânea? Para definir o delírio, podemos nos contentar em contrapesá-lo com uma "crítica racional"?

Volto ao modelo da ilusão aplicado à religião. O desejo que lhe é subjacente, em primeira análise, está ligado ao estado de desamparo do ser humano (adulto, no início da análise de Freud), a sua incapacidade de proteger-se das forças da natureza, da crueldade do destino e da morte, e, por fim, dos sofrimentos e privações impostos pela vida em grupo. Observou-se que essa concepção não tinha em si mesma nada de especificamente psicanalítico, sendo inclusive uma herança da filosofia das Luzes, possivelmente por intermédio de Feuerbach. Aliás, o próprio Freud faz essa objeção em *O futuro de uma ilusão* e dá uma resposta clara. Essa função consoladora para o adulto é apenas o aspecto manifesto da crença religiosa. O que está latente é o complexo de Édipo, e mais especificamente o complexo paterno (percorro aqui, de forma muito breve, a exposição de Freud). Teoricamente, contudo, haveria duas vias pelas quais derivariam do complexo paterno as religiões do adulto moderno: de um lado, a via individual, que consiste em remontar ao estado de desamparo e à ambivalência da criança-indivíduo perante o pai. Freud, no entanto, nunca se satisfaz com essa via. Por exemplo, em *O Homem dos Lobos*, não lhe basta remontar das crenças do Homem dos Lobos a sua relação pessoal com o pai. O edifício religioso adulto é irredutível às fantasias e aos desejos de uma criança em relação ao pai. Não se trata absolutamente de uma criação individual, trata-se de uma criação cultural.

É sempre necessário que haja uma articulação entre o Édipo individual e o Édipo da humanidade. Na verdade, no que se refere à religião, o que prevalece é a infância da humanidade, a pré-história, tanto em *Totem e tabu* quanto em *Moisés e o monoteísmo*. Há, no entanto, uma nítida diferença de ênfase entre, por exemplo, a maneira pela qual a religião é descrita como infantilismo nos textos da década de 20 e a avaliação do "progresso na espiritualidade" em *Moisés e o monoteísmo*.

Infância do indivíduo, infância da humanidade? Podemos estabelecer uma correspondência entre o Édipo de um e o Édipo da outra? Em *Moisés e o monoteísmo*, a palavra incômoda escapa, aparece no título de um subcapítulo e é um dos principais pontos de reflexão: é o termo *analogia*. Como conceber a analogia entre um indivíduo e um povo? Felizmente, o problema não é levantado em sua generalidade, mas a respeito de uma questão específica, a memória, ou mais exatamente a transmissão.

Quantas vezes Freud se esforçou para fazer essa analogia, tentando elucidar ora a transmissão no indivíduo, ora a transmissão coletiva.

Em *O mal-estar na civilização*, ele o fez com o grandioso afresco, exibindo diante de nós, no espaço-tempo, a arqueologia da Roma antiga como um modelo da conservação do inconsciente na "memória" individual[39].

Em *Uma recordação de infância de Leonardo da Vinci*, num trecho desconhecido[40], são comparadas duas formas de escrever a história — *Geschichtschreibung* — com dois tipos de memorização individual: um é o registro dos acontecimentos atuais, a "crônica", e o outro, a reconstituição ordenada e retroativa. Cabe notar que não se trata mais aqui do recalque, nem do inconsciente.

Em *Moisés e o monoteísmo*, ao contrário dos dois textos anteriores, é o processo individual que vem lançar luz sobre a memória coletiva. Na história dos povos, são evocados vários

---

39 Cf. *La révolution copernicienne inachevée*, Paris, Aubier, 1992, p. 398 e seguintes.
40 *GW*, VIII, p. 151-152; *OCF-P*, X, p. 107-108. [*Edição standard brasileira*, vol. XI, Rio de Janeiro, Imago, p. 50.]

tipos de transmissão, que devem ser bem diferenciados, precisamente quando se trata da religião.

Em primeiro lugar, a *transmissão por comunicação*, a tradição. Freud dedica a ela longos desenvolvimentos, destacadamente para comparar a tradição religiosa com a epopeia. O essencial é o fato de que a tradição linear, a pura e simples transmissão pelo manifesto e pela linguagem, é insuficiente para a religião.

O segundo modelo é o do *recalque e do retorno*, que está no cerne de *Moisés e o monoteísmo*. A doutrina de Moisés teria sido apagada com o assassinato deste para ressurgir com uma força de sintoma.

> Uma tradição que se baseasse unicamente na comunicação não poderia conduzir ao caráter compulsivo que caracteriza os fenômenos religiosos [...] nunca atingiria o privilégio de ser liberada da coação do pensamento lógico. Ela deve ter sido submetida ao recalque, o estado de demorar-se no inconsciente, antes de ser capaz de colocar as massas sob seu fascínio [...][41].

Voltarei mais adiante a esse modelo do recalque coletivo e histórico com latência e retorno, mas, antes disso, menciono o terceiro modelo que vem justapor-se aos dois anteriores. Trata-se do atavismo, da *transmissão hereditária* dos traços mnésicos. Freud se detém nisso por um momento, apresentando como prova, vocês sabem, os elementos descobertos — ou supostamente — pela psicanálise, como o simbolismo da linguagem, que leva à hipótese de uma língua originária e também da ideia das fantasias originárias. Esse é o famoso modelo filogenético de *Totem e tabu* e de *Visão de conjunto das neuroses de transferência*. Não quero discuti-lo em sua essência, já o fiz em diversas ocasiões.

Como esse modelo intervém aqui? Supostamente para corroborar, mas, na verdade, para embaralhar as coisas. Para corroborar, pois é preciso provar a existência de uma transmissão interna, por assim dizer, que não passe pela tradição, pelo

---

41 *L'homme Moïse et la religion monothéiste*, tradução francesa, op. cit., p. 198. [*Edição standard brasileira*, vol. XXIII, Rio de Janeiro, Imago, p. 64-65.]

cultural, pelo "dizer". No entanto, esse modelo de transmissão filogenética embaralha as coisas, por ser um modelo de inscrição por repetição, por soma, e não um modelo por recalque[42]. Além disso, é um modelo de inscrição que passa necessariamente pela biologia de cada indivíduo. Já na evolução da religião mosaica, trata-se justamente de algo bem diferente: é o recalque de um acontecimento único ou, eventualmente, em dois tempos (e não a multiplicidade adicional da repetição), e, ademais, sua inscrição no indivíduo-povo judeu, considerado não como uma sucessão genética de indivíduos, mas como análogo em sua totalidade ao que Freud chama, em outros textos[43], de grandes indivíduos (*Grossindividuen*)[44].

Qual seria, então, a analogia do episódio Moisés, tal qual Freud o concebe, com um recalque? Está em questão a gênese do quê? Da religião? Certamente não. *Moisés* não revê as explicações já propostas. Seria a gênese do monoteísmo? Sim e não, mas, ao fim e ao cabo, não, pois o monoteísmo, aquele de Aquenaton, tem uma origem anterior. O próprio Freud parece desconcertado ao perceber que nada ganhou em substituir o monoteísmo judeu pelo monoteísmo egípcio[45]. Ainda mais que existe uma explicação sociológica muito natural para o caso do Egito: a formação de um grande império centralizado que leva naturalmente a uma religião unitária. Então, o problema é: o que acontece entre a crença egípcia e aquela trazida por Moisés? A crença torna-se, como que por milagre, revelação e eleição. Mas revelação e eleição não são suficientes. Não basta

---

42 Freud é explícito acerca disso: "[...] sob que condições uma recordação desse tipo ingressa na herança arcaica? [...] se o acontecimento foi suficientemente importante, repetido com bastante frequência ou ambas as coisas". *GW*, XVI, p. 208; tradução francesa, op. cit., p. 197. [*Edição standard brasileira*, vol. XXIII, Rio de Janeiro, Imago, p. 64.]

43 Por exemplo, Actuelles sur la guerre et la mort. *OCF-P*, XIII, Paris, PUF, 1988, p. 231 e seguintes. [Reflexões para os tempos de guerra e morte. *Edição standard brasileira*, vol. XIV, Rio de Janeiro, Imago, p. 161 em diante.]

44 Na verdade, há uma confusão subjacente ainda maior: a assimilação freudiana do recalque a um armazenamento na memória, um certo tipo de memória. Aqui, não posso deixar de fazer alusão à minha concepção pessoal. A meu ver, as diferenças são fundamentais: a memória diz respeito, virtualmente, a qualquer percepção ou vivência; o recalque diz respeito exclusivamente a uma mensagem, a um significante (cf., neste volume, o artigo *Breve tratado do inconsciente*).

45 Isso é assinalado por M. Moscovici em seu prefácio, op. cit., p. 53.

que Moisés tenha elegido o seu povo e lhe tenha revelado o monoteísmo para dar a este uma força coativa: é necessário o recalque.

———

Indivíduo-sociedade. É aqui que a "analogia" esbarra numa dificuldade central e, a meu ver, muito simples: para que uma mensagem seja recalcada, é preciso que se constitua um eu que recalca. Um recalque se faz em primeira pessoa. A constituição do eu é correlativa ao recalque. Neste caso, então, a noção de neurose coletiva encontra de saída — quando tomada na acepção *própria*, e não como uma adição de neuroses individuais[46] — a impossibilidade de conceber, no coletivo, um lugar e um status do recalcado. Em compensação, a noção de *psicose* coletiva continua seduzindo, e não foi à toa que o status de paranoia coletiva foi atribuído à religião, notadamente por Rosolato, em relação aos três monoteísmos, mas também por E. Enriquez e J.-F. Lyotard, mais especificamente em relação ao judaísmo.

Se o processo paranoico não tem sujeito, não tem um eu que recalca ou, para dizer as coisas de forma mais sutil, se a paranoia corresponde a um setor em que não há um eu que recalca, é tentador tomar as coisas ao pé da letra também em relação ao "grande indivíduo" coletivo. É sugestivo dizer, por exemplo, como faz Lyotard, ao que parece, que a escrita sagrada pode ser o lugar da mensagem intraduzível — e primeiramente impronunciável, "forcluída".

———

Religião e paranoia. Freud está longe de avançar por esse caminho. A relevância dessa aproximação não é explicitada, nem mesmo no caso Schreber. Acerca da religião, Freud fala, em *Moisés e o monoteísmo*, de *Wahn*, de delírio[47], mas existe ali

---

[46] A "histeria coletiva" pode ser considerada uma soma de histerias individuais. Há uma convergência dos inconscientes e, sobretudo, um lugar de convergência das instâncias recalcadoras: o líder com o qual cada eu se identifica.
[47] *GW*, XVI, p. 239; tradução francesa, op. cit., p. 235. [*Edição standard brasileira*, vol. XXIII, Rio de Janeiro, Imago, p. 83.]

um problema de tradução curiosamente revelador. O tradutor da edição Gallimard, Cornelius Heim, dá-se o trabalho de explicar que *Wahn*, numa distância de três linhas no texto de Freud, deve ser traduzido uma vez por ilusão e outra vez por delírio. A meu ver, ele está certamente errado quanto à teoria da tradução, pois torna inacessível a ambiguidade do próprio texto, mudando a palavra [francesa] para traduzir *Wahn*. É notável, porém, que ele o faça aparentemente com razão, interpretando certo movimento do pensamento freudiano, pois *o próprio Freud* reduz constantemente o delírio a uma simples variedade de ilusão.

Não vou me embrenhar num modelo delirante da religião. Em compensação, direi algumas palavras sobre o modelo da sedução na religião, que engloba o modelo delirante como um caso particular. Parece-me que a noção de sedução pode ser lida na Bíblia de forma quase onipresente. Acerca da palavra, caberia uma investigação percorrendo o grego da Septuaginta ou o grego do Novo Testamento (πλανάω = desencaminhar-seduzir). Certo é que o verbo "seduzir" pode ser encontrado, sobretudo, em relação à sedução por Cristo, mas também em relação à sedução por Deus, principalmente em Jeremias. No entanto, da palavra "sedução" ao *fato* sedutor, cabe fazer uma ampliação. O fato sedutivo encontra-se no Gênesis: um saber proposto, proibido e, além do mais, proposto por alguém dúplice, se englobarmos o tentador *no* próprio Deus. A "tentação" talvez seja inseparável da "revelação" e da "sedução".

O que dizer então desses ingredientes, desses pressupostos da sedução que são a mensagem e o enigmático? A meu ver, é justamente o que falta na teoria de Freud, tanto em sua teoria da religião quanto, é claro, em sua teoria geral. O que Moisés transmite, segundo Freud, é a crença monoteísta de Aquenaton, um dogma (*Lehrsatz*), um objeto de crença (*Glauben*), recalcado com o assassinato do fundador. O recalque apenas dá força de coação à crença monoteísta de Aquenaton, mas não a uma *mensagem* deste, a qual nunca é mencionada.

A questão do enigmático é ainda mais característica. Tomando-a do ponto de vista do inconsciente do emissor, nenhum dos protagonistas dessa história é dotado de inconsciente: nem Moisés, nem Aquenaton, nem mesmo o pai originário. O pai da horda não comunica nada, não tem inconsciente. Assim como, mais próximos de nós, os pais do Homem dos Lobos, do Homem dos Ratos, de Hans ou de Dora. Na origem do Édipo, não há Édipo. Em *Moisés*, é a sucessão dos recalques que cria uma equivalência da prioridade do outro. O recalque cria, como *ex machina*, a força coativa, o *Zwang* da crença religiosa. O enigma é, por assim dizer, reconduzido na sucessão, sem nunca ser identificado na simultaneidade de uma mensagem enigmática, na coação de um "a traduzir". Na "pulsão de traduzir", como sabem, vejo a origem da temporalização do ser humano e situo o seu motor não no tradutor, mas no desequilíbrio interno, intemporal, simultâneo, da mensagem enigmática, que propõe a força de um "a traduzir"[48].

Isso está longe de Freud. Estaria tão longe de certa concepção da "revelação"? O fato de Deus ser um deus que fala e obriga a ouvir está evidente em todo o Livro, que não é senão uma variante do paradigma "escute, Israel!". Quanto ao fato de Deus ser enigmático, de compelir a traduzir, isso parece evidente em toda a tradição judaico-cristã da exegese. Já o fato de que esse enigma supõe a opacidade da mensagem para o próprio Deus é obviamente outra questão. Deus tem um inconsciente? Deixo a discussão (quem sabe o anátema) acerca disso para os teólogos, citando aqui Rosolato: "O enigmático dos significantes (analógicos originários) é transposto para e recolhido pelos mistérios religiosos"[49]. Nesse sentido, não poderíamos considerar o mistério da trindade, com as querelas sangrentas que provocou, como uma tentativa falha de apropriação, de tradução, de um enigmático originário?

Na verdade, um belo exemplo de mensagem enigmática e de história de sedução nos é dado por Jó. O paralelo com Schreber se evidenciaria em mais de um ponto: na destruição originária do mundo e sua reconstrução final; na duplicidade do sedutor (que é da mesma ordem da "perfídia" de que falava Schreber), se incluirmos, numa unidade sulfúrea, o próprio Satã; também no aspecto anal da perseguição, que pode ser identificado no

---

48 Cf., por exemplo, Le mur et l'arcade (1988). In *La révolution copernicienne inachevée*, op. cit., p. 287-306.
49 *Nouvelle Revue de Psychanalyse*, 1992, 46, p. 243.

estrume e mesmo no excremento fétido que o próprio Jó se tornou; por fim — e sobretudo —, na tentativa reiterada de tradução, justificação, delimitação e domínio que estrutura o debate entre Jó e seus interlocutores.

Essa tradução é obra de um eu, seu aspecto final é o dogma, mesmo sob essa forma domesticada do enigma que é o mistério, ou seja, as modalidades da crença.

Crença: Glaube, Glauben. É um termo difícil de traduzir. Em Freud, por exemplo, ele é ora traduzido por crença, ora por fé (artigo de fé, a fé: virtude teologal, etc.). Uma palavra em alemão, duas palavras em francês, em inglês e em várias outras línguas. Uma língua que dispõe de apenas uma palavra para duas é rica ou enferma? No tocante a *Lust*, em situação semelhante, de certa forma, para prazer e desejo, Freud hesita entre uma polissemia do alemão, em que a confusão seria fecunda, e certa impossibilidade de estabelecer as diferenças conceituais indispensáveis[50]. No que diz respeito a *Glauben*, não hesito dizer que se trata de uma deficiência fundamental da língua alemã. A diferença entre fé e crença é dificilmente percebida pelos falantes do alemão e requer uma longa explicação. Quando percebida, é mal compreendida. Assim, um dicionário filosófico, depois de afirmar que o alemão não tem o termo correspondente à "fé" (*faith*, em inglês), assimila-a ao aspecto religioso da crença, ou ainda ao aspecto afetivo desta. Em geral, a distinção é sequer percebida: é o caso de Freud. Um texto muito revelador desse ponto de vista encontra-se no artigo intitulado "Uma experiência religiosa". O interlocutor de Freud é um americano que descreve numa carta como perdeu e reencontrou a fé diante da cena de uma pessoa sobre a mesa de dissecção — pessoa que o faz pensar evidentemente em sua mãe. Depois de ter analisado magistralmente tudo isso, Freud cita então outro fragmento da carta, em que o correspondente deseja que Deus dê a Freud *the faith to believe*. Essa expressão poderia ser facilmente traduzida em francês por "la

---

50 Cf. Lust. *Traduire Freud* (en collaboration avec A. Bourguignon, P. Cotet, F. Robert), *Terminologie raisonnée*, artigo "Lust", Paris, PUF, 1989.

foi de croire" [ou, em português, "fé para crer"[51]], mas Freud demonstra sua incompreensão em relação a ela traduzindo-a com espontaneidade, mas de forma totalmente rasa, por *das rechte Glauben*. Ao pé da letra, "a verdadeira fé".

Benveniste afirma que "é aquilo que podemos dizer que delimita e organiza o que podemos pensar"[52]. Isso aconteceria mesmo quando se trata de línguas que pertencem a uma única e mesma civilização, como, de um lado, o alemão e, de outro, o inglês e o francês? Como deveríamos traduzir, por exemplo, esta famosa passagem do segundo prefácio da *Crítica da razão pura* de Kant: "Pude então abolir o saber a fim de obter um lugar para a crença (*das Glauben*)"? Kant, como já afirmei, é um apóstolo do ptolomeísmo e não do copernicanismo, apesar de sua referência a Copérnico[53]. Um dos capítulos ainda da *Crítica da razão pura* intitula-se *Meinen, glauben, wissen* (Opinar, crer e saber), definindo nesses termos diversas posições possíveis do sujeito cognoscente diante do objeto. É evidente que, nessa trilogia, não se cogita traduzir *glauben* por "fé": trata-se unicamente de crença...

Fé (*faith*). O dicionário *Le Robert* distingue primeiramente uma acepção "objetiva" de *foi*, isto é, uma acepção do ponto de vista do emissor, do enunciador, considerando-se a distinção de Fichte anteriormente citada: aquele que é fiel à sua palavra, em expressões como *jurer sa foi* [dar fé], *violer sa foi* [violar a fé]. E, por outro lado, uma acepção "subjetiva": a confiança na palavra do outro, logo, do ponto de vista do receptor, do enunciatário. Em religião, fala-se dos fiéis, mas também se diz que Deus é fiel. É a coerção da mensagem que força a traduzir.

Todavia, como uma contraofensiva a essa prioridade da mensagem do outro, eis que assistimos a uma verdadeira invasão pela crença, a uma espécie de reconquista da fé pela crença, por intermédio dos kantianos, de Freud e, evidentemente, da psicanálise. Trabalhos inteiros são publicados sobre a crença, sem questionamento sobre a fé. Lembro-me de um número

---

51 N.T.: Cf. Uma experiência religiosa. *Edição standard brasileira*, vol. XXI, Rio de Janeiro, Imago, 1974.
52 Catégories de langue, catégories de pensées. In *Problèmes de linguistique générale*, Paris, Gallimard, 1966, p. 70.
53 *La révolution copernicienne inachevée*, op. cit., p. 8-9.

especial da *Nouvelle Revue de Psychanalyse* sobre a crença[54], em que ninguém explorou a indicação dada por J.-B. Pontalis em sua introdução intitulada "Se fier à, sans croire en" [Confiar em, sem crer em]. "Não creia na psicanálise", diz ele, "confie nela", acrescentando em seguida. Essa frase talvez seja intraduzível em alemão e em linguagem freudiana. Considero-a perfeitamente de acordo com a ideia de que a transferência, como a fé, vem do outro[55].

CONCLUSÃO

No início, adotei uma posição crítica em relação a noções que, contudo, são centrais para a psicanálise: a fantasia, a perseguição como delírio projetivo e o mito.

Não quis, obviamente, negar a existência delas, tampouco sua importância, mas tentar mostrar que são correlativas a um processo de fechamento em relação ao endereçamento pelo outro, endereçamento enigmático e sedutor. Devo dizer também: mensagem sexual. A distinção entre a ordem vital e a ordem humana — cultural e sexual — é capital. Quando

---

54 1978, 18.

55 "Opinar, saber e crer" (conforme a expressão de Kant) são modalidades do comportamento subjetivo diante do verdadeiro. Podem ser convertidas uma na outra: o que é acreditado pode ser sabido através da verificação. É justamente assim que Freud resolve a questão, com a objeção de que quase toda a nossa vida baseia-se apenas na crença em "dogmas" (*Lehrsätze*) transmitidos pelos outros: podemos sempre ir verificar, refazer nós mesmos a demonstração (cf. *O futuro de uma ilusão*, início do capítulo V).
Ao homem da crença (e do saber) — o único que Freud conhece — opõe-se o homem da fé, numa anedota citada por Claude Imbert a respeito de São Tomás de Aquino: "Um discípulo pergunta a Tomás de Aquino: — Se eu vos disser que tem um boi alado no átrio, vós credes? — Dir-te-ia para voltar lá e verificar novamente. — Mas, tendo verificado, se eu voltasse de lá confirmando que há um boi alado no pátio, o que vós responderíeis? — Então eu preferiria crer que Deus desejou realizar um milagre a admitir que um filho de Domingos quisesse me enganar" (Claude Imbert. Pour une structure de la croyance: l'argument d'Anselme. In *Nouvelle Revue de Psychanalyse*, 1978, 18, p. 43).
Cabe assinalar que a fé em questão aqui não é a fé em Deus, mas a fé em um modesto discípulo que não pode "querer enganar". São Tomás de Aquino não corrobora de modo algum a série das causas, como alega Claude Imbert ("teu dizer é o sinal do que viste, e o que viste é o sinal da coisa"): sua fé baseia-se na "fidelidade" ao "filho de Domingos". A hipótese cartesiana do "gênio maligno" caberia aqui como uma peça importante no debate. Por outro lado, o outro São Tomás, aquele que "crê apenas no que vê" e a quem se responde: "feliz aquele que não viu e que 'adere'" (conforme o termo empregado por Chouraqui).

falo de um descentramento originário, de um copernicanismo de base, não falo de um modo geral, mas especificamente no campo sexual.

A confusão entre sexual e autoconservação, admitida por Freud após 1920, tem provavelmente a ver com o impasse a que leva a discussão sobre o "sentimento oceânico" alegado por Romain Rolland. O "oceano", se quisermos manter essa palavra, é justamente o do sexual. É somente nesse terreno, terreno da mensagem e da realidade psíquica, que o movimento é centrípeto e não centrífugo. A "realidade psíquica" não é criada por mim, ela é invasiva. Nesse terreno do sexual, há um excesso de realidade no início, e é a esse "excesso de realidade" que pode se aplicar o modelo do "projeto para uma psicologia científica"[56]: o eu trata uma parte desse afluxo de realidade a fim de reduzir o nível de investimento e integrá-lo em seu sistema. Todavia, sempre persiste uma parte de alteridade irredutível: talvez o que Romain Rolland chama de "sentimento oceânico" e que seria, precisamente, a percepção do enigmático como tal.

Reducionismo. Há uma clara vontade reducionista da psicanálise em relação à religião. Essa atitude, contudo, não é específica, nem da parte do "redutor", nem do lado do "reduzido". Porque a redução não visa somente à religião e, além disso, a tentativa psicanalítica está ligada a um movimento histórico que a excede imensamente. O reducionismo da religião não passa muitas vezes da manifestação de um reducionismo mais geral, correlativo à ilusão centrífuga. Eu crio o objeto, a realidade, a partir de minha fantasia. Devo passar por um *"first not me"* para alcançar a objetalidade-objetividade. Crio a perseguição a partir dos meus demônios internos. A revelação é apenas o correlato do mito, criação da imaginação coletiva. Nisso tudo, sempre encontramos "o indestrutível *percipiens*", sempre a projeção como mecanismo universal, normal e patológico, até mesmo neurológico.

---

56 *Vie et mort en psychanalyse*, Paris, Flammarion, 1970, p. 96 em diante. [*Vida e morte em psicanálise*, Porto Alegre, Artmed, 1985.]

O que oponho a esse reducionismo, em todos os campos, é a inalterabilidade daquilo que chamei em dado momento de "transcendência". Falei em outro momento da "transcendência da transferência": o termo foi mais ou menos bem escolhido, pois não se trata de verticalidade, tampouco de superação, muito menos de autossuperação. Tomando isso no sentido da expressão "*eu me* transcendo para", não manterei o termo transcendência.

No entanto, o que está em questão é a existência de um vetor e o sentido desse vetor. Em tecnologia, o que chamamos de "guia" é: você tem um conduíte, um tubo grosso por onde vão passar mais tarde cabos ou fios. No momento da colocação desse conduíte, introduz-se nele um arame, ao qual se poderá depois prender o cabo em questão para poder puxá-lo. Ao invés de empurrar esse cabo, num movimento centrífugo (por "projeção"), ele é justamente puxado para fora, para o ponto de onde parte a guia. O movimento do cabo é de fato centrífugo, mas uma relação anterior havia sido estabelecida, um vetor oposto preexistia, permitindo puxá-lo[57].

Tentei traçar esse vetor vindo do outro em três campos paralelos: sedução infantil, perseguição e revelação.

Outro → eu   1) sedução infantil
Outro → eu   2) perseguição
Outro → eu   3) revelação

Essa prioridade do outro não exclui de modo algum que se produzam movimentos centrífugos e depois recíprocos, interações. Porém, eles são literalmente guiados (na acepção estrita da "guia" tecnológica) pelo vetor originário, centrípeto.

---

57 No mesmo momento em que proponho essa imagem da guia, deparo-me com a seguinte passagem de Freud: "Começamos a perceber que descrevemos muito inadequadamente o comportamento tanto dos paranoicos ciumentos quanto dos persecutórios, ao dizer que projetam exteriormente para os outros o que não desejam reconhecer em si próprios. Certamente o fazem, mas não o projetam, por assim dizer, no vazio, onde não existe algo semelhante. *Deixam-se guiar* por seu conhecimento do inconsciente [...]" (Jalousie, paranoia, homosexualité. *OCF-P*, XVI, p. 91). [Alguns mecanismos neuróticos no ciúme, na paranoia e no homossexualismo. *Edição standard brasileira*, vol. XVIII, Rio de Janeiro, Imago, p. 144.]
A necessidade de uma "guia" centrípeta para sustentar a projeção centrífuga parece claramente ter sido antevista por Freud. É justamente o momento em que ele introduz a "comunicação de inconsciente a inconsciente". Um conceito cuja discussão deveria ser retomada com base na teoria da sedução generalizada.

Essa prioridade do outro não exclui nenhuma tentativa de estabelecer uma hierarquia, uma gênese, uma correlação ou mesmo uma redução entre os três vetores paralelos. O vetor 2, da perseguição, é certamente um avatar, mas também um testemunho do vetor 1. Quanto ao vetor 3 (revelação), eu quis apenas lembrar seu parentesco com os dois outros, sem intenção *a priori* de depreciá-lo subordinando-o, tampouco, ao contrário, de lhe dar qualquer prioridade.

Afinal, a "religião" perde ou ganha em ser confrontada com as coordenadas fundamentais da condição humana? Foi no sentido dessa confrontação que eu quis lembrar, seguindo Fichte, que a revelação é apenas um modo da *Bekanntmachung*; quis também lembrar que a fé, irredutível à crença, como movimento que tem sua origem no outro, não é somente um sentimento religioso, no sentido estrito do termo.

RESUMO
Sedução, perseguição, revelação

Seduzir, perseguir e revelar são verbos ativos. Falar de "fantasia de sedução", "delírio de perseguição", "mito da revelação" soa como uma inversão da passividade em atividade através da qual o sujeito autocentrado, ou melhor, recentrado, aspira a originar aquilo a que primariamente foi submetido. Devemos nos perguntar se, ao alegar sua passividade originária, o neurótico, o paranoico e o religioso não têm "de certa forma razão" (Freud): não somente no que diz respeito ao "conteúdo" das fantasias, delírios e crenças, mas também no que se refere à vetorização centrípeta, e não centrífuga, da intervenção do outro.

No que tange à *sedução*, afirma-se que ela não é primariamente uma fantasia, mas uma situação "real" que está no cerne dos dois outros grandes roteiros supostamente originários: a castração e a cena primitiva. Todavia, para que essa asserção não seja confundida com um realismo factual, é importante destacar a terceira categoria de realidade, constantemente reduzida à realidade material e à realidade psicológica: a realidade da mensagem e, mais especificamente no caso da análise, da mensagem enigmática.

A prioridade do outro na *paranoia* é reexaminada no caso Schreber. O outro sexual e sua intrusão constituem a essência da análise praticada por Freud na primeira parte de seu estudo. Na segunda parte, entretanto, triunfam a dessexualização (em nome do amor) e o recentramento subjetivo, ambos visíveis na frase tida como primordial da qual Freud quer que tudo derive: "Eu (um homem) o amo (um homem)".

Por fim, o terreno religioso é, para nós, a oportunidade de nos referirmos, por um lado, à noção fichteana de *Bekanntmachung*, o "anúncio" pelo outro, que Fichte situa no princípio de uma "crítica de toda revelação" e, por outro lado, à noção de *fé* (que tem sua fonte no outro), a ser explicitamente diferenciada da crença, a única que, para Freud, estando presente, presta-se facilmente à desvalorização na "ilusão".

Quisemos evidenciar a existência de um mesmo vetor proveniente do outro, irredutível a uma projeção do sujeito, nos três campos paralelos da sedução originária, da paranoia e da religião, quaisquer que sejam as articulações, as prioridades e até mesmo as "reduções" que alguém possa sentir-se tentado a estabelecer entre elas.

II
Notas sobre o *après-coup*[1]

Gostaria inicialmente de ressaltar que toda a problemática da *Nachträglichkeit* (*après-coup* ou *a posteriori*)[2] ganha, ela própria, contornos em um processo *a posteriori*. Foi com a leitura e a tradução francesas de Freud que o conceito adquiriu importância. Se tomarmos, por exemplo, o índice remissivo dos volumes das *Gesammelte Werke* de Freud, não encontraremos menção nem a *nachträglich* nem a *Nachträglichkeit*. O *Gesantmtregister*, bem mais tardio, de 1968 precisamente — posterior ao *Vocabulário da psicanálise* —, traz uma ou duas entradas para o adjetivo *nachträglich*, mas não são exemplos muito significativos. Se examinarmos os índices remissivos dos trabalhos dos princi-

---

1 Estas notas se baseiam numa conversa de Jean Laplanche com Martin Stanton. Foram publicadas em Jean Laplanche, *Seduction, translatin and the drives*, Londres, ICA, 1992, Ed. John Fletcher & Martin Stanton. Posteriormente, foram ampliadas e revisadas pelo autor.

2 N.T.: Seguindo o raciocínio de Laplanche neste artigo e confirmando a tradução adotada pelo tradutor brasileiro do *Vocabulário da psicanálise* (Martins Fontes, 2000), podemos propor em português os termos *a posteriori* e *posterioridade*. Porém, dado o uso consagrado no meio psicanalítico brasileiro do termo francês *après-coup*, optamos por ele neste volume.

pais seguidores de Freud, obteremos um resultado também negativo. Foi na França, portanto, e em estreita relação com os problemas de tradução, que a importância da *Nachträglichkeit* se destacou. Essa importância foi sinalizada primeiramente por Lacan, que, em 1953, chamou a atenção para esse termo com um sentido específico, embora restrito, mas não considerou as implicações mais amplas de tal conceito para a obra de Freud. Lacan ocupou-se unicamente da ocorrência do termo no caso do Homem dos Lobos, ignorando seu uso no período de 1895 a 1900. Coube a Pontalis e a mim chamarmos a atenção para a importância geral desse conceito — primeiramente em *Fantasia originária, fantasias das origens, origens da fantasia*[3] e, mais tarde, no *Vocabulário da psicanálise*[4]. Levei adiante a elaboração desse conceito em meu próprio trabalho, em *Vida e morte em psicanálise*[5], nas *Problemáticas*[6] e nos *Novos fundamentos para a psicanálise*[7].

Trabalho atualmente num artigo mais importante sobre "o *après-coup* da *Nachträglichkeit*". Nele, apresento um estudo minucioso do emprego desse termo por Freud e do modo pelo qual difere da minha concepção. Farei aqui, então, apenas um esboço da minha argumentação. Meu desenvolvimento seguirá três linhas gerais: em primeiro lugar, o conceito em Freud; em segundo, o problema de sua tradução; e, por fim, minha própria concepção do *après-coup*. Devo ainda assinalar que podemos analisar atentamente o que Freud disse sem, contudo, concordar com seu pensamento, e é exatamente essa a minha posição.

Comecemos, então, pela concepção de Freud do *après-coup*. Ele emprega os termos *nachträglich* e *Nachträglichkeit* durante

---

3 N.T.: Fantasme originaire, fantasmes des origines, origine du fantasme. In *Les temps modernes*, 1964, 215, p. 1133-1168. O artigo foi revisado e reeditado em livro, Paris, Hachette, 1985. [*Fantasia originária, fantasias das origens, origens da fantasia*, Jorge Zahar, 1990.]
4 N.T.: *Vocabulaire de la psychanalyse*, Paris, PUF, 1967. [*Vocabulário da psicanálise*, São Paulo, Martins Fontes, 1982.]
5 N.T.: *Vie et mort en psychanalyse*, Paris, Flammarion, 1970. [*Vida e morte em psicanálise*, Porto Alegre, Artmed, 1985.]
6 N.T.: *Problématiques I, II, III, IV, V, VI.* Paris, PUF, 1981-1988. [*Problemáticas I* (1980); *II* (1980); *III* (1980); *IV* (1981); *V* (1987), São Paulo, Martins Fontes.]
7 N.T.: *Nouveaux fondements pour la psychanalyse*, Paris, PUF, 1987. [*Novos fundamentos para a psicanálise*, São Paulo, Martins Fontes, 1987.]

boa parte de seus anos de atividade, na verdade, desde a época de sua correspondência com Fliess, passando por *A interpretação dos sonhos* (1901) e "O pequeno Hans" (1908), até "O homem dos lobos" (1914-1918) e mesmo bem mais adiante. Assim, é possível acompanhar o desenvolvimento desses termos dentro do contexto geral de sua obra. No entanto, eles nunca adquiriram consistência suficiente como conceitos para que Freud dedicasse um artigo inteiro ao *après-coup*. Podemos observar o início da evolução desse termo na correspondência de Freud com Fliess. Vários elementos podem ser aqui evidenciados. O adjetivo *nachträglich*, extraído do uso corrente da língua, é empregado por Freud de diversas formas. Podemos distinguir grosseiramente três usos: primeiro, o sentido de posterior ou secundário, que liga a consciência segunda a uma consciência primeira. Strachey e Masson costumam traduzi-lo por "posteriormente"; o termo adquire assim apenas o sentido temporal de "mais tarde". O segundo uso segue o vetor do tempo do passado para o futuro, e o terceiro, inversamente, do futuro para o passado. O segundo uso, do passado para o futuro, está muito ligado à teoria da sedução: implica o depósito de alguma coisa no indivíduo que só será reativada mais tarde, tornando-se assim ativa somente num "segundo tempo" — isso constitui a teoria da sedução. Cabe ressaltar que essa teoria da sedução era muito mecanicista, porque Freud nunca havia pensado que se pudesse inverter o vetor do tempo. Podemos dar o exemplo da bomba-relógio para ilustrar esse ponto: a primeira lembrança é como uma bomba-relógio que seria ativada por algo externo. Não encontramos neste caso nenhuma retroatividade. Um terceiro uso, porém, comporta o sentido de uma retroatividade. Certas passagens falam de coisas percebidas num primeiro tempo e depois compreendidas retroativamente. Tais passagens são bem escassas na obra de Freud.

Limitar-me-ei aqui a fazer algumas observações contextuais acerca desses três usos. Na possibilidade de escolher entre uma concepção determinista que procede do passado para o futuro e uma concepção retrospectiva ou hermenêutica que procede do presente para o passado, Freud sempre escolheu a primeira. De fato, ele nunca tentou reconciliar as duas concepções. Refiro-me aqui à carta a Fliess de 3 de outubro de 1897, na qual ele relata um episódio de sua autoanálise, comentando: "De tudo isso um crítico severo poderia dizer que foi retrospectivamente fantasiado e não determinado progressivamente. *Experimenta crucis* [experimentos cruciais] teriam de provar algo contra esse crítico"[8]. Minha outra observação contextual diz respeito ao surgimento do substantivo *Nachträglichkeit*. Como sabem, essa palavra é bastante rara em alemão. É surpreendente que esse substantivo tenha aparecido apenas numa carta relativamente tardia enviada a Fliess em 14 de novembro de 1897[9]. Essa carta surge após o que chamamos de abandono da teoria da sedução, num momento em que Freud se torna ainda mais "determinista", no sentido de que futuro e presente são ambos determinados pelo passado. A carta inteira está focada na determinação orgânica do recalque e, consequentemente, na origem filogenética do desenvolvimento ontogenético. É nesse terreno da determinação do desenvolvimento dos estágios sexuais do indivíduo pelos estágios filogenéticos que Freud postula o *après-coup*, e não se trata de forma alguma, portanto, de inversão da progressão temporal. Em consequência disso, as coisas não são tão simples assim. Enquanto gostaríamos de ver um uso duplo, até mesmo contraditório, da *Nachträglichkeit*, descobrimos, na realidade, um uso fortemente determinista.

Uma vez que se poderia contestar essa visão por ela se basear apenas em textos anteriores a 1898, ilustrarei brevemente a frequência com que Freud demonstra sua rejeição da reversibilidade do tempo em seus textos posteriores. Três textos são importantes aqui: *A interpretação dos sonhos*, *O pequeno Hans* e *O homem dos lobos*. Nessa sucessão, Freud se envolve progressivamente num confronto teórico com Jung, defendendo sua visão da realidade da cena primitiva "real", no sentido de realmente vivida. Freud fez algumas concessões, mas nunca perdeu sua convicção de que o que vem antes determina o que vem depois. É por essa razão que me parece totalmente errado equiparar

---

[8] *La naissance de la psychanalyse*, tradução de Anne Berman, Paris, PUF, 1956, p. 195-196. [Carta 70 de Freud a Fliess. *Edição standard brasileira*, vol. I, Rio de Janeiro, Imago, p. 355.]
[9] Id., p. 203-208.

o conceito freudiano de *Nachträglichkeit* à noção jungiana de *Zurückphantasieren* (fantasia retroativa)[10].

Vamos ao meu segundo ponto: a *tradução*. Muitas traduções foram propostas para esse termo, assim como para vários outros. É necessário decidir se devemos traduzi-lo de acordo com o contexto, ou seja, se deve ser "interpretado". Neste caso, não podemos traduzir nem em francês nem em inglês *nachträglich/ Nachträglichkeit* por um único termo. É essa visão que Strachey ilustra bem, traduzindo as duas palavras por uma série de termos conforme o contexto: *deferred action, subsequently, in a deferred fashion, subsequent, after-effect, deferred effect, deferred nature of the effect, later,* etc. Na medida em que se quer "interpretar" dessa forma e impor um significado para um texto essencialmente aberto, uma tradução única é impossível. Tomemos agora o exemplo de duas traduções de *Nachträglichkeit* que parecem concorrer: *retrospective attribution* (atribuição retrospectiva), proposta por Helmut Thomä, e a clássica *deferred action* (ação diferida), proposta por Strachey. Dois exemplos ilustrativos: em *Estudos sobre a histeria*, Freud fala da "*nachträgliche Erledigung der Traumen*"[11]. E, em suas cartas a Fliess, ele escreve: "*Phantasien sind Dinge früh gehört erst nachträglich verstanden*"[12]. No primeiro exemplo, é absolutamente impossível traduzir *nachträglich* por *retrospective attribution*, o que daria uma tradução absurda: "A liquidação do trauma por atribuição retrospectiva". É igualmente absurdo traduzir a segunda frase por: "As fantasias são coisas que foram ouvidas no passado e compreendidas somente por ação diferida". Nesses dois exemplos, vemos que as traduções interpretativas dependem estreitamente do contexto em que Freud emprega o termo *nachträglich*. Deve-se, pois, decidir entre separar e dividir esse termo na tradução e escolher um termo com o qual os leitores possam manter presente o termo

---

10 Critico aqui as recentes tentativas de equiparar o uso freudiano do termo *Nachträglichkeit* à tradição hermenêutica, sobretudo em paralelos com o conceito de Jung de *Zurückphantasieren* (Freud's *Nachträglichkeit* and Strachey's *Deferred Action*: Trauma Constructions and the Direction of Causality, Helmut Thomä e Neil Cheshre. *International Review of Psychoanalysis*, 18, 1991, p. 407-427).

11 *GW*, I, p. 229.

12 Carta a Fliess de 6 de abril de 1897 (erro no original). In *La naissance de la psychanalyse*, p. 170.

de Freud e reinterpretá-lo por si mesmos. Por isso, proponho uma tradução não interpretativa: sugiro o termo *après-coup* e, em inglês, *afterwards*. Em todas as ocorrências na obra de Freud, é possível empregar *après-coup*, bem como *afterwards* e *afterwardsness*.

———

Gostaria de passar agora a minha própria concepção da *Nachträglichkeit*, assinalando que ela difere tanto da concepção freudiana quanto da concepção jungiana ou hermenêutica. À guisa de introdução, gostaria de citar um trecho de *A interpretação dos sonhos* que não foi comentado por outros autores: trata-se de uma associação com o sonho dos *Knödel* (bolinhos).

> Em relação às três mulheres, pensei nas três Parcas que fiam o destino do homem, e soube que uma das três mulheres — a estalajadeira do sonho — era a mãe que dá a vida e, além disso (como no meu próprio caso), dá à criatura viva seu primeiro alimento. O amor e a fome reúnem-se no seio de uma mulher. Um rapaz que era grande admirador da beleza feminina falava certa vez — assim diz a história — da bonita ama de leite que o amamentara quando ele era bebê: "Lamento não ter aproveitado melhor aquela oportunidade". Costumo citar essa anedota para explicar o fator da "ação retardada" [*après-coup*, em nossa tradução] no mecanismo das psiconeuroses. [Cf. tradução da *Edição standard brasileira*, vol. IV, Rio de Janeiro, Imago, p. 141.][13]

Esse texto é significativo por mostrar que, em 1900, Freud ainda considerava a *Nachträglichkeit* como um conceito importante que deveria ser explicado aos seus alunos. Nessa anedota, podemos encontrar os dois vetores temporais possíveis que agem no *après-coup*. O primeiro vetor é evocado quando o homem adulto, que vê a criança no seio da ama de leite, imagina retrospectivamente todo o proveito erótico que poderia ter tirado

---

13 No original, tradução de Jean Lapanche conforme *GW*, II-III, p. 211; e *L'interprétation des rêves*, tradução de I. Meyerson revisada por Denise Berger, Paris, PUF, 1967, p. 181-182.

dessa situação, se pelo menos soubesse disso. Temos aqui um verdadeiro exemplo de *Zurückphantasieren* (fantasia retroativa) e de hermenêutica: o homem reinterpreta a função de dar o seio nos termos de sua situação presente. Esta é uma concepção totalmente junguiana. O outro vetor temporal também está presente, pois não se poderia esquecer que, segundo Freud, a sexualidade oral não é pura invenção do adulto. Freud acredita que a criança no seio sente um prazer erótico em mamar, que, aliás, é descrito nos *Três ensaios sobre a teoria da sexualidade* como a experiência erótica oral primordial. Nesse contexto, se a sexualidade do adulto é despertada pela visão da criança no seio é porque registrou e conservou os traços de sua própria sexualidade infantil. Assim, duas interpretações dessa anedota são possíveis, uma progressiva e a outra retroativa, mas permanecem independentes e isoladas uma da outra.

Gostaria de me manifestar aqui em relação ao que Freud relata para dar meu próprio ponto de vista, que não é de modo algum uma escolha entre essas duas possibilidades. Não se trata absolutamente de optar pela posição hermenêutica ou pela posição determinista de Freud. O que Freud exclui, ou não quer ver nesse exemplo, é simplesmente... a ama de leite. Leva em conta apenas os dois interlocutores igualmente "centrados no sujeito", a saber, o sujeito infantil e o sujeito adulto; um suga o seio, o outro sente prazer erótico. Freud ignora ali a ama de leite e a sexualidade desta. Esqueceu-se completamente de sua teoria da sedução e não leva em conta o prazer da sedutora, ama de leite ou mãe, que terá tamanha importância no estudo sobre Leonardo da Vinci. Trata o seio como um objeto para a criança, e não como uma zona erótica para a ama de leite. Se introduzirmos um terceiro termo nessa cena — a ama de leite e sua própria sexualidade, que, sem dúvida alguma, é vagamente sentida pelo bebê —, não é mais possível então considerar o *après-coup* como uma simples combinação de dois vetores opostos. O terceiro termo é aquilo que o adulto transmite à criança: a *mensagem* da ama de leite à criança.

Um segundo elemento que eu gostaria de acrescentar para transformar o conceito de *après-coup* é a ideia de tradução. A meu ver, o *après-coup* é impensável sem um modelo de tradução: pressupõe que alguma coisa proferida pelo outro é posteriormente retraduzida e reinterpretada. De um lado, introduzo a noção do *outro* e, de outro lado, há o modelo da *tradução*. Mesmo se concentrarmos toda a nossa atenção no vetor temporal retroativo, no sentido de que alguém reinterpreta o seu passado, este passado não pode ser puramente fatual, um "dado" bruto, não transformado. Ele contém, em vez disso, de uma forma imanente alguma coisa anterior, uma mensagem do outro. É impossível, portanto, defender uma posição puramente hermenêutica — que cada um interpreta o passado em função de seu presente —, posto que *o passado já contém algo depositado a ser decifrado*, a mensagem da outra pessoa. Mas será que a hermenêutica moderna não está esquecendo o seu próprio começo, quando era, na interpretação religiosa dos textos sagrados, uma hermenêutica da mensagem?

Em conclusão, eu gostaria de dizer que o conceito freudiano de *après-coup* possui ao mesmo tempo uma grande riqueza e certa ambiguidade, por combinar um vetor retroativo e um vetor progressivo. Explico esse problema dos vetores diferentes, para frente e para trás, argumentando que, desde o início, há algo que segue na direção do passado ao futuro, do outro ao indivíduo em questão, do adulto ao bebê, e é o que chamo de implantação da mensagem enigmática. Essa mensagem é então retraduzida seguindo um vetor temporal alternadamente retroativo e progressivo (de acordo com o meu modelo de tradução-destradução-retradução).

III
Curto tratado do inconsciente[1]

PREÂMBULO

1. O inconsciente de que se trata aqui é aquele que foi descoberto por Freud no tratamento psicanalítico e fora dele, aquele que continua sendo — pelo menos é o que postulamos — o objeto da experiência da psicanálise.

O que tentei apresentar em 1959, e elaborar em seguida[2], é uma concepção bem particular do inconsciente no que diz respeito ao seu *modo de ser* e sua *gênese*. Como qualquer teoria, essa se encontra à distância dos fatos, mas pretende explicar suas ligações recíprocas: em primeiro plano, o que denominamos a clínica psicanalítica, entendendo-a como aquilo que se descortina e se desenrola na situação psicanalítica. Em outras palavras, minha tentativa consiste em relacionar o que há de

---

1   *Nouvelle Revue de Psychanalyse*, 1993, XLVIII, Paris, Gallimard.
2   Ver principalmente: *Problématiques IV: L'inconscient et le ça,* Paris, PUF, 1981. [*Problemáticas IV: O inconsciente e o id*, São Paulo, Martins Fontes, 1981.] Neste volume encontra-se também o relatório de Laplanche e Leclaire apresentado no Congresso de Bonneval (1959): "O inconsciente, um estudo psicanalítico". Ver também: *Nouveaux fondements pour la psychanalyse*, Paris, PUF, 1987, p. 44-48 e 128-148. [*Novos fundamentos para a psicanálise*, São Paulo, Martins Fontes, 1987.]

fundador na *prática* psicanalítica com o processo fundador do ser humano, na medida em que este processo se caracteriza pela formação de um inconsciente.

2. Os historiadores são capazes de discussões infinitas sobre a originalidade da descoberta freudiana e a novidade do inconsciente psicanalítico. O próprio Freud oscilou entre o sentimento de ter descoberto uma *terra incognita* e, às vezes, a aceitação de se vincular a uma linha de pensamento mais antiga: assim é quando ele presta obediência, de forma surpreendente, à "vontade inconsciente" de Schopenhauer[3].

Não tenho a intenção de entrar num debate sobre a história das ideias, em que outros são mil vezes mais competentes. Quero apenas ressaltar que, por excelência, é em relação ao *método* psicanalítico — a saber, as vias de acesso totalmente originais e minuciosamente descritas para alcançar o inconsciente — que a originalidade desse novo campo é constantemente afirmada[4]. Em contrapartida, é pela forma de conceber o inconsciente, portanto, de situá-lo *tópica* e *geneticamente*, que a ambiguidade freudiana aparece. Ao lado de textos (como o de 1915) que consideram preponderante o processo do recalque, logo, a formação do inconsciente ao longo de cada existência individual, é constante a tentação de situar o inconsciente nesta ou naquela linhagem genética em que ele estaria em posição de elemento primeiro, primordial. Linhagem psicológica: "Tudo o que é consciente foi primeiramente inconsciente". Linhagem do biológico individual: o isso é o "grande reservatório das pulsões" e constitui a parte não recalcada do inconsciente, aquela que estaria diretamente aberta para o corpo. Por fim, linhagem da espécie e da "filogênese": seja através das ditas "fantasias originárias", que constituiriam o núcleo do inconsciente, seja sob a égide da especulação metabiológica e metacosmológica, que reduz o pulsional inconsciente a um atávico imemorial[5].

---

3   Comentei essa forma de "Canossa" (curvar-se a) em *La révolution copernicienne inachevée*, Paris, Aubier, 1992, p. XVIII.

4   Cabe lembrar mais uma vez que o primeiro ponto da definição da psicanálise, aquele que subordina *tanto* a clínica *quanto* a teoria, é o fato de ser "um procedimento para a investigação de processos anímicos que são dificilmente acessíveis de outro modo". *OCF-P*, XVI, p. 183.

5   A respeito deste assunto, cf. *Le fourvoiement biologisant de la sexualité chez Freud*, Paris, Synthélabo, col. Les empêcheurs de penser en rond, 1993.

Ao mecanismo do recalque opõe-se, portanto, no pensamento freudiano, uma dinâmica da emergência a partir de um "originário" assimilado muito "naturalmente" ao inconsciente e prestando-se a todas as reminiscências românticas (na mais ampla acepção do termo). Mas, pior que isso, o ponto de vista do recalque tende cada vez mais a enfeudar-se àquele da emergência: é assim que a noção de *recalque originário*, criador do lugar inconsciente, torna-se esporádica após 1915. O recalque, desde então, passa a ser essencialmente secundário, isto é, agindo sobre moções pulsionais já presentes e surgidas do inconsciente primordial, não recalcado.

3. O postulado desse "isso" biológico originário, necessariamente pré-formado, ia diretamente de encontro à novidade envolvida na noção de pulsão como processo sexual não adaptado no homem a uma meta preestabelecida. Ele desprezava o aprofundamento feito por Freud do mecanismo do recalque e de seus tempos sucessivos (destacadamente no "Caso Schreber", de 1911, e "O Inconsciente", de 1915).

4. *Last but not least*, colocar em segundo plano o inconsciente recalcado comprometia a especificidade do campo psicanalítico como campo sexual. A partir do momento em que o inconsciente é assimilado a um isso primordial[6], ele mesmo atrelado não apenas ao corpo, mas também a um biologismo, para não dizer um vitalismo, as forças que estão ali em ação tornam-se forças vitais, originariamente independentes tanto do sexual quanto da fantasia inseparável do sexual. Os termos "instinto de vida e instinto de morte" designam perfeitamente essas forças predeterminadas em sua finalidade, a qual pode ser definida em termos pretensamente independentes tanto do orgástico quanto da fantasia: de um lado, formação de conjuntos cada vez mais englobantes ou, de outro, retorno ao inorgânico[7].

---

6 Mostrei, em *O inconsciente e o id*, alguns aspectos positivos da noção e mais ainda do termo id [ou isso], se o desvincularmos da herança de Groddeck que persiste no próprio Freud. Oponho à ideia de que há, desde a origem, "isso no fundo do homem" a ideia do processo do recalque que cria em mim um verdadeiro isso, *mais "isso" que natureza*, poder-se-ia dizer.

7 Digo *pretensamente independentes*, pois as fantasias ligadas às noções de instinto de vida e de instinto de morte são patentes, desde o mito de Aristófanes até as imagens do Nirvana ou de um estado cósmico mineral, glacial, onde as energias se aproximam do zero.

Em resumo, as questões ligadas a uma concepção correta do inconsciente vão muito além da esfera puramente teórica. Afetam notadamente: 1) o alicerce e a compreensão da prática analítica; 2) a originalidade da descoberta freudiana e a ruptura que ela provoca na história das ideias e até mesmo naquela do homem; 3) a noção de pulsão; 4) a especificidade do campo sexual-fantasmático a reafirmar tanto na prática quanto na teoria.

Em função dessas questões, limito-me aqui a tratar de cinco pontos essenciais, dos quais uns são mais um reforço a ideias já expostas, enquanto outros (III e V) comportam desenvolvimentos mais novos.

I. O realismo do inconsciente.
II. O processo do recalque.
III. As consequências do recalque sobre as (famosas) características do inconsciente.
IV. O inconsciente na vida e no tratamento psicanalítico.
V. O inconsciente e a metafísica.

I. O REALISMO DO INCONSCIENTE

Era sob a égide um tanto provocativa do "realismo do inconsciente" que se apresentava o relatório de Laplanche e Leclaire no Congresso de Bonneval em 1959. Não vejo nada de fundamental a ser modificado quanto a esse ponto[8] e me contentarei em retraçar brevemente os elementos mais relevantes.

1. A redução do inconsciente a um *sentido* oculto me parece ser a tentação constante que puxa para trás a descoberta freudiana, em direção à hermenêutica milenar. Ora, é conjuntamente na elucidação do sintoma (no sentido amplo, englobando também o lapso, o ato falho, o sonho, etc.) e no método para alcançá-la que se afirma a originalidade das "formações do inconsciente" em relação às simples polissemias inerentes a todo e qualquer sistema de comunicação. A noção freudiana de formação de compromisso envolve uma espécie de produção bastarda entre

---

[8] Desenvolvi em 1977-1978 (*Problemáticas IV: O inconsciente e o id*, São Paulo, Martins Fontes, 1981) uma longa reflexão *a posteriori* sobre esse texto, que me parece ainda hoje amplamente defensável, com exceção apenas da discussão inútil em torno do inconsciente, condição da linguagem / linguagem, condição do inconsciente, que, mesmo com as melhores intenções, permanecia prisioneira de certa problemática lacaniana.

(pelo menos duas) séries causais, das quais uma — a cadeia inconsciente — age por intermédio de operações de deslocamento e condensação. Um ato falho, para citar um exemplo fácil, não é um simples ato da vida cotidiana detrás do qual a interpretação descobriria sentidos ocultos. Sem dúvida, a simples ação de "ferver a sopa" pode estar inserida, de forma mais ou menos legítima, em diferentes contextos que a relacionam com um sentido biológico (autoconservação), com um sentido sexual (preparar a refeição totêmica), sociológico (as classes ricas e as populações urbanas não comem mais sopa), etc. Mas o sintoma, a irrupção do inconsciente, só acontece se eu derrubar a panela ou exagerar no sal quando um dos meus convidados sofre de hipertensão.

O que designamos por "análise de conteúdo", termo consagrado pelo uso e supostamente derivado da psicanálise, pode aplicar-se indiferentemente a qualquer texto, com a finalidade de fornecer uma ou várias "leituras" dele: "o inconsciente de um texto" é, por definição, inumerável; todo discurso é, segundo a expressão de Umberto Eco, "obra aberta". Porém, muito diferente é a abordagem de Freud quando se trata, por exemplo, da "sutileza de um ato falho"[9]: num cartão de aniversário, uma palavra "totalmente alheia ao contexto" foi escrita e depois riscada, testemunhando a irrupção de *outra* cadeia causal[10]. O que vem do inconsciente intervém como uma realidade (ela mesma conflitual) dentro do "texto" consciente que, por essa razão, apresenta-se com menos coerência: às vezes lacunar, às vezes, ao inverso, com pontos de ênfase e insistência injustificáveis. Em suma, as noções de defesa, conflito, compromisso, condensação, etc. perdem todo o seu impacto quando a psicanálise é reduzida a uma nova versão da hermenêutica: uma hermenêutica em que o "sentido sexual" viria se sobrepor à infinidade de outros sentidos possíveis.

2. O "realismo do inconsciente" visa a solucionar alguns impasses da teorização freudiana. Retomarei dois deles.

Trata-se primeiramente da oposição não superada entre uma "hipótese funcional" (um *mesmo* conteúdo representativo ou uma lembrança pertencem, conforme o modo pelo qual são

---

9 1935. *GW*, XVI, p. 35-39; *Résultats, idées, problèmes*, II, Paris, PUF, 1985, p. 217-219.
10 Mas não de uma cadeia de *sentido*, ou "cadeia significante".

"investidos", ao sistema Ics ou ao Pcs/Cs) e uma hipótese tópica (as inscrições inconsciente e consciente são *distintas* e podem coexistir, uma não abolindo a outra). Tratei demoradamente desse ponto, que não é de modo algum escolástico, em 1959[11] e principalmente em 1977[12]. Verifica-se, em primeiro lugar, que a hipótese "coisista" de dois traços, separados e independentes, de um mesmo "acontecimento", é imposta, por mais estranho que pareça, por "impressões extraídas do trabalho analítico", nomeadamente o fato de que a "tomada de consciência", por mais avançada que seja, não abole a inscrição inconsciente. Em compensação, a hipótese funcional parece a mais cômoda para explicar não o retorno do recalcado, mas o caminho inverso, isto é, o recalque. Se é o "traço mnésico", a *representação de um acontecimento,* que é recalcado, ou seja, que passa do estado consciente para o estado inconsciente, não há nenhuma necessidade de supor que tenha uma dupla inscrição.

Não é sem ousadia que Freud mantém então a coexistência de duas hipóteses dificilmente conciliáveis: o recalque é concebido de acordo com o modelo do registro de uma lembrança na memória; em contrapartida, uma vez o recalque realizado, essa inscrição inconsciente bem peculiar revela-se de natureza diferente de uma simples lembrança. No entanto, tal contradição pode levar também a uma indagação sobre uma proposição, aceita de forma muito generalizada, segundo a qual o recalque seria um simples caso particular do registro em memória, sendo a lembrança inconsciente simplesmente uma lembrança mais profunda, mais inacessível que as lembranças banais, "pré-conscientes". Qual é a relação do recalque com a memória do modo que ela é geralmente estudada em psicologia? A via que tomei deliberadamente consiste em considerar o elemento, o "traço" inconsciente, *não como uma representação memorizada, mas como uma espécie de dejeto de certos processos de memorização*.

Um segundo impasse da teorização freudiana, inerente também à tentativa de incluir o recalque numa teoria da memória e da tomada de consciência, está ligado à muito famosa oposição

---

11 In *Problématiques IV: L'inconscient et le ça,* Paris, PUF, 1981, p. 276-281. [*Problemáticas IV: O inconsciente e o id*, São Paulo, Martins Fontes, 1981.]
12 Ibid., p. 73-104.

entre os termos *Wortvorstellung/Sachvorstellung*, traduzidos muito corretamente por representação de palavra / representação de coisa[13]. Estes dois termos compostos, como na tradução em francês [e em português], significam justamente que o conteúdo da "representação" é, no primeiro caso, a palavra e, no segundo, "a imagem mnésica" mais ou menos direta da coisa. Além disso, e apesar de todas as nuances que caberiam aqui, a representação de coisa, característica do inconsciente, é, para Freud, essencialmente constituída por elementos *visuais*, enquanto a representação de palavra é, por natureza, acústica, feita de palavras que podem ser *pronunciadas*[14].

Ora, é exatamente nesse ponto que a teoria do inconsciente se enquadra — *indevidamente, a meu ver* — numa teoria psicológica que faz com que a tomada de consciência de uma cadeia de pensamentos dependa da possiblidade de associar a ela, ponto por ponto, traços verbais acústicos que possam ser reavivados, pronunciados novamente ao menos como esboços, portanto, percebidos internamente. Essa teoria, presente desde *Projeto para uma psicologia científica*[15], é digna do maior interesse no âmbito de uma "apresentação dos processos... normais". É exatamente ela que aparece na famosa formulação: "A representação consciente compreende a representação de coisa mais a representação de palavra aferente, a representação inconsciente é apenas a representação de coisa"[16]. Mas é justamente essa ligação — esse "mais" que deveria conjugar a representação de palavra e a representação de coisa — que é problemática no trabalho analítico.

Tornava-se então imprescindível indagar o tipo de realidade a ser atribuída aos elementos inconscientes e recusar-se a vê-los como simples "imagens mnésicas de coisa", decalques mais ou menos deformados de acontecimentos ou objetos. E foi para tornar isso perceptível que propus "representação-coisa"

13 N.T.: Laplanche se refere à tradução dos termos em francês: *représentation de mot/ représentation de chose*. Em português, os termos têm a mesma tradução pertinente.
14 Até em *O eu e o id*: "Os restos mnésicos das coisas" são assimilados a "restos mnésicos óticos", enquanto "os restos de palavra são essencialmente os descendentes de percepções acústicas" (*OCF-P*, XVI, p. 265). [*Edição standard brasileira*, vol. XIX, Rio de Janeiro, Imago.]
15 In *La naissance de la psychanalyse*, Paris, PUF, 1956, p. 375 e seguintes (3ª parte).
16 *OCF-P*, XIII, p. 240. [*Edição standard brasileira*, vol. I, Rio de Janeiro, Imago.]

para a *Sachvorstellung* freudiana, não como uma tradução mais correta, mas como um contrassenso provocador[17]. Quero com isso tornar perceptível que o elemento inconsciente não é uma representação a *referir* a uma coisa externa da qual seria o "traço", mas que a passagem ao status inconsciente é correlativa a uma perda da referência. A representação (ou, em linguagem mais moderna e mais verdadeira, o significante), ao se tornar inconsciente, perde seu status de representação (de significante) para se tornar uma coisa que não representa (não significa) mais do que ela mesma.

3. O "realismo do inconsciente" tem como objetivo dar um sentido preciso à noção de "realidade psíquica", constantemente apresentada por Freud, mas nunca verdadeiramente definida por ele de forma autônoma, a não ser em raras ocasiões, enquanto, na maior parte do tempo, ele a reduz à realidade psicológica, isto é, em última análise, à nossa vivência subjetiva[18].

Ao distinguir não duas ordens de realidade, como faz Freud geralmente (realidade externa, material, e realidade interna, psicológica), e sim três, ou seja, ao acrescentar a realidade da mensagem, ou aquela do significante, não deixo de me situar em relação aos esboços de uma tripartição em Freud nem, é claro, em relação à tripartição lacaniana, Real, Imaginário, Simbólico[19].

[17] Cf., por exemplo, *Problématiques IV*, op. cit., p. 96 e seguintes [*Problemáticas IV: O inconsciente e o id*, São Paulo, Martins Fontes, 1981]; *Problématiques V: Le baquet. Transcendence du transfert*, Paris, PUF, 1987, p. 112-113. [*Problemáticas V: A tina*. São Paulo, Martins Fontes, 1987.]
Meu amigo Daniel Widlöcher me perdoará por eu me divertir ao vê-lo atribuir a Freud a noção de "representação-coisa", que, propriamente falando, lhe é estranha (cf. "Temps pour entendre, temps pour interpréter, temps pour comprendre. In *Bulletin de la Fédération Européenne de Psychanalyse*, 1993, 40, p. 24-25). E quando afirma que tais representações inconscientes "não se referem a outra coisa a não ser a si mesmas", ele toma, sem se dar conta, o sentido de Laplanche (1959), e não o de Freud.
Quanto à sua sugestão de chamar as representações-coisas de "representações-ações", isso corresponde exatamente à ideia de que os corpos estranhos internos sempre permanecem ativos, são "causas", na acepção metafísica do termo (ver adiante o item V, mas também *La révolution copernicienne inachevée*, p. 392).

[18] Acerca de tudo isso, cf. notadamente *Problématiques V: Le baquet*, Paris, PUF, 1987, p. 89-101. [*Problemáticas V: A tina*, São Paulo, Martins Fontes, 1987.] Ver também *Sedução, perseguição, revelação*, capítulo I neste volume.

[19] Cf., por exemplo, *Problématiques IV*, op. cit., p. 89-91. [*Problemáticas IV: O inconsciente e o id*, São Paulo, Martins Fontes, 1981.]

Para resumir esse posicionamento, direi que não adoto de modo algum as duas primeiras categorias no sentido em que Lacan as define, contentando-me, em contrapartida, com a consistente oposição freudiana.

Freud: realidade externa — realidade psicológica. E não Lacan: Real — Imaginário.

Quanto à terceira categoria, considero que o termo freudiano "realidade psíquica" é o indicador de uma realidade até agora negligenciada, mas que não poderia ser assimilada ao Simbólico lacaniano, do qual recuso o caráter estreitamente linguístico, supraindividual — estrutural —, em suma, metafísico (vide, neste mesmo artigo, item V, *O inconsciente e a metafísica*)[20].

A categoria da mensagem, ou do significante na medida em que "significa para"[21], em que é "endereçado", é totalmente diferente daquela do Simbólico: a mensagem pode ser verbal ou não verbal, mais estruturada ou menos, até mesmo minimamente referida a uma estrutura. O modelo lacaniano da linguagem, diretamente tomado de Saussure e da escola estruturalista, só é válido, a rigor, para uma língua perfeita, "bem-feita", unívoca, em que as distâncias reguladas entre os significantes (os "valores") determinam a relação — até mesmo a tornam supérflua — de um significante com um significado determinado[22]. Entendo, portanto, a categoria da mensagem ou do "significante para" com toda a extensão que Freud confere à linguagem, incluindo "a linguagem dos gestos e qualquer outra espécie de expressão da atividade psíquica".

20 Para prestar uma homenagem a Lacan, embora apontando todas as discordâncias em relação ao "lacanismo", deveríamos enfatizar dois aspectos pelo menos:
• O *homem*, o *mestre*, foi um extraordinário estimulador de pensamento e de investigação, em um mundo pós-freudiano monótono.
• O *pensador* fez prevalecer a certeza, inédita no freudismo, de que o inconsciente e a pulsão não surgem das profundezas obscuras da "vida", mas sua gênese e natureza são indissociáveis do mundo humano e da comunicação inter-humana.
Acerca desses dois pontos de vista, sugiro a releitura do brilhante "Relatório de Roma" (Écrits, Paris, Seuil, 1966, p. 237-322).
21 Cf., por exemplo, *Noveaux fondements pour la psychanalyse*, Paris, PUF, 1987, p. 47-48. [*Novos fundamentos para a psicanálise*, São Paulo, Martins Fontes, 1987.]
22 É o caso na matemática. Cf., por exemplo, *Problématiques IV*, op. cit., p. 129-134. [*Problemáticas IV: O inconsciente e o id*, São Paulo, Martins Fontes, 1981.]

Todavia, essa categoria é insuficiente para explicar o que chamamos de "realidade psíquica inconsciente": é preciso acrescentar essa transformação estranha efetuada pelo recalque e que leva à formação de uma representação-coisa ou, conforme outra expressão, a um significante-dessignificado[23].

4. Por fim, o realismo do inconsciente está estreitamente ligado àquilo a que dei o nome de "dedução clínico-teórica"[24], ou seja, uma espécie de mostra de sua necessidade, a partir da situação assimétrica originária adulto-criança. Voltarei a esse assunto mais adiante, mas quero assinalar desde já que esse modelo do recalque não pretende explicar somente a gênese de um recalcado (a existência de um recalcado), mas também o engendramento de certo tipo de realidade, dita "inconsciente" (a natureza do recalcado).

II. O "MODELO TRADUTIVO" DO RECALQUE

Como elaborei e tentei aperfeiçoar[25] esse modelo[26] reiteradamente, destaco apenas alguns pontos essenciais, insistindo nas ênfases mais novas.

1. O modelo tradutivo do recalque só se concebe no âmbito da teoria da sedução. As representações-coisas que formam o núcleo do inconsciente devem ser concebidas como aquilo

---

23 Na medida em que se introduz a noção de representação-coisa, a oposição entre representação *de* coisa e representação *de* palavra deixa de ser pertinente para o inconsciente psicanalítico:
1) A representação de palavra (representação verbal) torna-se, no inconsciente, assim como a representação de coisa (visual), uma representação-coisa.
2) A representação *de* coisa só interessa à psicanálise, só é "tratada" pelo recalque, se veicular uma mensagem em que ela "signifique para".
Em compensação, essa oposição mantém seu valor para uma psicologia da memória, em que se trata da rememoração de uma lembrança pré-consciente.

24 *Noveaux fondements pour la psychanalyse*, Paris, PUF, 1987, p. 148. [*Novos fundamentos para a psicanálise*, São Paulo, Martins Fontes, 1987.]

25 Referências mais recentes: *Noveaux fondements pour la psychanalyse*. Paris: PUF, 1987, 2ª parte [*Novos fundamentos para a psicanálise*, São Paulo, Martins Fontes, 1987]; L'interprétation entre déterminisme et herméneutique. In *La révolution copernicienne inachevée*, op. cit., p. 385-416.

26 A respeito do qual se sabe que o incentivo provém da carta 52/112 de Freud a Fliess.

que foge às primeiras tentativas da criança de construir um mundo inter-humano, logo, de traduzir em uma visão mais ou menos coerente as mensagens provenientes dos adultos. O fracasso parcial, mas necessário, dessas tentativas vem do fato de que essas mensagens são enigmáticas para o emissor, isto é, estão *comprometidas* pelo seu próprio inconsciente. Só tenho a ressaltar aqui que a relação adulto-criança é eminentemente propícia à revivescência de conflitos e desejos oriundos do inconsciente[27]: nem todas as mensagens são uniformemente enigmáticas, mas, sobretudo, aquelas que são emitidas em certas condições de reativação.

2. O modelo da substituição significante ou da *metábole*, tal qual foi proposto desde Bonneval (1959), parece-me ainda válido. Derivado de um esquema de Lacan, ele foi muito criticado, talvez por ser, ao mesmo tempo, excessivamente e insuficientemente lacaniano. Seu interesse, certamente limitado, mas real, está em fornecer um modelo instigante para o pensamento. Retomei-o várias vezes, tanto nas *Problemáticas IV*, quanto em *Novos fundamentos*[28].

Lembro que se trata, diante de uma mensagem (um significante S_1) proposta ao sujeito, de tentar uma "tradução", substituindo por um novo significante (S_2) o significante inicial S_1. S_2 e S_1 encontram-se numa relação geralmente complexa, feita de semelhanças, contiguidades e até mesmo oposições.

A fórmula inicial podia então ser escrita:

$$\frac{S1}{s} \times \frac{S2}{S1} = \underline{S2/s}$$

$$S1/_{S1}$$

O processo tradutivo sendo comparado à ação de um multiplicador sobre um multiplicando.

---

27 Cf., entre outros, minha alusão ao artigo de M. Malev ("The Jewish orthodox circumcision ceremony") em *Problématiques II: Castration-symbolisations,* Paris, PUF, 1980, p. 239 e seguintes. [*Problemáticas II: Castração-simbolizações,* São Paulo, Martins Fontes, 1980.]

28 P. 129-131.

A fórmula tal qual reproduzida aqui corresponderia àquela das primeiras traduções que a criança faz das mensagens do adulto. Essas traduções são, segundo a fórmula do próprio Freud, acompanhadas por fracassos de tradução, os quais constituem precisamente os primeiros recalques ou os recalques originários.

O principal mérito desse esquema está em mostrar esse paradoxo de um resíduo de tradução, que não significa nada além de si mesmo.

No entanto, em equações simples como essa, a matemática insiste na conservação da quantidade e é inapta para exprimir as reviravoltas de um *metabolismo* psíquico. É preciso, então, aceitar que as duas metades do esquema não correspondem a uma igualdade (sinal =), mas a uma transformação (sinal →).

Do lado esquerdo, tem-se mensagem a traduzir (M_1) e não significante (não se traduz *um* significante). Do lado direito, encontramos a tradução parcial da mensagem (M_2) e o (ou os) significante(s) recalcado(s) $\frac{S1}{s1}$.

Uma formulação mais aproximada do recalque originário seria, portanto, algo como:

$$\frac{M1}{s} \times \frac{M2}{M1} \rightarrow \frac{M2/s}{S1/S1}$$

Isso indica que o significante recalcado S_1 é um resíduo da mensagem M_1 e não a totalidade desta. A mensagem é parcialmente traduzida e parcialmente recalcada.

3. O ponto crucial para o entendimento do esquema tradutivo é assimilar bem a ideia de que o recalque não pode ser considerado um caso particular de registro na memória.

Dentre os inúmeros textos que Freud dedicou à lembrança, ao traço mnésico, à rememoração, são poucos os que tratam do problema da fixação na memória. O mais marcante é um trecho que se encontra em *Leonardo da Vinci e uma lembrança de sua infância*, motivado evidentemente pelo problema da lembrança de infância relativa ao "abutre"[29]. Para se fazer entender bem, Freud compara a forma pela qual o indivíduo humano armazena

---

29 OCF-P, X, p. 107-108. [*Edição standard brasileira*, vol. XI, Rio de Janeiro, Imago.]

suas lembranças com a forma de escrever a história no plano coletivo. Haveria então dois modos bem diferentes de escrita da história (ou historiografia: *Geschichtsschreibung*): uma delas, semelhante ao trabalho dos cronistas, consiste em "registrar no dia a dia as experiências vividas do presente", e a outra, que lança "um olhar para trás, em direção ao passado, recolhe lendas e tradições, interpreta os vestígios de épocas antigas que subsistiam ainda em costumes e usos, criando, dessa maneira, uma história dos primeiros tempos". Essa segunda historiografia é certamente deformante, em função dos interesses do presente e da aversão provocada por muitos acontecimentos do passado. Notemos que, nesse segundo caso, dois tempos de inscrição são explicitamente necessários, pois a reconstrução *a posteriori* não se realiza a partir de nada: uma primeira inscrição dos "traços do passado" foi possivelmente necessária, mas esta não passa pelo historiador. Inversamente, digo ainda, o historiador-cronista não é um simples registrador dos fatos; numa época em que a gravação audiovisual ainda não supria a crônica, ele precisava pelo menos transcrever os fatos ocorridos, mas o fazia com a escrita mais fiel e neutra possível. A passagem da vivência ao escrito não é certamente inocente, mas é imensa a diferença em relação à história "reescrita" tardiamente. O exemplo preferido de Freud acerca dessa reescrita é o caso de Tito Lívio, que redigiu, na virada da nossa era, a história das origens de Roma: as cabanas dos fundadores de Roma são transformadas em suntuosos palácios, os chefes de bando, em reis de origem ilustre, etc.

Segundo Freud, paralelamente às duas historiografias, haveria no indivíduo dois tipos de memorização. A primeira, "totalmente comparável" à história do cronista, seria "a memória consciente do homem com relação aos acontecimentos do seu período de maturidade". A segunda seria a das lembranças de infância que "correspondem, quanto à sua gênese e credibilidade, à história das origens de um povo, compilada mais tarde e sob influências tendenciosas"[30].

Destaco os seguintes pontos:

A memorização do adulto (normal) não comporta supostamente deformação essencial. Trata-se, neste caso, é claro, de

---

30 *OCF-P*, XVIII, p. 108. [*Edição standard brasileira*, vol. XI, Rio de Janeiro, Imago.]

um modelo ideal que a psicologia da vida cotidiana não poderia admitir tal qual ele é.

A memorização da vivência infantil efetua-se supostamente *a posteriori*, mas postula, com certeza, um primeiro tempo infantil, o do depósito dos traços. Vemos então ressurgir exatamente o modelo do *après-coup* ou do traumatismo em dois tempos. O que sofre o trabalho de deformação e de arranjo na memória não são os acontecimentos infantis, inacessíveis por natureza, mas um primeiro depósito deles.

Por fim, cabe ressaltar que esse é um modelo da *memória consciente*: o resultado da reelaboração secundária pela qual Freud se interessa nesse caso é a lembrança consciente, mais exatamente, a "lembrança encobridora". Porém, pronunciar esse termo (*Deckerinnerung*) é indicar que ele encobre e impede a ressurgência de alguma coisa, que é justamente o recalcado.

Foi tamanho o interesse pela "lembrança de infância de Leonardo da Vinci", para indagar a que realidade factual ela correspondia, que se descuidou de vê-la pelo que ela é: não um elemento inconsciente recalcado, mas uma lembrança encobridora, à qual se aplica exatamente o modelo da memorização deformante e recalcadora. Sendo o texto "Leonardo da Vinci e uma lembrança de sua infância"[31], além disso, um dos principais momentos em que ressurge em Freud a função da sedução, não considero arbitrário, de forma alguma, aplicar-lhe o modelo da metábole racalcadora, simplificando seus elementos evidentemente.

M_1 — a mensagem inscrita num primeiro tempo, que designamos, com grande simplificação, como as "carícias fervorosas" (da mãe)[32].

M_2 — a lembrança encobridora, que chamaremos de "fábula do pássaro", evitando assim a controvérsia acessória em torno do milhafre/abutre[33].

---

31 *OCF-P*, X, principalmente p. 142-143 e p. 158-159. [*Edição standard brasileira*, vol. XI, Rio de Janeiro, Imago, p. 69-70 e p. 78-79.]
32 Ibid., p. 143 [p. 70].
33 Cf. J.-P. Maïdani-Gérard, *Léonard de Vinci: mythologie ou théologie?*, Paris, PUF, 1993. O que Freud discutiu em sua hipótese "egípcia" da deusa Mut, o que J.-P. Maïdani-Gérard retoma com a hipótese cristã e o tema da Imaculada Conceição é o contexto ideológico, a "língua de tradução" em que se situa a mensagem substitutiva M_2.

A metábole recalcadora, característica do tempo do *après--coup*, poderia ser esquematizada da seguinte forma:

$$\frac{\text{carícias fervorosas}}{s} \times \frac{\text{fábula do pássaro}}{\text{carícias fervorosas}} \rightarrow \frac{\text{fábula do pássaro}/s}{S1/S1}$$

Um longo comentário far-se-ia necessário:

1) As "carícias fervorosas" da mãe[34] são mensagens dirigidas ao sujeito, a Leonardo. A primeira inscrição delas *não* requer tradução, sendo pura e simples implantação. Ou, em outras palavras, são elementos da percepção, mas que "fazem sinal"[35]; não precisam ser transcritos em significantes, já sendo, de saída, "significantes para".

2) Essas "carícias fervorosas" são mensagens *enigmáticas*. Seu significado é parcialmente sexual, perverso, ignorado pela própria mãe[36].

3) Meu esquema seria defeituoso se fizesse pensar que aquilo que se encontra em nível inconsciente nada mais é que o "significante enigmático" de partida. Na realidade, é preciso frisar também a ideia de que as mensagens adultas enigmáticas sofrem um remanejamento, uma desarticulação. Alguns de seus aspectos são traduzidos, enquanto certos elementos "anamórficos" são excluídos da tradução, tornando-se inconscientes. Aliás, é por isso que o termo "significante enigmático" — apesar de seu sucesso — é impróprio para designar a mensagem complexa e comprometida do adulto. Em compensação, no nível inconsciente, o termo "significante-dessignificado" me parece mais correto. Mantenho no meu esquema a sua formulação

---

34 Cf. *OCF-P*, X, p. 142-143 e p. 158-159. [*Edição standard brasileira*, vol. XI, Rio de Janeiro, Imago, p. 69-70 e p. 78-79].

35 São *Wahrnehmungszeichen*. Ver, por exemplo, *Noveaux fondements pour la psychanalyse*, Paris, PUF, 1987, p. 129 [*Novos fundamentos para a psicanálise*, São Paulo, Martins Fontes, 1987]; e *La révolution copernicienne inachevée*, op. cit., p. 25-26.

36 "O amor da mãe pelo bebê que ela mesma amamenta e cuida é muito mais profundo que o que sente, mais tarde, pela criança em seu período de crescimento. Sua natureza é a de uma relação amorosa plenamente satisfatória, que não somente gratifica todos os desejos da alma, mas também todas as necessidades físicas; e se isto representa uma das formas possíveis da felicidade humana, em parte será devido à possibilidade que oferece de satisfazer, sem reprovação, desejos impulsivos recalcados há muito tempo e que podem ser considerados como perversos". *OCF-P*, X, p. 143. [*Edição standard brasileira*, vol. XI, Rio de Janeiro, Imago, p. 71.]

algébrica, não podendo, assim como Freud, levar adiante "a análise" de Leonardo.

Longe de nós a ideia de comparar a análise de Leonardo a um tratamento psicanalítico: faltam os elementos essenciais — transferência e elaboração à luz da situação enigmática originária — que não podem ser supridos *in absentia*. Todavia, as vias exploradas por Freud em sua investigação são interessantes. Primeiramente, ele usa um método semelhante ao da associação livre, servindo-se do material livremente justaposto das anotações de Leonardo. Além disso, apesar das aparências, ele não pretende resgatar o(s) sentido(s) da fábula do pássaro. Ao contrário, ele a desconstrói, relacionando-a com os elementos ideológicos, culturais, linguageiros que nela se entrecruzam e lhe dão uma aparente consistência. Por fim, encontra correlações, ligações associativas entre esses elementos da fábula e os da situação originária (ela mesma parcialmente conjeturada a partir de elementos históricos da família de Leonardo), o que lhe possibilita aproximar-se de um significante-dessignificado, algo em torno do sorriso, do beijo penetrante, verdadeiro objeto-fonte da pulsão e de uma parte da criatividade artística de Leonardo.

III. AS CARACTERÍSTICAS DO INCONSCIENTE E SUA EXPLICAÇÃO A PARTIR DO RECALQUE

Freud enumerou mais de uma vez as características do inconsciente (sistemático) ou aquelas do isso, que ele considera idênticas, com razão. De que meios ele lançou mão para fazê-lo?

A ideia de que só seja cognoscível, dentro do aparelho psíquico ou fora dele, aquilo que é diretamente acessível à consciência é das mais contestáveis. Tão somente por reverência ao termo "inconsciente" e devido ao "fechamento essencial" que a ele corresponde na pessoa em questão ("ego"), poder-se-ia perder a audácia de Freud em sua pretensão, em *Uma criança é espancada*, de conhecer e enunciar uma fantasia que, na maioria dos casos, não pode absolutamente tornar-se consciente (sou espancada pelo meu pai). Mesmo que se mostrasse que Freud estava enganado quanto ao objeto de sua inferência, pelo menos o procedimento é perfeitamente assumido: *pode-se falar do inconsciente* e identificar, até mesmo reconstruir, alguns de seus conteúdos.

Fora aquilo que pode ser diretamente observado — o que, aliás, não implica absolutamente um conhecimento correto —, fatos e entes podem ser inferidos a partir de outros fenômenos mais diretamente observáveis. Isso vale para muitos entes físicos. É o caso do átomo, que foi deduzido durante muito tempo antes de ser observado[37]. É também o caso, na astrofísica, dos "buracos negros", que, *por definição*, não são visíveis (por absorverem todas as irradiações) e são identificados apenas de forma indireta, por seus efeitos gravitacionais. É esse procedimento *indireto* que Freud reivindica para o isso: "O pouco que sabemos acerca dele aprendemos pelo estudo do trabalho do sonho e da formação do sintoma neurótico"[38]. Por fim, propriedades ou até mesmo entes podem ser deduzidos de um modelo, ele próprio forjado no encontro com fatos observados. Lembremos que, seguindo Popper, uma contradição entre uma das consequências deduzidas do modelo e um fato da experiência terá como resultado uma "falsificação"[39] do modelo, levando ou ao seu abandono, ou à sua modificação profunda, ou à sua integração como caso particular dentro de um modelo mais geral[40]. Esse modelo pode ser de categorias diferentes: estático, isto é, descreve um estado relativamente estacionário[41], ou genético, quer dizer, "prediz" as propriedades de um objeto a partir da sua geração. Nesse sentido, o modelo tradutivo do recalque é de natureza "genética", uma vez que descreve a geração do inconsciente. Deveria ser possível, então,

---

37 O fato de que o átomo não seja observado, mas deduzido permitiu, durante muito tempo, dar livre curso a certo idealismo do objeto científico "construído". O átomo, dizia-se, não é mais que um feixe de equações.

38 Nouvelles leçons. *OCF-P*, XIX, p. 156. [Novas conferências introdutórias sobre psicanálise. *Edição standard brasileira*, vol. XXII, Rio de Janeiro, Imago.]

39 Mantenho a palavra "falsificação", que não engloba toda refutação. A falsificação é demonstrar o fracasso de uma teoria acerca de uma de suas principais implicações.

40 Exemplo conhecido: Einstein e a física newtoniana. Outro exemplo de falsificação: o abandono por Freud da teoria da sedução devido a algumas de suas implicações que contradiziam a experiência.

41 Assim, a física de Einstein descreveu o desvio dos raios luminosos pela gravitação antes dela ser observada.

deduzir a partir dele não somente a existência[42], mas também certas propriedades — a consistência, poder-se-ia dizer — do inconsciente[43].

1. *Inconsciência e atemporalidade*

Vários motivos me fazem associar estes dois problemas, que, a meu ver, esclarecem um ao outro. Ao separá-los, Freud priorizou incontestavelmente o problema da "tomada de consciência"[44] e afiançou uma teoria consciencialista, ao passo que, no meu entendimento, sua concepção do inconsciente "sistemático" é de uma outra extração que não é aquela da luz consciente que lançamos — ou não, dependendo do caso — a determinadas lembranças ou afetos pré-conscientes. Nesse sentido, não tenho nada a excluir — apenas a acrescentar — do meu breve desenvolvimento de 1959 intitulado "O inconsciente e o problema da consciência"[45].

Em dois artigos recentes sobre o tempo[46], propus distinguir quatro níveis deste, dos quais dois dizem respeito ao nosso assunto: a psique do ser humano.

"O nível II é o tempo perceptivo, o da consciência imediata; é também... o tempo do vivente. O nível III é o tempo da memória

---

42 Cf. Le mur et l'arcade. In *La révolution copernicienne inachevée*, op. cit., p. 301.
43 Mais algumas palavras quanto ao fato de que o isso comporta, acima de tudo, características negativas. Freud relaciona isso com o fato de que o isso "só se deixa descrever em oposição ao eu" (Nouvelles leçons. *OCF-P*, XIX, p. 156 [Novas conferências introdutórias sobre psicanálise. *Edição standard brasileira*, vol. XXII, Rio de Janeiro, Imago]). Mas essa caracterização "em negativo" pode também ser compreendida pela gênese, na medida em que esta *suprime* certos aspectos da trama psíquica "consciente" (isso foi apontado no Relatório de Bonneval, em seu capítulo Ficção de uma linguagem em estado reduzido. In *Problématiques IV*, op. cit., p. 297-300 [*Problemáticas IV: O inconsciente e o id*, São Paulo, Martins Fontes, 1981]). Observemos, aliás, que, em relação a uma dessas características principais, há uma espécie de negação da negação: "ausência de negação no inconsciente".
Por fim, do ponto de vista da prova, características negativas (nenhum homem é quadrúpede) podem se prestar à falsificação tanto quanto as características positivas (todos os homens têm o polegar da mão que pode se opor aos outros dedos).
44 O *Bewusstwerden* ou "tornar-se consciente".
45 In *Problématiques IV*, op. cit., p. 271-274. [*Problemáticas IV: O inconsciente e o id*, São Paulo, Martins Fontes, 1981].
46 Temporalité et traduction. Pour une remise au travail de la philosophie du temps (1989) e Le temps et l'autre (1991). In *La révolution copernicienne inachevée*, op. cit., p. 317-335 e p. 359-384.

e do projeto, a temporalização do ser humano"⁴⁷. Situei as contribuições freudianas nesses dois níveis, mal percebidos por ele, infelizmente. O nível II, o da temporalidade imediata, é descrito por ele em elaborações de caráter psicofisiológico em que "o tempo" é relacionado com a percepção e a ritmicidade desta. Quanto ao nível III, Freud, mesmo sem tê-lo verdadeiramente tematizado, traz uma noção decisiva: o *après-coup*. Indiquei também que a confusão entre esses dois níveis, e sobretudo a interferência da problemática II (extrapsicanalítica) na problemática III, era uma das formas da reintegração forçada da psicanálise numa psicologia geral⁴⁸. Todavia, percebe-se bem que a distinção está, às vezes, presente em Freud: na passagem do texto sobre Leonardo da Vinci comentada anteriormente, o registro na memória de tipo "cronista" corresponde ao nível II de temporalidade, e o registro em memória de tipo "reescrita deformante", ao nível III.

Para retomar as coisas do ponto de vista do "inconsciente", o nível da temporalidade perceptiva e da consciencialidade imediata diz respeito, em primeiro lugar, à relação pré-consciente-consciente, isto é, ao acesso aos arquivos pessoais. Em contrapartida, é no nível da *temporalização*, concebida como romanceação, tradução dos enigmas provenientes do outro e depois "autoteorização continuada", que se situa o recalque: justamente como fracasso da temporalização e depósito de resíduos não traduzidos.

Assim sendo, a palavra "consciência", que pode ser lida em nosso termo psicanalítico "in-consciente", não é a consciencialidade imediata, vital, conectada com a percepção. O uso da palavra "consciência" por Hegel em expressões como "consciência infeliz", "consciência devota", ou até mesmo por Freud em "consciência de culpa" (*Schuldbewusstsein*) aproxima-nos do que está em discussão. Em relação à palavra "cons-ciência", devemos levar plenamente em conta a etimologia (*cum-scire*), ou seja, para cada ser humano, um "saber"⁴⁹ de si mesmo, seu entorno e seu destino, relativamente organizado e coerente

---

47 Ibid., p. 363.
48 Ibid., p. 365-366.
49 Certamente não científico e, em grande parte, fantasiado, ideológico, vide as "teorias" sexuais infantis.

(*cohaerens*). Esse "saber de si mesmo", constituído no *après-coup*, retomando, portanto, o passado a partir do presente para visar a um futuro[50], esse movimento de tradução origina-se do "motor imóvel" que é o endereçamento enigmático do outro (externo). Ele deixa necessariamente fora dele algo desse endereçamento, algo intraduzível que se torna o inconsciente, o outro interno. Esse outro interno, por sua vez, funciona como agente, como objeto-fonte, que tenta constantemente penetrar na existência cons-ciente — o que é *uma coisa bem diferente* de vir à luz da consciência-percepção.

Nessa perspectiva, o adjetivo "atemporal" (*zeitlos*) não designa uma qualidade extrínseca da "outra coisa" em nós, mas seu próprio ser, determinado por sua gênese: a exclusão do trabalho de temporalização, próprio do sistema Pcs-Cs[51].

Se, por um lado, a denominação de "atemporal" pode então ser considerada mais pertinente que a de "inconsciente", por outro, a exclusão desse "atemporal" em relação à consciencia-lidade[52] é bem menos direta e essencial do que se acreditou. Nada impede *a priori* que conteúdos do "atemporal", representações-coisas, tenham acesso à consciencialidade sem passar pela temporalização (o sistema Pcs) nem deixar de pertencer plenamente ao seu "sistema": ressurgências ecmnésicas com ou sem hipnoses, alucinoses...[53] Inversamente, a simples adição de uma representação *de* palavra a uma representação *de* coisa

---

50 Temporalité et traduction. Pour une remise au travail de la philosophie du temps. In *La révolution copernicienne inachevée*, op. cit., p. 325 e seguintes.

51 Os processos do sistema Ics são atemporais, isto é, não são ordenados de forma temporal, não são modificados pelo tempo que passa, não têm absolutamente nenhuma relação com o tempo. A relação temporal também está vinculada ao trabalho do "sistema Cs" (na edição de 1915: "sistema Pcs"). *OCF-P*, XIII, p. 226.
Tudo está dito. No entanto, a dúvida de Freud entre "sistema Cs" e "sistema Pcs" indica sua incerteza entre o que eu chamo de "consciencialidade II" (a consciência imediata) e "con-sciência temporalizante III", a qual corresponde, em seu pensamento, ao sistema Pcs.

52 Por comodidade, emprego esse termo, *Bewusstheit* em alemão, para designar a consciência II, ligada à temporalidade imediata. Corresponde ao sistema Percepção-Consciência de Freud.

53 Cf. *Problématiques IV*, op. cit., p. 53-55 e 98-101. [*Problemáticas IV: O inconsciente e o id*, São Paulo, Martins Fontes, 1981.] O texto de Freud mais marcante é a parte final de Construções em análise (1937). (Construction en analyse. In *Résultats, idées, problèmes II*, Paris, PUF, 1985, p. 278 e seguintes [*Edição standard brasileira*, vol. XXIII, Rio de Janeiro, Imago]).

— que Freud considera, em última instância, ser o essencial do acesso à consciencialidade — é completamente insuficiente quando se trata da reintegração da representação-coisa no espaço da temporalização[54]. Para isso é preciso, pelo menos, o trabalho do tratamento psicanalítico.

2. *Ausência de coordenação e de negação*

Não vejo nada a acrescentar, sobre este ponto, à descrição fundamental do Ics sistemático ou do isso retomada por Freud várias vezes, como, por exemplo, em *Novas conferências introdutórias sobre psicanálise*:

> Está repleto de energias que a ele chegam das pulsões, porém não possui organização, não expressa uma vontade coletiva, mas somente uma luta pela consecução da satisfação das necessidades pulsionais, sujeita à observância do princípio de prazer. As leis lógicas do pensamento não se aplicam ao id, e isto é verdadeiro, acima de tudo, quanto à lei da contradição. Moções contrárias existem lado a lado, sem que uma anule a outra, ou sem que uma diminua a outra: quando muito, podem convergir para formar conciliações, sob a pressão econômica dominante, com vistas à descarga da energia. No id não há nada que se possa comparar à negativa [...][55].

Falta de coordenação e ausência de contradição[56] andam certamente *pari passu*, sendo o princípio do terceiro excluído essencial à coordenação dos pensamentos. Da mesma maneira, a noção de "valor", capital em semiologia, permite marcar um determinado significante pela diferença em relação aos significantes vizinhos. São justamente essas ligações, diferenças e

54 Cabe ressaltar que a natureza da representação-coisa não depende nem do sensório (visual, auditivo, etc.) nem do conteúdo (verbal-não verbal) da representação da qual provém. Uma representação de palavra, ao ser recalcada, torna-se representação-coisa. Nada impede que tal representação-coisa de estofo verbal tenha acesso direto à consciencialidade por um esboço de re-pronúncia: frases do sonho, alucinações verbais.

55 *Nouvelles conférences sur la psychanalyse*, Paris, Gallimard, 1984, p. 102. [*Edição standard brasileira*, vol. XXII, Rio de Janeiro, Imago.]

56 Sobre uma formulação isolada que segue em sentido oposto e que considero como um lapso, conferir *Problématiques IV*, op. cit., p. 103, n. 1. [*Problemáticas IV: O inconsciente e o id*, São Paulo, Martins Fontes, 1981.]

coordenações que são abolidas pelo recalque. Freud já havia comentado, com razão, que o recalque trabalha de forma "altamente individual"[57]. Porém, apesar de sua afirmação de que "recalque e inconsciente são correlativos em (muito) ampla medida"[58], ele sempre recuou ante a hipótese de explicar as características do inconsciente pelo próprio processo do recalque. Quando surge mais tarde a noção de isso, será mantida a descrição de um sistema sem coordenação e sem "vontade coletiva", imposta em grande parte pela experiência analítica, ainda que pareça concordar pouco com uma origem endógena do isso, se este tivesse de ser concebido como "acolhendo nele as necessidades pulsionais"[59]. Na verdade, porém, na observação dos *organismos* vivos, nada permite afirmar tal *falta de organização* das necessidades, que, aliás, seria incompatível com a vida. Se fosse necessário admitir, de acordo com uma concepção cada vez mais prevalente em Freud, que "o isso hereditário abriga nele restos de incontáveis existências-de-eu"[60] e, especialmente, esses *organizadores* que são os complexos (*conjuntos organizados* de representações) e as fantasias originárias (*estruturas* fantasmáticas típicas), a contradição com a antiga descrição do sistema inconsciente seria ainda mais flagrante[61].

Minhas hipóteses são de que o isso (o sistema Ics) é o resultado do recalque e de que este pode ser compreendido por uma teoria tradutiva. Essas hipóteses têm pelo menos o mérito de dar conta das características do sistema, da forma como Freud as extraiu da experiência analítica. Para dizer em poucas palavras, a tradução processa a mensagem como um todo

---

57 Le refoulement. *OCF-P*, XIII, p. 193. [Repressão. *Edição standard brasileira*, vol. XIV, Rio de Janeiro, Imago, p. 89.]

58 Ibid., p. 191 [p. 88].

59 Nouvelles leçons. *OCF-P*, XIX, p. 157. [Novas conferências introdutórias sobre psicanálise. *Edição standard brasileira*, vol. XXII, Rio de Janeiro, Imago.]

60 Le moi et le ça. *OCF-P*, XVI, p. 282. [O ego e o id. *Edição standard brasileira*, vol. XIX, Rio de Janeiro, Imago, p. 23.]

61 É em *Moisés e o monoteísmo* que isso se torna mais perceptível, com a nova força adquirida pelas noções de instinto, filogênese e até mesmo com a ideia de que "os processos psíquicos em curso no id... se influenciam mutuamente de acordo com leis completamente diferentes daquelas que vigoram no eu" (Paris, Gallimard, 1986, p. 191; *GW*, XVI, p. 203. [*Edição standard brasileira*, vol. XXIII, Rio de Janeiro, Imago, p. 62.] Isso é bem diferente de dizer, como fora feito anteriormente, que eles "existem uns ao lado dos outros sem influência mútua" (*GW*, X, p. 285).

coerente, enquanto os significantes não traduzidos não são coerentes entre eles, nem formam outra cadeia; o recalque, face negativa da tradução da mensagem enigmática, tem um efeito de deslocação.

Proponho aqui uma *ilustração* desse ponto específico (a tradução desloca o que ela rejeita), sem qualquer pretensão de dar um exemplo do recalque no sentido psicanalítico. Não só pelo fato de se tratar de uma tradução interlinguística, mas também por várias outras razões.

Vamos traduzir a seguinte frase do francês: "*L'étalon court dans la ferme*". As duas palavras *étalon* e *ferme* têm homônimos.

étalon 1 = cavalo destinado à reprodução (em inglês: *stalion*)
étalon 2 = unidade legal de medida (em inglês: *standard*)
ferme 1 = propriedade agrícola (em inglês: *farm*)
ferme 2 = tesoura numa estrutura de telhado (em inglês: *truss* ou *truss girder*)

A tradução para o inglês, de acordo com o sentido e o contexto, escolhe evidentemente *étalon* 1 e *ferme* 1, resultando na frase: "*The stallion runs in the farm*". São, portanto, deixados de lado os significantes:

étalon 2 = unidade legal de medida
ferme 2 = tesoura numa estrutura de telhado

Mas não há nenhuma relação entre esses significantes abandonados, nem sintagmática, nem paradigmática. Eles não formam uma segunda "cadeia significante"; parafraseando Freud, eles permanecem lado a lado sem se influenciarem nem se contradizerem[62].

---

[62] Para este exemplo, a escolha de termos homônimos e não polissêmicos adquire um significado a mais. Lembremos que a polissemia de uma palavra consiste no fato de que existem vários significados que mantêm entre si uma relação de derivação (metafórica ou metonímica). A *homonímia* designa duas palavras de mesma pronúncia ou até de mesma grafia que não têm nenhuma relação de derivação entre elas, referindo-se a uma história e a um contexto diferentes e tendo muitas vezes etimologias distintas. Os homônimos permitem ilustrar a noção de *compromisso*, no sintoma, no sonho, no ato falho, etc., como um *significante confluente mecânico* de duas séries causais, e não como um "segundo sentido" oculto sob o primeiro.
Assim, no breve artigo de Freud (mencionado na nota de rodapé n. 9), a palavra *bis* é um homônimo perfeito nesse sentido, uma vez que pertence tanto ao latim (*bis* = duas vezes) quanto ao alemão (*bis* = até que) e não se poderia evidentemente dizer que haja uma sobreposição de dois *sentidos* de uma mesma palavra do modo como se propõe a uma hermenêutica.

É explicitamente da *ausência de negação* no inconsciente que Freud deduz a ausência de uma representação inconsciente da *morte*[63]. Sem pretender aprofundar aqui essa questão muito complexa[64], quero assinalar que Freud deveria ter estendido essa inferência à ideia de castração, à qual, também, conforme a pura doutrina freudiana, só podemos atribuir "um conteúdo negativo".

No entanto, de modo ainda mais geral, a noção de "complexo inconsciente", seja de Édipo ou de castração, precisa ser particularmente reexaminada na medida em que um complexo corresponde a uma estrutura com complementaridades, coordenações, reciprocidades, exclusões. Se o complexo de Édipo é uma forma maior das estruturas do parentesco, fundadora das permutas de pessoas, de bens e de ideias, vemos com dificuldade como essa "liga" da alma contemporânea teria seu lugar no império do "desligado". A presença no inconsciente de moções elementares que visam aos pais, mas que se mantêm sem coordenação, não deve ser recusada por isso. Não se pode dizer o mesmo da castração, ideia totalmente sustentada pela negação no seio da oposição fálico-castrado[65], que não pode ser concebida *senão* como um organizador, impondo, em níveis "superiores", sua lógica binária; tendo como benefício mais tangível a ligação, como medo de um perigo delimitável e controlável, da angústia causada pelo ataque pulsional.

---

[63] "O que chamamos 'inconsciente' desconhece tudo o que é negativo e toda e qualquer negação; nele as contradições coincidem. *Por esse motivo*, tampouco conhece sua própria morte, à qual só podemos atribuir um conteúdo negativo". Actuelles sur la guerre et la mort. *OCF-P*, XVI, p. 151 (o grifo é meu). [Reflexões para os tempos de guerra e morte. *Edição standard brasileira*, vol. XIV, Rio de Janeiro, Imago, p. 178.]

[64] • Existiriam, em geral, ideias no inconsciente?
• Qual a relação dessa tese freudiana com aquelas relativas à representação da morte na criança e no primitivo, uma vez recusada a ideia de que o inconsciente é o que há de mais "primitivo" em nós?
• Se a morte me é anunciada pela morte do outro, que metabolismo e recalque processam essa mensagem?

[65] Cf. Laplanche, J. e Pontalis, J.-B. *Vocabulário da psicanálise*, São Paulo, Martins Fontes, 1982. Ver os verbetes "complexo de castração" e "recusa"; *Problématiques II: Castration-symbolisations*, Paris, PUF, 1980 [*Problemáticas II: Castração-simbolizações*, São Paulo, Martins Fontes, 1980]; *Noveaux fondements pour la psychanalyse*, Paris, PUF, 1987, p. 40-41 [*Novos fundamentos para a psicanálise*. São Paulo: Martins Fontes, 1987].

3. O inconsciente e o processo primário

Uma nova consideração deve, contudo, nos levar a relativizar as últimas afirmações. Admitimos com frequência, seguindo Freud, que reina no inconsciente o processo primário, caracterizado pela mobilidade dos investimentos e pelos mecanismos de deslocamento e condensação. Ora, tal mobilidade, que envolve trocas incessantes entre os significantes inconscientes, parece casar muito mal com a concepção de representações-coisas, que são fixadas, separadas umas das outras pelo processo do recalque.

Convém lembrar, primeiramente, que o processo primário é descoberto em função do sonho e, de modo mais geral, em função da formação dos sintomas. Mais exatamente, ele é postulado como caracterizando o trabalho inconsciente que leva ao sonho, ao chiste, ao sintoma, etc. Esse trabalho, além disso, incide geralmente sobre "restos" que não são inconscientes, mas pré-conscientes.

A favor da fixidez do inconsciente, em compensação, encontramos, na experiência clínica, manifestações marcantes, das quais são testemunhas certas formulações de Freud. A primeira delas é a "compulsão à repetição", que, em *Além do Princípio de Prazer*, é descrita como o modelo do retorno do mesmo, de maneira praticamente idêntica. Em *Inibições, Sintomas e Ansiedade*, essa coação é designada como "resistência do inconsciente" e definida como "a atração exercida pelos protótipos inconscientes sobre o processo pulsional recalcado"[66].

A solução, na verdade, está ao alcance da mão, se tivermos em mente a distinção entre recalque originário e recalque secundário: o segundo é precisamente caracterizado pela existência de uma atração por parte do recalcado originário. Caberia, então, distinguir *esquematicamente* dois níveis no inconsciente sistemático: o do recalcado originário, constituído de protótipos inconscientes que se caracterizam por sua fixidez e pelo efeito de atração que exercem não uns sobre outros, mas sobre as representações que estão ao seu alcance, e o do recalque secundário, ao qual se aplica o processo primário. Sem contar, obviamente, a atração momentânea de restos pré-conscientes,

---

66 *GW*, XIV, p. 192.; *OCF-P*, XVII, p. 274. [*Edição standard brasileira*, vol. XX, p. 100.]

que também são submetidos ao deslocamento, à condensação e à sobredeterminação durante a formação do sintoma.

Se considerarmos que, apesar de sua estranheza para o pensamento lógico, o processo primário mesmo assim constitui uma espécie de ligação, e se não esquecermos que a pulsão sexual de morte é princípio de desligamento — enquanto a pulsão de vida (ou Eros) funciona segundo o princípio de ligação —, admitiremos, então, que o nível mais profundo, o do recalcado originário, é o lugar privilegiado da primeira ("uma cultura pura de alteridade"), ao passo que, no recalcado secundário, lugar do processo primário, os dois tipos de pulsões começam a entrar em luta e em composição[67].

Evidentemente, essa disposição estratificada dos conteúdos e dos processos inconscientes leva a dar mais precisão ao fim do subcapítulo anterior: é do inconsciente "originário" que deve ser excluída a presença dos complexos. Mas, mesmo se os encontramos no nível do inconsciente secundário, estes últimos assumem ali formas bem peculiares, em que ainda não impera a *contradição*: a ferida castradora está presente como perfuração, "incisão"[68-69] ou mesmo corte, mas não como ablação. É possível cortar um corpo em mil pedaços, como se pode cortá-lo incompletamente. Mas decepar o pedaço "falo" é uma negação em ato, levando ao "castrado". Como tal, a ablação castradora não pertence ao inconsciente[70].

4. *O inconsciente e o afeto*

Eu não retomaria (sucintamente) essa questão se ela não se prestasse a uma acusação eventual: negar a presença de afetos no inconsciente seria pregar uma psicanálise intelectualista

---

67 Um conflito que prossegue em níveis superiores entre o eu, o supereu e o isso: "O combate que outrora lavrou nos estratos mais profundos [...] é agora continuado numa região mais alta, como a Batalha dos Hunos na pintura de Kaulbach". Le moi et le ça. *OCF-P*, XVI, p. 282. [O ego e o id. *Edição standard brasileira*, vol. XIX, p. 24.]

68 N.T.: *Boutonnière* = incisão, como uma casa de botão.

69 Cf. meu comentário das pinturas pré-históricas descritas por Leroi-Gourhan em *Problématiques II*, p. 268-269. [*Problemáticas II: Castração-simbolizações*, São Paulo, Martins Fontes, 1980, p. 251.]

70 "Não encontramos na análise nenhum 'não' vindo do inconsciente". *OCF-P*, XVII, p. 171. [*Edição standard brasileira*, vol. XX.]

que não abre espaço para a relação afetiva, para a expressão dos sentimentos, etc. No banco dos réus dessa acusação estão o texto de Freud de 1915, a teoria lacaniana e também, evidentemente, a concepção do autor destas linhas sustentada desde 1959 até hoje. Vejamos isso, então, em poucas palavras:

1. Minha teoria do recalque, conectada com aquela de Freud de 1915 por derivação, que reinterpretei mediante a noção de tradução, implica que haja "no inconsciente" representações-coisas. Logo, não há afeto, mas também não há "representações de".

Conceber os conteúdos do inconsciente como "coisas" psíquicas, "corpos estranhos internos", requer um esforço mental. Resta saber se tal esforço é rentável.

2. As mensagens submetidas às primeiras traduções não são essencialmente verbais, tampouco "intelectuais". Incluem, em grande parte, significantes de afeto, os quais poderão ser traduzidos ou recalcados: um sorriso (em Leonardo), um gesto de raiva, uma expressão de nojo, etc. Se forem recalcados, tais significantes serão dessignificados, assim como o são os significantes mais "intelectuais". A "exclusão" do afeto, neste caso, não é senão uma consequência geral da exclusão do significado.

3. O lugar do afeto é primeiramente o corpo, e secundariamente o eu. O afeto é o que sentem o corpo e o eu da maneira como são *afetados*. O que quer dizer que o inconsciente, ou isso [id], afeta o eu de diversas formas, que podem ir desde a angústia até os afetos mais elaborados, passando pela vergonha, pela culpa, etc. Excluir o afeto do inconsciente, situá-lo *diferentemente* na tópica, não significa de modo algum, portanto, excluí-lo da análise.

4. Buscar no inconsciente afetos recalcados parece ser uma reivindicação pertencente à velha teoria da dupla personalidade, ou até mesmo das personalidades múltiplas, sobre a qual Freud se apoiou temporariamente ao sair dos primeiros tratamentos para-hipnóticos (Anna O.). Segundo essa teoria, que se fia um pouco demais nas aparências, haveria uma personalidade inconsciente (ou várias) em alternância com a personalidade consciente, tão completa quanto esta, com seus afetos, suas representações, uma consciência moral bem específica, às vezes uma língua diferente, etc.

No entanto, embora tendo se apoiado temporariamente, de forma dialética, no argumento de uma "segunda consciência"[71], Freud logo mostra os limites deste argumento. O inconsciente, portanto, não é absolutamente um outro "eu-mesmo" em mim, eventualmente mais autêntico que eu, um senhor Hyde alternando com o doutor Jekyll, um com seu ódio e o outro com seu amor... É a outra-coisa (*das Andere*) em mim, resíduo recalcado da outra-pessoa (*der Andere*). Ele me *afeta,* assim como a outra-pessoa me afetou outrora.

IV. O INCONSCIENTE NA VIDA E NO TRATAMENTO PSICANALÍTICO

1. *O inconsciente ptolomaico*

Tentei mostrar, em *La révolution copernicienne inachevée*[72], o movimento pelo qual, a partir de um copernicanismo inicial (uma gravitação do pequeno ser humano em torno do adulto sexual), o homem se fechava em si mesmo, num sistema ptolomaico. Esse fechar-se em si mesmo é correlativo ao movimento permanente de tradução, mas este movimento tem duas faces: a tradução propriamente dita, que leva à ideologia dominante do eu, e o recalque, que rejeita no interior as representações-coisas inconscientes. Estas estão efetivamente incluídas no eu, são contidas por ele por meio de um contínuo contrainvestimento e, enquanto tais, fazem mesmo parte do ptolomaísmo. Mas, ao mesmo tempo, constituem um núcleo irredutível, como uma quintessência de alteridade, trazendo assim uma promessa de reabertura.

As manifestações cotidianas do inconsciente, as "formações do inconsciente", não fogem ao fechamento; emergem no espaço narcísico do eu, mas também, pelo funcionamento quase maquínico do processo primário, não poderiam ser consideradas como mensagens. O sonho é sonhado geralmente sem ser contado, sem intenção comunicativa — o modelo da tina, como o denominei, ilustra bem sua desaferência de partida[73], seu

---

71 L'inconscient. *OCF-P*, XIII, p. 209-210. [O inconsciente. *Edição standard brasileira*, vol. XIV.]
72 Ponctuation. In *La révolution copernicienne inachevée*, op. cit., p. 3-35.
73 Retomo aqui o movimento de *Problématiques V: Le baquet* (op. cit., p. 57-59), que vai do fechamento à abertura. [*Problemáticas V: A tina*, São Paulo, Martins Fontes, 1987.]

"narcisismo". Poderíamos mostrar isso em relação ao sintoma, que não é de imediato relacional, alocutório, a não ser no uso de seus benefícios secundários. Existem atos falhos, *lapsus calami* sem testemunha e sem "endereçamento", nem mesmo virtual.

2. *As aberturas na vida*

Há, contudo, uma *compulsão a contar* alguns sonhos. Esta compulsão poderia ser considerada puramente interna, como manutenção de uma abertura alocutória[74] no âmago do fenômeno mais "fechado", mais "privado"? Sem me pronunciar categoricamente, eu tenderia a atribuir à "provocação" pelo outro[75] o papel determinante. Penso que o sonho não se torna endereçamento *pelo simples fato* de ser contado: o que pode fazê-lo virar endereçamento é o fato de que o sonho por vir seja "a contar". Essa "versão" em direção ao outro me parece ser de natureza totalmente diferente das "transferências", que são moeda corrente em todos os sonhos e que são apenas modalidades de deslocamento e condensação, a imagem de uma pessoa vindo substituir a de outra ou sobrepondo-se a ela. Essas transferências são modalidades da "transferência em pleno":

> [...] a representação inconsciente, como tal, é inteiramente incapaz de penetrar no pré-consciente, e só pode exercer ali algum efeito estabelecendo um vínculo com uma representação anódina que já pertença ao pré-consciente, transferindo para ela sua intensidade e fazendo-se "encobrir" por ela. Aí temos o fato da transferência, que fornece uma explicação para inúmeros fenômenos notáveis da vida anímica dos neuróticos[76-77].

---

74 Ibid., p. 79.
75 Cf. *Du transfert: sa provocation par l'analyste*. In *La révolution copernicienne inachevée*, op. cit., p. 417-418.
76 *L'interprétation des rêves*, Paris, PUF, 1967, p. 461. [A interpretação dos sonhos. *Edição standard brasileira*, vol. V, p. 149.]
77 As Jornadas de Bonneval, lembra o *Argumento* de certo número da *NRP*, "desprezaram curiosamente" a transferência. De forma igualmente curiosa, o artigo de Freud de 1915, assim como a maior parte de seus desenvolvimentos sobre o inconsciente ou o isso: Bonneval estava em boa companhia. Talvez fosse necessário começar a articular a alteridade do inconsciente com base na alteridade do outro da infância, para tentar abordar uma relação do inconsciente com o outro na transferência que não fosse essa pura reduplicação de um mesmo "clichê" que é a transferência em pleno (cf. Freud em *GW*, VIII, p. 364) [A dinâmica da transferência. *Edição standard brasileira*, vol. XII].

O decifrador de sonhos, o adivinho, a pitonisa são personagens indispensáveis em toda cultura; são consultados por deterem um suposto saber maior sobre esses fenômenos estranhos, renovando assim indiscutivelmente a relação com o adulto "que sabe mais". De modo ainda mais geral, postulei como sendo uma das principais dimensões do campo cultural essa provocação pelo enigma do outro. A mensagem cultural, a "criação", situa-se mais além de uma finalidade puramente pragmática (causar determinado efeito em determinado destinatário, usando determinados meios). Ela é fundamentalmente provocada pelo "público inominado", "disperso no futuro", que recolherá ou não essa garrafa lançada ao mar.

Assim, o "cultural" parece ser um dos precursores da situação analítica, expressamente pela "transferência em oco" que ele institui.

3. A abertura do tratamento

A "tina do tratamento", como tentei mostrar, é muito diferente da tina do sonho, pela simples razão de incluir o outro, o outro-pessoa, em seu recinto. Portanto, não é um paradoxo afirmar que ela constitui um lugar extraordinário de *abertura*, inédito propriamente falando, na existência humana. Não devemos esquecer também que, se o isso provém das primeiras comunicações, sua propriedade é justamente o fato de *não falar*. O que pode trazer o isso para a linguagem — e, de modo geral, para a expressão — não pode ser senão o resultado desse processo complexo que o tratamento analítico constitui. Contribuem para isso, por diversas razões, a manutenção do recinto da tina, a atitude interna do analista — feita de escuta, da postura de recusar-se[78] e do respeito pelo enigma do seu próprio inconsciente —, o método de associações livres[79] e da liberdade de dizer[80], e, por fim, a interpretação e a construção,

---

[78] N.T.: No original, *refusement*. O termo recusa ou "recusamento", inicialmente traduzido por frustração, percorreu um longo caminho até se impor conforme Laplanche pensa para a tradução do alemão da palavra Versagen. Alguém que recusa, faz mais que um simples frustrar.

[79] *Problématiques V*, passim.

[80] Onde se pode dizer, ou onde se pôde dizer, em algum momento da história do homem, o que se diz em análise?

cuja complementaridade tentei mostrar: a interpretação, em sentido restrito, estando *mais* do lado do analista e a construção, do lado do analisando[81].

Não posso deixar de fazer a seguinte reformulação: é no oco do enigma proposto pelo analista que o analisando vem alojar e reelaborar o oco de seus próprios enigmas originários. Isso se dá por meio de uma desmontagem de suas próprias construções (edípicas, sobretudo), de uma busca dos significantes na direção do recalcado e, por fim, de novas construções-traduções necessariamente originadas no analisando e em que este tenta "fazer com que passe" algo do recalcado. Digo "necessariamente originadas no analisando", pois é preciso enfatizar isto: se o ser humano é tradutor o tempo todo — tradutor das mensagens do outro e depois autotradutor —, ele é o seu próprio hermeneuta. Mas o reverso da hermenêutica, da tradução, é o recalque, do qual não poderia escapar. O analista, toda vez que alega traduzir ou ajudar a traduzir, *ajuda a recalcar*. Não lhe cabe ser o hermeneuta, nem mesmo por intermédio das ideologias psicanalíticas que transitam ao alcance de sua mão. Aquilo que denominamos, por exemplo, "leitura psicanalítica", cuja banalidade é martelada em nossos ouvidos, é diretamente um meio de recalque[82]. O *hermeneuta*, bem antes da psicanálise e, sem dúvida, depois dela, é o ser humano. A alma da análise não se alinha com essa corrente universal, mas com a contracorrente. Nesse sentido, sem deixar de reconhecer ao hermeneuta o seu lugar, a psicanálise é exatamente uma anti-hermenêutica.

Que parte do isso se reintegra à palavra? Que parte — "protótipos inconscientes" — permanece enraizada e pode ser imutável? Por fim, e sobretudo, que parte da transferência em oco pode ser transferida, no fim ou na interrupção do analista, fugindo de um novo fechamento ptolomaico que é muito natural? Para essas questões não há resposta geral, podendo-se, no máximo, vislumbrar uma tipologia dos processos e dos fins de análise...

---

81 L'interprétation, entre déterminisme et herméneutique. In *La révolution copernicienne inachevée*, op. cit.

82 Leitura como pulsão de morte ou posição depressiva, leitura como Édipo ou castração, leitura segundo a Lei... leituras, leituras... A teoria da sedução não é uma "língua" de leitura, mas uma tentativa para compreender a prática analítica.

V. INCONSCIENTE E METAFÍSICA

As correntes mais ativas da psicanálise contemporânea parecem presas entre duas tentações, as quais designarei, por comodidade, como fenomenológica e metafísica.

1. A *corrente fenomenológica*. Tratei dela, já em 1959, ao estudar a tentativa de Politzer. Um dos representantes mais notáveis dessa tendência — embora seu sucesso não corresponda à medida da qualidade de seus esforços — é Roy Schafer, nos Estados Unidos. Para ser sucinto, trata-se sempre de devolver ao ser humano sua qualidade de sujeito "em primeira pessoa", autor de seus atos e de suas intenções significantes. Todas as descrições em termos de metapsicologia, de aparelho, de sistema, etc. seriam descrições alienantes em que a teoria psicanalítica se tornaria cúmplice de uma inclinação muito natural para a "abstração" e o "realismo". Estes dois últimos termos são de Politzer, mas a crítica de Schafer, mais elaborada, sendo este pensador um conhecedor da *ego psychology* e um clínico tarimbado, segue exatamente a mesma linha: "não é a instância [o eu], mas, sim, a pessoa que percebe, julga e pensa". O inconsciente é um "autoengano" do sujeito, que encontra uma cumplicidade na teoria psicanalítica da "mente-lugar", etc.

Chamo essas tentativas de "fenomenológicas" em sentido amplo. Embora inspiradas também em outras filosofias, elas postulam que a intencionalidade de um sujeito deve poder ser encontrada no âmago de todos os atos psíquicos e explicá-los integralmente[83]. Tal fenomenologia parece assumir uma tarefa menos insuperável do que aquela que pretende dar conta, por uma constituição mais ou menos transcendental, do modo de apresentação de todos os *cogitata*.

Observemos primeiramente que, em Politzer e mais ainda em Schafer, essa tentativa de desalienação do sujeito ou da pessoa passa, antes de mais nada, pela teoria ou pela "linguagem". Propor uma "nova linguagem para a psicanálise"[84] (primeiro

---

[83] Uma excelente exposição crítica acerca do pensamento de Roy Schafer é proposta por Agnès Oppenheimer: Le meilleur des mondes possibles. A propós du projet de Roy Schafer. In *Psychanalyse à l'Université*, 1984, 9, 35, p. 467-490. Cf. também *Problématiques V*, op. cit., p. 226-229. [*Problemáticas V: A tina*, São Paulo, Martins Fontes, 1987.]

[84] Schafer, R. *Un nouveau language pour la psychanalyse*, Paris, PUF, 1990.

nos livros, mas também no tratamento analítico) seria o passo essencial a dar para que o sujeito retome o controle e a responsabilidade de seus atos psíquicos. Porém, supondo-se que se possa contar com tal sistema de "autoteorização"[85] programada, este só poderia ser eficaz se desse conta do fato de que a linguagem "em terceira pessoa" tem, apesar de tudo, tanto sucesso. Em outras palavras, a resistência e a defesa, antes de serem aquelas da teoria, são as do próprio ser humano, e um pensamento da desalienação deveria englobar um pensamento da alienação[86].

Em segundo lugar, toda a experiência freudiana constitui-se como a descoberta de uma outra-coisa em nós, que age não de acordo com o sentido, mas conforme modalidades causais. A crítica a esse "realismo do inconsciente" continua esbarrando exatamente nessa experiência que tem o nome de "compulsão à repetição" e tentando competir com descrições "mecanicistas" do trabalho do sonho que são até hoje inigualáveis.

Por fim — e esta é minha contribuição pessoal —, recusando-se a reconhecer em nosso ser a existência de um corpo estranho duro como ferro, o pensamento "desalienante" priva-se da via que leva da outra-coisa em nós à outra-pessoa que é a origem dessa outra-coisa. Com isso, deixa de descobrir que a alienação interna é o resíduo de um excentramento fundamental cujo centro é o outro-adulto para a criança e cuja força de gravitação deve ser designada na mensagem enigmática. Assim, ao promover uma nova "linguagem"[87], deixa-se de dar o devido valor à categoria da mensagem, do "significante para" e, enfim, do *outro*[88].

2. Para falar da *corrente metafísica*, farei referência a Freud e a Auguste Comte, primeiramente para varrer a alegação de que é preciso ser metafísico para ser filósofo. Como se não existisse filosofia crítica, filosofia positiva, filosofia freudiana e tantas outras.

---

85 Conforme o termo empregado por mim.
86 Cf. *Problématiques V*, op. cit., p. 226-228 [*Problemáticas V: A tina*, São Paulo, Martins Fontes, 1987], onde utilizo formulações polêmicas: "A metapsicologia está morta..., mas ela não sabe disso" (Politzer); "O sujeito não é alienado..., mas ele não sabe disso" (Schafer).
87 No sentido muito "Poincaré" e muito "Condillac" de uma "língua bem feita".
88 Falta a uma psicologia fenomenológica a outra-coisa. A uma fenomenologia da percepção, falta outra-pessoa. Cf. *La révolution copernicienne inachevée*, op. cit., 40, p. 9 e 23.

Esquecido, pouco lido nos dias de hoje, Auguste Comte enuncia uma "lei dos três estados" pelos quais passaria a evolução da mente humana (coletiva, mas também individual): o *estado teológico*, em que os fenômenos são concebidos como "produzidos pela ação direta e contínua de agentes sobrenaturais"; o *estado metafísico*, em que "os agentes sobrenaturais são substituídos por forças abstratas, verdadeiras entidades (abstrações personificadas) concebidas como sendo capazes de engendrar por si mesmas todos os fenômenos observados, cuja explicação consistiria, então, em atribuir a cada um deles sua entidade correspondente"; e, por fim, o *estado positivo*, com a noção de lei como relação constante entre os fenômenos.

Freud, por sua vez, adota uma sequência que, apesar dos termos um pouco diferentes, não está tão distante: visões de mundo animista, religiosa, científica[89]. O "animismo" nos termos de Freud é muito próximo da "teologia" de Comte, o ponto em comum sendo a intervenção de agentes *antropomórficos*. Quanto aos conceitos metafísicos, quando fala deles, Freud o faz de maneira bem menos precisa que Auguste Comte, englobando noções religiosas como o pecado original, Deus, etc.[90] Fiquemos então com a definição comtiana da metafísica como sendo uma criação de entidades abstratas às quais é atribuído um poder real, definição que não deixa de encontrar outro eco em Freud quando ele assimila *certo* pensamento filosófico ao pensamento esquizofrênico, que "se contenta com as palavras no lugar das coisas"[91].

Criar entidades abstratas e atribuir-lhes uma eficácia própria: este procedimento começa a se tornar corrente, principalmente numa espécie de neometapsicologia ou neometafísica francesa. A passagem do adjetivo ao substantivo presta-se especialmente a isso. Já indiquei a sequência lacaniana:

Simbolismo → simbólico → o Simbólico

---

89 Totem e tabu. *GW*, IX, p. 96.
90 Trata-se da famosa passagem sobre a "transposição da metafísica em metapsicologia", em *GW*, IV, p. 288 [A psicopatologia da vida cotidiana. *Edição standard brasileira*, vol. VI]. Dei indicações sobre o "repatriamento" das noções metafísicas de coisa em si, de causa, de arqueológico em *La révolution copernicienne inachevée*, op. cit., p. 301 e 392.
91 L'inconscient. *OCF-P*, XIII, p. 242 [O inconsciente. *Edição standard brasileira*, vol. XIV].

Mas os exemplos são muitos:
Mãe → materno → o Materno
Origem → originário → o Originário[92]
Muito recentemente, dizem-nos que convém "examinar a noção, que agora é central, de Negativo"[93]. A maiúscula veio selar uma derivação tirada do maior metafísico de todos os tempos, Hegel:
Negação → negativo → o Negativo
No entanto, nos textos freudianos mencionados, encontramos o termo referente à *negação* (ou *Verneinung*) e o adjetivo *negativ*, mas não a entidade metafísica *das Negative*[94], que eu saiba. Ora, toda a diferença está aqui: visto que um qualificativo (como o de *negativo*) se encontra em diferentes ocorrências, dir-se-á solenemente que "o Negativo" se manifesta em "diferentes figuras", e o truque estará feito. Assim, como lembra Auguste Comte, o "flogístico" engendrava as "diferentes figuras" do fogo...

Estão à minha espreita, sei disso, e, desta vez, nossos metafísicos podem unir suas vozes àquelas de Politzer e Schafer:

> O que dizer então do 'inconsciente'? Não seria justamente o tipo de entidade forjada a partir de um adjetivo? Freud não deu, neste caso, um exemplo do conceito metafísico por excelência? E de nada adianta, por uma hipocrisia de tradutores, tê-lo privado de uma maiúscula. [...]

Aos nossos metafísicos do Negativo perguntarei se por acaso já esgotaram as delícias da metafísica do Inconsciente, tamanha é a necessidade que sentem de mergulhar "no fundo do Desconhecido para encontrar o Novo".

Mas, sobretudo, faço a declaração de culpado, não para mim nem para Freud, tampouco para o "inconsciente", mas para as "coisas inconscientes", verdadeiras "palavras" — ou melhor, significantes — "tomadas por coisas", tomadas por coisas no

---

[92] Empreguei esta palavra, explicando, contudo, que não lhe atribuo nenhum valor transcendente nem causal, mas como uma categoria a ser identificada na experiência.
[93] Argumento das XIIª Journées Occitanes de Psychanalyse, novembro de 1993.
[94] Mesmo que o alemão, língua metafísica por excelência, preste-se facilmente à substantivação do adjetivo ou do verbo.

mecanismo da tradução "recusada". É preciso admitir plenamente que "o inconsciente" não é uma entidade metafísica, mas uma noção coletiva que engloba "entidades", as quais, *ao contrário*, adquiriram valor "metafísico" ou metapsicológico. Tais entidades funcionam segundo o princípio "metafísico" da causa, subtraídas como são das leis do sentido.

Para concluir com Auguste Comte. Sabendo que ele recusa, na classificação das ciências positivas, um lugar à parte entre fisiologia e sociologia para a psicologia, é engraçado constatar que, com a psicanálise, "teologia" e "metafísica" retornam com força, precisamente *nesse lugar*: *antropomorfismo* das instâncias e *metafísica* das entidades intrapsíquicas. Mas esse retorno se efetua *no ser humano*, e não na classificação das ciências: desse lugar antropomorfismo e metafísica estão longe de ser desalojados.

IV
A didática: uma psicanálise "por encomenda"[1]

Façamos os fatos[2] remontarem a um período bem determinado, aquele que leva ao que denominamos a "cisão" de 1963 entre um grupo lacaniano e outro grupo, a Associação Psicanalítica da França (APF), que será reconhecida pela IPA (International Psychoanalytic Association).

Não cabe retomar essa história, cujos detalhes são bem conhecidos e cujas motivações são diversamente apreciadas. Eu gostaria simplesmente de destacar, do ponto de vista da "formação", uma perspectiva que nunca foi descrita como tal.

UM REVELADOR

O pedido de reconhecimento pela IPA — formulado e apoiado por toda a Sociedade Francesa de Psicanálise (SFP) —, com as discussões, reuniões e pesquisas que acompanham esse

---

[1] *Trans*, Montreal, 1993, 3.
[2] Este texto é uma versão revista e ampliada de um artigo que já foi publicado com o título *Une révolution sans cesse occultée*, na *Revue internationale d'histoire de la psychanalyse*, 2, 1989, p. 393-402.

processo, pode com razão ser considerado como um "detonador", ou melhor, um "catalisador". Seu significado, porém, foi profundo, e suas repercussões, insuspeitas.

Não se pode esquecer, em primeiro lugar, que Lacan não ficou para trás nesse processo, mesmo se deixou seus "alunos" trabalharem na política cotidiana. Certamente via nisso, à época, o caminho privilegiado para uma conquista, a porta a ser aberta para a difusão internacional de sua "causa" (identificada à "Causa"). Por não terem conseguido acesso por esse caminho, Lacan e os zelosos do lacanismo expansionista buscaram outros caminhos a partir de então. A criação explícita de uma ILA (International Lacanian Association) já teria sido concluída há muito tempo não fossem as discordâncias internas. O imperialismo ideológico, institucional e político é um dos componentes inegáveis do *freudismo*, do qual o lacanismo nada mais é que uma das manifestações mais completas.

Voltemos ao pedido de reconhecimento feito pela SFP. Sem sondar as motivações de cada um, pode-se, mesmo assim, afirmar que, entre os "alunos de Lacan", vários motivos convergiam: reparar o erro de seus predecessores (dentre os quais Lacan), que cometeram a tolice de se demitir em 1953; reintegrar uma comunidade de pensamento e abrir novas possibilidades de diálogo; fazer com que essa comunidade reconhecesse uma associação bem *diferente* da SPP (Sociedade Psicanalítica de Paris), onde o pensamento de Lacan desempenhava certamente um papel eminente, mas juntamente com outros (Lagache, Dolto...).

É aqui, então, que entra o efeito "astúcia da história". Semanas e meses de discussões internas e de negociações externas, comissões e depoimentos, catalisaram, em todos os alunos de Lacan diretamente envolvidos, o desvelamento, a tomada de consciência, a "liga" (como se dá liga a um amálgama) na consciência, de elementos até então esparsos que foram em parte silenciados ou considerados marginais, todos eles relativos à concepção da formação:

1) A prática das sessões curtas ou mesmo curtíssimas. Todos podiam alegar ter ou ter tido, com Lacan, sessões mais longas, mas as bocas se abriam quanto às salas de espera cheias, o entra-e-sai entre duas portas, etc.

2) A mistura sistemática entre a análise individual ("didática", prezada por Lacan), o ensino (o Seminário) e a manipulação de cada um, conforme sua idiossincrasia, para a grande glória da Causa e de seu Profeta.

3) E, sobretudo, o fato de Lacan não estar disposto a renunciar, o mínimo que fosse, a essas "práticas" tornou-se, de repente, revelador da importância delas. Percebeu-se então o que tinha sido apenas intuído: além das contribuições teóricas (injustamente banidas, pensávamos), havia o lacanismo como empreitada de poder e de enfeudação, a propagação da doutrina tornando-se inseparável da obediência pessoal, a qual encontrou seu melhor instrumento na prática (no mais amplo sentido) lacaniana.

Assim, aquilo que, aos nossos olhos ingênuos (aos meus olhos), pode ter passado por acessório (as peculiaridades de um homem e de uma prática) tornou-se a questão central. A própria concepção do processo analítico foi então posta em xeque: a análise do paciente e, sobretudo, a análise do "candidato".

Poderíamos dizer que o vínculo com a IPA serviu simplesmente para nos libertar de certo enfeitiçamento lacaniano, para que pudéssemos nos reintegrar ao grupo ortodoxo e à sua prática convencional em relação à formação? Isso seria insuficiente e inexato.

UMA TOMADA DE CONSCIÊNCIA

Eis que há uma segunda astúcia da história, ainda mais diabólica. A IPA nos serve de "reveladora" da prática didática de Lacan, mas Lacan e a crítica de sua prática servem de reveladores... para o que está latente não somente em *todo o movimento* analítico contemporâneo, mas também na própria inspiração em Freud.

Desde Freud — e isso, sem dúvida, impulsionado por Ferenczi —, o que existe é a *análise didática* como peça central, decisiva, da formação do analista. Não descuidemos das palavras, que, na maioria das vezes, só serviram para embaralhar a coisas: "análise didática" (*Lehranalyse*), "análise de formação" (*Bildungsanalyse*), "análise pessoal" (*Selbstanalyse*). Todos esses termos têm em comum o fato de destinarem a análise do candidato à finalidade de entregar um "produto pronto": um analista que recebeu a "conformação mais apropriada" (*die geeignetste Ausbildung*). Todas as práticas e todos os grupos, no mundo inteiro, qualquer que seja a escola a que pertençam, mantêm cautelosamente, na totalidade ou em grande parte, os seguintes pontos: a "análise de formação" só pode ser *praticada* por superanalistas, pois comporta um "plus" em relação à análise comum; a análise de formação é *iniciada* depois do aval da instituição ("admissão à didática"), que confirma assim que essa "análise" deve se desenrolar, admitindo de imediato que o "ideal" do analisando de se tornar analista é legítimo; a análise de formação *se desenrola* totalmente sob o signo dessa mesma *finalidade*, que se expressa nas perguntas seguintes: Quando serei admitido no ensino? Quando serei supervisionado? Qual parecer você (meu analista) vai dar a mim ou sobre mim? Etc. Os problemas recorrentes nos "pré-congressos" da IPA sobre a formação ("especificidades de..., dificuldades próprias de..., características da transferência na... análise didática") ou ainda a questão extrema, vergonhosamente mantida, de saber se o analista pode dar, em algum momento, seu parecer sobre o seu analisando são apenas sintomas de uma situação aceita sem qualquer discussão desde Freud: a análise didática *assume*, ao considerar o método analítico somente como meio, um *objetivo* extrínseco ao processo da análise, imediatamente consolidado pela conivência conjunta de três instâncias: a instituição (e seus ideais), o analista (e seus ideais), o candidato (e seus ideais ou suas ambições).

Levantar a questão da "representação-meta" em relação à análise didática não significa, em absoluto, dizer: então, toda análise deveria ser terapêutica. Assim como, para a análise "didática", podemos nos perguntar em que medida uma análise que aceita sem críticas a finalidade "terapêutica" continua sendo uma análise. Na verdade, a mesma pergunta pode ser feita sobre a análise dita "terapêutica": a concepção da saúde tal qual a imagina o paciente que vem procurar um analista, os objetivos que ele quer alcançar ao solicitar uma análise, tudo isso deve ser tomado como pressupostos a partir dos quais nosso dever seria conduzir o paciente onde ele deseja ir? Em ambos os casos, tanto "didático" quanto "terapêutico", o problema é saber se uma análise pode acontecer sem que haja o que Freud chama de "suspensão" das representações-metas. As metas podem ser aparentemente válidas e razoáveis, como: quero ser analista, não quero mais sofrer de tal ou qual sintoma, quero resolver tal ou qual situação conjugal insuportável, etc.; ou então, no caso de crianças: eu gostaria que essa criança se saísse melhor na escola... A questão é saber se esses objetivos devem ser aceitos no início de um processo analítico ou se eles mesmos não fazem parte daquilo que deve ser desmontado pela análise. A questão, sobretudo, é saber se o objetivo profissional, uma vez avalizado pela instituição *e* por um analista encarregado disso, pode ser rediscutido na análise sem ser de maneira fictícia. Alega-se que o desejo de ser analista é "algo que pode ser analisado", como qualquer outro desejo. Mas é apenas um semblante de análise, a partir do momento em que a instituição, por assim dizer, espera o analisando à porta do consultório, assim como uma mãe espera, na sala de espera, o filho que ela *leva* à *análise* para que se torne "bem-comportado".

Voltando à história, Lacan mostrou abertamente que a única análise é a didática, que o ensino, a formação e a análise do candidato constituem uma única coisa, que o ingresso na análise é uma adesão aos ideais do grupo e do líder, etc. — que tudo isso existe por toda a parte sem que geralmente se tenha coragem para confessar[3].

Ora, isso remonta aos fundadores. Freud logo concebeu a "autoanálise" como a melhor maneira de fabricar o melhor instrumento analítico possível. Mesmo para a *análise em geral*, Freud usa às vezes expressões reveladoras: "[...] podemos construir, com base na hipótese do inconsciente, uma prática coroada de sucesso mediante a qual influenciamos, a serviço de um fim [*zweckdienlich*], o curso dos processos conscientes

---

3 No momento da cisão, lembra-nos da declaração confidencial de um dos mestres do grupo que se separa de Lacan, afirmando mais ou menos o seguinte: "sem ilusão nem idealismo, meus amigos; é claro que todo analista didata influencia seus analisandos". Em suma, tudo mundo tem as mãos sujas. Lacan cometeu o erro de mostrar isso.

[...]"⁴. Ferenczi, por sua vez, afirma que a análise "didática" deve alcançar profundezas maiores que a "terapêutica", mas precisamente em função dos *fins profissionais* a que se propõe.

A partir daí, fins profissionais, ideais do movimento analítico, do grupo e do líder, propagação da doutrina e da prática ortodoxas, etc., tudo se encadeia..., inclusive a "sessão curta". Freud não afirmou ter feito análises curtas (de alguns meses)⁵ a fim de poder "estender sua influência" a um número maior de discípulos? O cálculo é simples: cinco minutos em vez de quarenta e cinco, ou cinco meses em vez de quarenta e cinco, o ganho é o mesmo: foram "formados" nove vezes mais propagadores da fé.

Assim, a tomada de consciência em relação a Lacan não podia deixar de se completar com uma tomada de consciência simétrica em relação às práticas vigentes, todas provenientes de Freud: um Freud que foi tanto o fundador de uma Igreja quanto o pioneiro do inconsciente.

UMA REVOLUÇÃO

Dentro da APF, recém-saída do lacanismo, o problema foi logo abordado nos seguintes termos: restituir à análise pessoal um máximo de autonomia ou continuar a considerá-la como peça de um dispositivo que visa à "conformação mais apropriada".

1969-1971. Seria possível descrever em poucas linhas o que aconteceu essencialmente? Em 1969, sob minha presidência e meu impulso, um projeto de modificação dos procedimentos de habilitação foi proposto, discutido e, por fim, recusado. Em 1971, sob a presidência e o impulso de Pontalis, um novo projeto muito próximo do anterior foi discutido e, finalmente, aprovado, inaugurando o regulamento interno com o qual funcionamos atualmente.

O QUE FOI ADOTADO EM 1971:

A supressão da análise didática, realizada e conduzida "por encomenda" em função da demanda da instituição de ter de "entregar" analistas.

---

4   Freud, S. *Oeuvres completes (Psychanalyse) XIII*, Paris, PUF, p. 206.
5   Kardiner, A. *Mon analyse avec Freud*, Paris, Belfond, 1978.

- Supressão das entrevistas prévias.
- Supressão da lista e do título de analista didata.
- Os candidatos só são conhecidos na APF no momento da admissão às supervisões; todas as solicitações são passíveis de aceitação, qualquer que seja o divã de origem: titular, associado ou aluno da APF ou membro de qualquer outro grupo. Esse ponto não é formal: as estatísticas anuais mostram que nosso comitê de formação examina qualquer candidato sem fazer objeção da pessoa nem da filiação de seu analista.

Esses pontos não são uma concessão a um liberalismo frouxo e nada têm a ver com problemas de "democracia". Demonstram um radicalismo em relação à concepção da análise. É nesse sentido que não nos situamos no meio do caminho entre a SPP e a École Lacanienne, pois tanto uma como a outra determinam a análise pessoal para a obtenção de um produto acabado, em conformidade com os ideais da instituição.

Um procedimento totalmente novo de validação das supervisões[6]: não se confia mais na decisão não justificada do supervisor; o conteúdo da supervisão e as capacidades do supervisionando são submetidos a uma avaliação profunda e coletiva.

A única lista de analistas encarregados da formação é a dos "analistas em exercício no Instituto de Formação". Não é uma lista camuflada de didatas, mas uma lista de supervisores, que, aliás, pode ser revista anualmente.

O que inspira todas essas regras pode ser resumido em uma frase: garantir ao máximo a extraterritorialidade da prática analítica e, em primeiro lugar, da análise de quem se propõe a se tornar analista. Sem nenhuma ilusão quanto a tudo aquilo que vem de encontro a essa autonomia em relação a objetivos utilitários ou ideais, as regras instauradas na APF evitam criar ou mesmo favorecer um "inanalisável": uma espécie de "livro de especificações" segundo o qual a instituição analítica encomenda aos seus didatas analistas bem "conformados".

---

6 N.T.: No original, Laplanche utiliza as palavras "contrôle", "contrôleur" e "contrôlé", que, no contexto do artigo, também podem sugerir todos os dispositivos de regulação institucional discutidos, além da própria atividade de supervisão, num fino jogo de palavras próprio ao espírito crítico do autor — que alcança além das considerações técnicas.

AS OCULTAÇÕES

É notável que esse caráter distinto da prática da APF, tanto em relação às práticas dominantes quanto em relação aos próprios ideais freudianos, seja constante e repetidamente ocultado não só pelos outros, mas também por nós mesmos. Sem dúvida, por via de regra, cada um consente em perceber o outro somente segundo o seu próprio modelo. Na França, citemos, com um intervalo de alguns anos, I. e R. Barande[7], para quem "as diferenças são mínimas entre a SPP e a APF na aplicação comum das normas-padrões da IPA", e a *Agenda de la psychanalyse*, segundo a qual, na APF, os "didatas" constam numa lista especial denominada "lista dos analistas em exercício no Instituto de Formação"[8].

No âmbito do movimento internacional, nossa concepção é simplesmente ignorada, tanto pelos indivíduos quanto pelos grupos ou pelas instâncias. Sem dúvida, de vez em quando, nosso modo de formação é descrito, de forma incompleta e deturpada, num ou noutro "relatório" internacional: uma "variante" entre outras dentro de uma diversidade de "modos de fazer". Mas há um desconhecimento fundamental, do qual todas as partes são cúmplices. Tomo como principal demonstração disso os famosos "pré-congressos", destinados a discutir a formação. Solicita-se, como se sabe, que cada sociedade participante delegue alguns "didatas" — categoria indiscutível, acessível ao senso comum (da IPA ou simplesmente freudiano). Mas é cômico observar nossa maneira de reagir. Em vez de dizermos: "didata e didática, não conhecemos isso. Já dissemos, mas vamos explicar novamente"; esforçamo-nos para traduzir *training analyst* em francês da APF. Coçamos a cabeça: talvez eles queiram dizer "supervisores"? Ou "analistas em exercício no Instituto de Formação"? Ou "titulares"? Tradução etnocêntrica, como se diz[9]. Com isso, eles teriam a faca e o queijo na mão para retrucar: "Vejam, vocês não são tão diferentes. Vocês têm didatas, já que os delegam aos congressos".

---

7 Barande, I. E R. *Histoire de la psychanalyse en France*, Toulouse, Privat, 1975, p. 53-54.
8 *L'agenda de la psychanalyse*, 1, p. 22.
9 "He had bacon and eggs", traduzido por "ele tomava seu café com leite".

Igualmente notável é a maneira como seguidamente se orienta o debate fundamental: não em torno da suspensão e do questionamento, em toda análise, das "representações de meta" ou dos "ideais" prévios, sejam terapêuticos ou didáticos, mas por uma equiparação de uns em relação aos outros. Acreditam se desvencilhar dessa hipoteca dos ideais pela concessão fácil: é claro que toda análise, mesmo de um candidato, é também terapêutica, etc.

Em resumo, acerca da concepção da análise — se existe um ponto fundamental, é justamente este —, encontramo-nos então, dentro da IPA ou dentro de todo o movimento psicanalítico, em oposição total à prática e à ideologia universalmente reinantes. Mas, em nome de um desconhecimento sabiamente mantido por todos, todo mundo ignora isso. Deve-se admitir que, se esse fato fosse VERDADEIRAMENTE conhecido, seria necessário, senão nos excluir (prática muito rara), pelo menos explicar por que não somos excluídos.

Se uma "revolução" é constantemente "ocultada", mesmo entre aqueles que a fizeram, é preciso render-se a uma evidência: é, sem dúvida, porque essa revolução não está bem garantida e precisa ser mantida de forma "permanente". A todo instante, sob os pretextos mais diversos, as exigências (legítimas) de uma formação profissional refletem naquilo que não poderia ser integrado em tal finalidade: a análise pessoal de alguém (não de um candidato, diremos).

———

Para concluir, se toda análise é "formação", talvez seja apenas no sentido com o qual o belo termo *Bildung* não parou de ressoar nos ouvidos alemães: um movimento pelo qual o indivíduo, através das peripécias mais estranhas da viagem ao "estrangeiro", encontra o que lhe é "próprio".

A análise é essa viagem que tenta, de forma assimptótica, fazer com que volte a nos ser "próprio" (*eigen*) o que é mais estrangeiro em nós mesmos (o inconsciente).

Em relação a essa concepção da análise e à bela formulação *wo Es war, soll Ich werden* como movimento cultural (*Bildung*), a ideia de uma formação apropriada a uma finalidade profissional (*die geeignetste Ausbildung*)[10] é uma perfeita contradição.

Sem negar que uma "formação apropriada" é indispensável para o futuro analista, mantemos deliberadamente fora dela, fora de qualquer fim profissional e ideológico, como também fora de qualquer controle institucional, aquilo que não pode deixar de ser um processo extraterritorial: a análise pessoal.

---

10 *GW*, XIV, p. 288.

V
As forças em jogo no conflito psíquico[1]

Para esta revisão do conflito neurótico, dois textos de Freud de 1924, *Neurose e psicose* e *A perda da realidade na neurose e na psicose*, podem nos servir, senão de modelo a aplicar, pelo menos de ponto de partida. Para Freud, trata-se explicitamente de uma tentativa de inserir o conflito em sua nova teoria do aparelho psíquico. Mas três peculiaridades chamam imediatamente nossa atenção:

1) A descrição do conflito é essencialmente tópica, mas o curioso é que essa tópica não mobiliza somente as novas instâncias já definidas desde 1920: o eu, o supereu e o isso. Uma nova instância surge como força autônoma: a "realidade". Assim, o conflito residiria na maneira pela qual o eu se vê preso entre duas forças principais, tendo de se aliar a uma delas. Na neurose, a realidade prevaleceria às expensas do isso. Na psicose, seria o inverso.

2) Do lado das forças pulsionais, que se opõem tradicionalmente na psique (defesa, sintoma, compromisso, etc.), a nova oposição entre "pulsões de vida" e "pulsões de morte"[2] não

---

[1] Apresentado no *II Colloque international Jean Laplanche*, realizado em Canterbury em 15 de julho de 1994.
[2] Qualquer que seja o significado que venhamos a dar a elas. Ver adiante, neste mesmo artigo.

encontra absolutamente um lugar. Longe de lutar entre si, as duas grandes pulsões são englobadas no isso e têm um destino estritamente comum.

3) Quanto à antiga oposição entre pulsões sexuais e pulsões de autoconservação, sua ausência não surpreende, uma vez que tal oposição desapareceu como eixo principal do pensamento freudiano depois de 1915. Essa ausência, porém, é sensivelmente percebida quando, justamente, a realidade está em discussão.

A REALIDADE

Com base num sólido "realismo", Freud sempre distinguiu dois tipos de realidade: a realidade externa, concreta, à qual temos acesso pela percepção, e a realidade psicológica, correspondente às percepções provenientes do interior — primeiramente os sentimentos de prazer-desprazer, depois os afetos e, por fim, as representações, fantasias, raciocínios, etc.[3]

Não se trata de contestar essa primeira oposição, mas de estabelecer algumas distinções, indagando-nos sobre quais forças (quais "pulsões") estão em jogo e sobre um eventual terceiro tipo de realidade, transversal em relação às duas outras.

No que tange à *realidade externa*, é totalmente simplista falar de "mundo externo real" sem especificá-lo nem levar em conta as forças que polarizam essa realidade. Dizer simplesmente que "a percepção cumpre, para o eu, a função que, no isso, cabe à pulsão"[4] é estabelecer uma simetria sem rigor, escamoteando essa questão da força. O mundo externo só traça linhas de força mediante o investimento por um ser vivo. Pode-se até mesmo supor que só é *percebido* em função desse investimento. O que é indiferente não é notado pelo vivente. O ar que respiramos é descoberto somente quando se torna sufocante ou quando vem a faltar[5].

---

[3] A realidade psicológica não é privilégio do ser humano. Desenvolve-se em todo vivente, adquirindo maior complexidade com a complexidade do sistema nervoso central.

[4] Le moi et le ça. *GW*, XIII, p. 252-253; *OCF-P*, XVI, p. 269. [O ego e o id. *Edição standard brasileira*, vol. XIX.]

[5] Cf. Daniel Lagache, "Em sua conduta, os organismos vivos lidam com valores positivos e negativos, ou com objetos-valores, mas não com objetos, no sentido que o conhecimento vulgar ou o conhecimento científico atribuem a esse vocábulo" (*Le psychologue et le criminel*, Oeuvres II, Paris, PUF, 1979, p. 192).

Essencialmente, num ser vivo, podemos descrever as forças que movem a realidade segundo três pares de opostos: sexualidade/autoconservação, atração/repulsão e meio animado, mais especificamente, humano/meio inanimado.

Deixemos de lado, provisoriamente, a sexualidade para nos atermos ao terreno da *autoconservação* ou da adaptação. Esse terreno é normalmente encoberto pela "realidade" em geral, em que o "realismo" adota a máxima "viver primeiro" (*primum vivere*), antes de filosofar ou mesmo antes de fazer amor. Conforme a polaridade atração/repulsão, o campo das necessidades autoconservativas traça um ambiente (*Unwelt*) feito de polos de atração (objetos de necessidade) e de polos negativos (perigos). Essas necessidades se inserem no indivíduo por meio de montagens mais ou menos fixadas ou adaptáveis, herdadas pela filogênese. Surge aqui, no entanto, a diferença entre dois tipos de meio ambiente (animado/inanimado), e convém distinguir claramente as espécies entre aquelas diretamente conectadas com o meio ambiente inanimado e as que se conectam a ele por intermédio de outro ser vivo. No caso de algumas espécies vivas, as montagens são diretamente pré-adaptadas ao objeto de consumo ou à situação a ser evitada (apetite por um determinado alimento — conhecimento instintivo de um perigo específico). Para outras espécies, o acesso ao objeto concreto ou o conhecimento do perigo factual são inseparáveis da mediação do *socius*. No caso do ser humano — o único que nos interessa aqui — Freud destacou sua ignorância congênita em relação aos *perigos*; quanto aos *apetites* diretamente pré-adaptados ao objeto, sobretudo o alimentar, parece que estes também inexistem. O bebê, inicialmente, não dispõe de nenhuma "intenção" do leite; é somente pela proposta do seio, pelo seu calor, pela nidação oferecida por esse seio, etc., que o bebê tem acesso ao famoso "valor-alimento"[6]. O mundo humano da autoconservação, diferentemente do que acontece com muitos animais, é, de saída, um mundo totalmente interativo, orientado por vetores recíprocos, mas que não são regu-

---

6   Termo empregado por Lagache para destacar o fato de que o ambiente não é neutro, mas orientado por valores que são vetores de forças. Porém, justamente, o vetor alimento como relação com o inanimado, não é um vetor primário para o bebê, tal qual o caso do paramécio ou do alevino de peixe.

larmente complementares. Tanto quanto "autoconservativo", esse campo de forças pode ser denominado, do ponto de vista inter-humano ou interanimal, campo da "ternura" (Freud) ou campo do "apego" (psicologia moderna — etologia).

É paradoxal — embora seja verdadeiro — dizer que a autoconservação é descrita aqui apenas por abstração no que se refere ao ser humano. Presente desde o nascimento sob a forma de disposições inatas, instintuais, ela passa a ser logo *encoberta, desqualificada*, por outro jogo de forças, as da sexualidade humana.

Todavia, antes de introduzir a sexualidade, é indispensável definir uma terceira ordem de realidade, não *ao lado* da realidade material e da realidade psicológica, mas transversal a estas: a realidade da *mensagem*, cuja materialidade deve ser denominada "significante". Esse campo de realidade foi entrevisto por Freud algumas vezes quando ele definiu uma "realidade psíquica" diferente não só da realidade material, mas também da realidade simplesmente psicológica, mais dura e mais resistente, por assim dizer, do que esta. É principalmente o caso do que Freud designa como "os desejos inconscientes reduzidos à sua última e mais verdadeira expressão"[7], isto é, de acordo com a nossa concepção do realismo do inconsciente, os "significantes dessignificados" ("representações-coisas") que povoam o inconsciente.

A materialidade da mensagem sem qualquer inserção "psíquica", dentro da realidade externa, pode ser facilmente representada pela presença de uma tábua hieroglífica abandonada no deserto. Já a mensagem e o significante não são redutíveis somente à linguagem verbal: uma seta indicando uma direção, desenhada na parede de uma caverna, também é uma mensagem, assim como um sorriso, um gesto de ameaça ou a destruição de uma base de mísseis iraquianos por um avião americano. O campo de realidade própria da mensagem comporta as seguintes características: 1) a mensagem não é necessariamente verbal, nem está integrada num sistema semiótico, mas está sempre inserida numa materialidade (significante); 2) a mensagem, antes de representar algo (um significado), sempre representa

[7] Cf. Traumdeutung. *GW*, II-III, p. 265.

outrem para alguém: ela é comunicação, endereçamento; 3) a mensagem, por sua materialidade, é fadada à polissemia.

Convém, aqui, estabelecer as diferenças que caracterizam a mensagem *adulta* dirigida à criança. Como qualquer outra, essa mensagem pode receber várias interpretações. Mas dizemos que ela é "enigmática" num sentido muito específico, que excede qualquer polissemia. Na verdade, a mensagem adulta dirigida à criança pelo diálogo, pela reciprocidade autoconservativa, é habitada, comprometida pela sexualidade inconsciente do adulto. Se ela se apresenta enigmática para a criança, é, sem dúvida, por exceder as possibilidades de compreensão e de domínio do bebê, mas é, antes, fundamentalmente, por ser incompreendida em sua duplicidade pelo próprio emissor. O termo "mensagem comprometida" faz referência a uma noção essencial da psicanálise para explicar, até mesmo na psicopatologia da vida cotidiana, atos, discursos, escritos, etc., todos eles endereçados ao outro e todos portadores dessa "interferência" do inconsciente do emissor.

A mensagem sexual *habita*, portanto, a mensagem autoconservativa. Mas, diferentemente desta, aquela não supõe uma reciprocidade demanda-resposta, sendo profundamente assimétrica e tendo origem no outro (adulto).

Cabe aqui recorrer à teoria do apoio e da sedução generalizada. Não sendo possível retomá-la de forma aprofundada, contentar-me-ei inicialmente em apresentar o esquema a seguir, mostrando como a mensagem autoconservativa e interativa dos adultos é acompanhada por uma mensagem em sentido único, de natureza sexual.

Relação de autoconservação
ou de apego

Criança ⟶   ⟵ Adulto

Face inconsciente,
sexual, da mensagem do adulto

Faremos alusão mais adiante ao seguimento do processo. Mas, aqui, o importante para o *problema da realidade* é o fato de que — em cada um de seus *estágios*, em cada um de seus *níveis* e em cada um de seus *lugares* corporais — a relação de autoconservação é contaminada, invadida e logo totalmente acompanhada por significações sexuais.

O que se denomina "pansexualismo" em psicanálise é a teoria que afirma que a sexualidade dá conta da totalidade do ser humano. Ora, afirmamos que o pansexualismo teórico é apenas o reflexo de um pansexualismo *real*, isto é, do movimento pelo qual a sexualidade reinveste todas as atividades humanas. A sexualidade não é tudo, mas está por toda parte.

Ao término desse percurso sobre a "realidade" e seu impacto no conflito psíquico, podemos resumir assim: a realidade externa só pode intervir como força na medida em que é investida. No homem, o investimento autoconservativo (as necessidades) é totalmente mediado pelas relações inter-humanas. Estas, por sua vez, são totalmente contaminadas, comprometidas pela participação sexual inconsciente do adulto.

Um país neutro invadido por dois exércitos estrangeiros em guerra um contra o outro, não só para dividir o território, mas também para exercer uma supremacia com outros interesses, é a definição da situação do campo autoconservativo no ser humano, invadido pelo conflito sexual. As forças autoconservativas permanecem sem vigor e incapazes de exercer uma influência considerável. Como sua capacidade de conflito é pequena, o destino delas é totalmente dependente do conflito sexual. Sabe-se que, a partir do momento em que se sexualiza, o ser humano se torna inacessível às questões puramente adaptativas. Ele se alimenta ou se priva de alimentos "por amor a" ou "por ódio de", não para sobreviver. As bizarrices, as loucuras do ser humano, seus ideais destrutivos ou altruístas são incoercíveis. A *coerção* ao amor ou à perversão zomba de todos os interditos. Neste sentido, a ideia de um "perigo real" como motivo do recalque e da neurose, tal qual se depreende de certa leitura de *Inibições, sintomas e ansiedade*, não se sustenta nem por um segundo no confronto com a experiência. A castração nunca foi um "perigo real": só intervém como força psíquica a partir de uma ameaça pronunciada (*Androhung* e não *Drohung*), sendo esta, por sua vez, inseparável das significações sexuais inconscientes presentes em quem a profere[8].

O campo da autoconservação, portanto, não é diretamente parte integrante do conflito psíquico. É o campo em que este se desenrola e, eventualmente, seu objeto. A cegueira histérica[9] não é o resultado de um conflito entre uma função visual não sexual, adaptativa, e moções sexuais, mas a consequência de um conflito que afeta a função visual entre forças sexuais antagonistas. É essa posição peculiar da autoconservação que justifica sua situação nos limites do tratamento psicanalítico e de sua "tina"[10].

O APARELHO DA ALMA

Freud afirmou várias vezes que o aparelho psíquico só podia ser compreendido por sua gênese no indivíduo. Mas nem sempre se manteve fiel a essa visão, principalmente ao recorrer, para descrever as "instâncias", a raízes ou a núcleos inatos. É destacadamente o caso do isso, cuja concepção, paralela a uma intenção positiva, veicula o risco de voltar às forças instintuais (não mais pulsionais) inatas[11].

Outro risco — que não é menor — é crer que o que a "metapsicologia" descreve é uma versão mais apurada, mais exata, mais "extensiva" da psicologia: o termo "psicologia dinâmica", que é empregado às vezes, veicula esse contrassenso. É contra isso que empregamos, seguindo Freud, *aparelho da alma*, termo

---

8   A ameaça de castração é, ela mesma, sedução, na ampla acepção da definição que lhe damos. Quanto à "teoria da castração", seu status metapsicológico é bem diferente.

9   Cf. A concepção psicanalítica da perturbação psicogênica da visão. *GW*, VIII, p. 93; *OCF-P*, X [*Edição standard brasileira*, vol. XI]. Ver também o primeiro capítulo de *Inibições, sintomas e ansiedade*, acerca da inibição: *GW*, XVII, p. 113-117; *OCF-P*, XVII, p. 205-209 [*Edição standard brasileira*, vol. XX].

10 Cf. *Problématiques IV: L'inconscient et le ça*. Paris: PUF, 1981, p. 207 e seguintes. *Problématiques V: Le baquet. Transcendance du transfert*, Paris, PUF, 1987 (por exemplo: p. 81 e seguintes, p. 156 e seguintes, p. 181 e seguintes, p. 211 e seguintes). O discurso autoconservativo só é "ouvido" no tratamento quando evocar, desencadear ou mesmo gerar o sexual.

11 Cf. *Le fourvoiement biologisant de la sexualité*, Paris, Synthélabo, 1993. *Problématiques IV: L'inconscient et le ça*, Paris, PUF, 1981. Problemática do id. O retorno de Freud ao instinto (*Instinkt*) é marcado em seus últimos textos, como, por exemplo, *Moisés e o monoteísmo*.

que caiu um pouco em desuso, para designar especificamente o aparelho psíquico *sexual*.

A psicanálise ultrapassa incontestavelmente seus limites ao pretender substituir uma psicologia cognitiva que se mantém legítima. Porém, algo acontece no mundo da realidade psicológica "interna" comparável ao processo do "pansexualismo real": o aparelho sexual da alma tende a retomar por sua própria conta, a invadir e a apropriar-se do campo da realidade psicológica, que, em tese, é independente, mas que, no homem, passa a sê-lo somente por abstração.

A divisão freudiana do aparelho da alma em isso, eu, instâncias relacionadas ao ideal e supereu continua sendo um fio condutor indispensável. As distinções entre o *eu* e o *self*, ou entre o *eu [instância]* e *eu [sujeito em primeira pessoa, sujeito do inconsciente]*[12], são eminentemente criticáveis e resultam mais de exigências ideológicas: o *si mesmo* é uma forma de restituir, por diferenciação, uma pretensa autonomia ao *eu* [ego] racional autônomo, desconsiderando o seu componente narcísico. Inversamente, a introdução de eu [sujeito em primeira pessoa], quaisquer que sejam os pretextos para tal clivagem, leva-nos a uma filosofia do "sujeito" que não é inocente.

Todavia, as instâncias do aparelho da alma só podem ser concebidas mediante sua origem: o impacto sobre um organismo biológico em vias de desenvolvimento, mensagens sexuais enigmáticas do outro. Se fosse necessário introduzir outra "instância" além das instâncias consagradas de Freud, não seria então uma "instância da letra"[13], potência abstrata oriunda da teoria estruturalista, mas uma instância do outro.

Essa prioridade do outro (externo) na constituição do aparelho da alma será redobrada pela instância do outro interno: o isso. Porque o isso não existe primordialmente nem esteve ali eternamente: ele é aquilo que, da mensagem do outro externo, nunca pôde ser traduzido (integrado, metabolizado)[14] de forma integral. O isso é, por assim dizer, uma "quintessência" de alteridade.

---

12 N.T.: No original *moi* (designa a instância do eu ou ego) e *je* (pronome da primeira pessoa do singular, designando o sujeito do inconsciente lacaniano).
13 Lacan, J. *L'intance de la lettre*. Écrits, Paris, Seuil, 1966.
14 Cf. *Nouveaux fondements pour la psychanalyse*, Paris, PUF, 1987, 2ª parte [*Novos fundamentos para a psicanálise*, Martins Fontes, 1987]; *La révolution copernicienne inachevée*, Paris, Aubier, 1992.

A constituição do aparelho da alma, tanto sob seu aspecto tópico quanto sob o aspecto das forças em ação (aspecto econômico-dinâmico), é correlativa ao processo do recalque. Este, por sua vez, deve ser compreendido no âmbito da teoria da sedução generalizada: implantação do significante enigmático, reativação *après coup* deste, tentativas de controle, fracasso da tradução que leva a um depósito dos objetos-fontes do isso. Não pretendo retomar essa sequência, pois meu objetivo é chegar ao aparelho constituído da alma, do modo como ele funciona no conflito normal/neurótico.

OBSERVAÇÕES COMPLEMENTARES SOBRE A TÓPICA

O ponto de vista tópico é um ponto de vista do eu, e, nesse sentido, toda tópica pertence ao eu: tem sua origem no eu, reflete os interesses dele. Isso vai ao encontro da intuição de Freud segundo a qual "psique é estendida, nada sabe". De fato, o eu é certamente uma parte da psique (o aparelho da alma), mas é também hegemônico: sua pretensão é ser o todo, ele é potencialmente o todo[15]. O fato do eu poder ser descrito como extenso pode ser relacionado com sua origem narcísica. O narcisismo, como se sabe, não deve ser concebido como um estado monádico primeiro, mas como um investimento libidinal "do eu" ou, melhor dizendo, um investimento libidinal que o *constitui* à imagem do outro corpo como totalidade (o corpo do outro, mas também o próprio corpo como outro). O narcisismo nada mais é que a identificação narcísica.

AS FORÇAS PULSIONAIS: LIGAÇÃO E DESLIGAMENTO

Tratemos agora das forças em confronto, a respeito das quais afirmamos — em relação direta com a teoria da sedução e da "invasão", pansexualista — que são unicamente de natureza sexual. É no cerne da sexualidade que se efetua a separação entre as forças sexuais de desligamento (a pulsão de morte de Freud) e as forças sexuais de ligação (o Eros de Freud). Deve-se

---

15 Quando ele é o todo, corre o risco de deixar de ter poder: no sonho, o eu, fixado no desejo de dormir, é dilatado a ponto de coincidir novamente com os limites do eu-corpo, mas deixa assim o processo primário bem mais livre.

compreender que o próprio recalque é o criador das forças pulsionais de desligamento. A ameaça que a estraneidade da mensagem do outro representa para o organismo autoconservativo (uma estraneidade com base sexual) leva, no fim das contas, a confiná-la no inconsciente recalcado. As razões desse desligamento, assim como do processo primário que rege os conteúdos inconscientes, não devem ser buscadas em outro lugar além do próprio recalque. Este age "de maneira muito individual" (Freud), rompendo as conexões entre os elementos da mensagem e, sobretudo, desfazendo o vínculo significante-significado. Os conteúdos inconscientes são o resíduo desse estranho metabolismo[16] que "trata" as mensagens do outro, mas fracassa em "tratar" a própria estraneidade. São esses "significantes dessignificados" que prosseguem sua existência paralela no inconsciente ou estabelecem entre si as mais absurdas alianças (deslocamento-condensação).

As forças de ligação não são menos eróticas do que as de desligamento, o que dá razão a Freud por tê-las designado como Eros, que "tende a estabelecer unidades cada vez mais englobantes". Mas o erro do fundador foi ter pretendido anexar a Eros a totalidade do erótico, quando se trata apenas de seu aspecto "ligado".

O centro da ação de Eros é o eu. Eros é constantemente abastecido por uma libido investida nas *totalidades*, e, nesse sentido, libido de objeto e libido do eu são estritamente correlativas: se o homem vive por amor, é indissociavelmente por amor ao eu e por amor ao objeto (total).

Será que se pretende, contudo, consolidar o conflito como se ele se produzisse entre duas forças antagonistas definidas de uma vez por todas como pulsões de desligamento e pulsões de ligação e pertencentes a duas instâncias imutáveis, o isso e o eu? Parece que não. Em parte, trata-se de uma mesma força sexual (libido) que se encontra dos dois lados, e seria pouco concebível não haver conversões de uma forma na outra. Sabemos bem que o extremo da vontade de ligação pode resultar no extremo do desligamento[17].

---

16 Sobre a metábole, cf. *Problématiques IV: L'inconscient et le ça*, Paris, PUF, 1981, p. 135 e seguintes. [*Problemáticas IV: O inconsciente e o id*, São Paulo, Martins Fontes, 1981.]

17 Ver a análise de Jacques André a respeito do terror revolucionário em *La révolution fratricide*, Paris, PUF, 1993.

Ligação e desligamento devem, pois, ser concebidos como dois princípios — tipos de processos, modos de funcionamento — que agem em todos os níveis tópicos. Isso significa que só numa abordagem muito grosseira os limites tópicos e o jogo econômico-dinâmico se sobrepõem: existe mais e menos desligado no isso, mais e menos desligado no eu[18].

Devemos tomar cuidado também para não cometermos a grande injustiça de atribuir pura e simplesmente a ligação ao eu e o eu ao narcisismo. Sustentar que o ponto de partida, o broto do eu, situa-se na identificação especular com a imagem do semelhante não deve nos levar a descuidar dos aportes identificatórios e dos remanejamentos sucessivos que vêm enriquecer e dialetizar essa "instância". Correlativamente, o fato do eu continuar sendo o polo ao qual referir as ações de ligação não implica que essas ações se limitem à imposição de formas rígidas. Mesmo que muitos mecanismos de defesa neuróticos recorram, por predileção, a tal rigidez narcísica, modos de ligação pulsional mais flexíveis intervêm constantemente.

Esquematizando, podemos distinguir dois tipos de ligação: a ligação por intermédio de uma *forma* imposta como proveniente do exterior, como "continente", aos elementos agressores da pulsão; e a ligação por *simbolização*, isto é, por integração em sequências, redes, estruturas simbólicas, capazes de ordenar a maior parte possível da estrangeiridade pulsional.

Dentre esses elementos "ligantes", deve-se pôr em primeiro plano os grandes "complexos" de Édipo e de castração, bem

---

18 Nas *Novas conferências introdutórias sobre psicanálise*, Freud propôs uma analogia com uma região onde a população é repartida *grosso modo* unicamente em função de critérios geográficos: os alemães, criadores de gado, habitam a região montanhosa; os magiares, que plantam, ocupam as planícies; e os eslovacos, que são pescadores, vivem junto aos lagos (*OCF-P*, XIX, p. 156 [*Edição standard brasileira*, vol. XXII, p. 50]). A terrível atualidade do *conflito* iugoslavo permite atualizar essa analogia. O nível físico e geográfico (planícies, região montanhosa, rios, etc.) é apenas uma base que não permite compreender o conflito, podendo-se estabelecer uma analogia, no indivíduo, com o nível autoconservativo, o terreno e o que está parcialmente em jogo no conflito. O nível político, estatal, com suas fronteiras, corresponderia à tópica psíquica. Por fim, as forças étnico-ideológico-culturais em confronto correspondem ao conflito psíquico em sua realidade. É inútil tentar confinar o conflito real dentro de fronteiras políticas, as quais, por sua essência, ele ultrapassa. A purificação étnica (criar fronteiras correspondentes às etnias puras) é uma perspectiva... do eu. Contudo, felizmente, o eu pode ter também perspectivas mais flexíveis: assimilação, mestiçagem, coexistência, etc.

como todos os grandes mitos coletivos ou individuais, arcaicos ou mais recentes, até mesmo forjados, remanejados ou revigorados pela própria psicanálise (assassinato do pai). Longe de serem elementos primordiais do isso, o Édipo e a castração são instrumentos de ordenação a serviço da ligação. O *complexo de castração* não gera uma *angústia* (sem objeto), mas um *medo* determinado, fixado em um objeto. A castração é primeiramente uma "teoria sexual infantil" que recebeu de seus coautores (Hans e Sigmund) sua forma canônica e que permite traduzir sob uma forma dominável as angústias e as mensagens enigmáticas. O que tentei mostrar em meu livro *Problemáticas II: Castração-simbolizações*[19] foi a existência de formas de simbolização menos coercivas que a lógica castrativa.

Voltando aos dois aspectos da ligação — forma continente e simbolização —, deve-se notar que eles estão presentes *juntos* em todo processo concreto. Assim, nenhuma forma de narrar, mitificar ou romancear a história individual do sujeito se concebe sem que intervenham elementos narcísicos que precipitam, coagulam, sua presença num ou noutro lugar como "eu" ou como "ideal" na estrutura fantasmática. Inversamente, por mais narcísicas que sejam, as identificações adquirem sua mobilidade e sua dialética por sua inserção nas tramas — mesmo nas mais rudimentares — que todo indivíduo forja para dar forma ao enigmático.

Acerca da oposição ligação-desligamento, voltemos mais uma vez às situações originárias de sedução. Por termos insistido nos elementos de instabilidade, de agressão e de desligamento inseridos nas mensagens do outro, por termos declarado ironicamente que, para gerar o pulsional na criança, a mãe precisava ser "suficientemente ruim", corremos o risco de esquecer o fato de que o outro, parental ou não, também fornecia o essencial de seu arsenal de ligação: seu amor, seus cuidados, sua manutenção (*holding*) confortam o narcisismo da criança. Por outro lado, ele também traz à criança os elementos — não só verbais, mas também extraverbais — indispensáveis à sua autoteorização, veicula os mitos e tramas coletivos, rema-

---

19 *Problématiques II*, Paris, PUF, 1980. [*Problemáticas II*, São Paulo, Martins Fontes, 1980.]

nejando-os à sua maneira. Tudo isso e muitas outras coisas definem os pais "suficientemente bons"[20].

O SUPEREU

Há quem possa me acusar de ter ignorado a instância do supereu. Deste só posso dizer algumas palavras: a questão deveria ser revista. A oposição de um supereu pré-edípico pulsional ("kleiniano") a um supereu edípico legislador não pode nos contentar, a não ser como indício da dificuldade. O próprio Freud enuncia as formulações mais opostas, que fazem do supereu ora o representante da realidade, ora uma instância que extrai toda a sua força das pulsões. O primado do outro adulto na gênese do mundo pulsional da criança deveria pelo menos nos permitir retomar diferentemente a questão do exógeno-endógeno. O fato do supereu ser descoberto (em Freud e em cada indivíduo) sob forma de enunciados, mensagens interditoras ou imperativos e o fato de que essas mensagens sejam geralmente imutáveis num indivíduo, categóricas, isto é, não suscetíveis de metabolização, fazem-nos suspeitar de uma origem em mensagens parentais que não sofreram o recalque originário. A comparação que eu propus com um enclave "psicótico" pode ser submetida à discussão e à elaboração.

Resta o paradoxo de que o supereu, mesmo emergindo originariamente do não ligado, tem um papel importante nos processos de ligação, principalmente no recalque secundário, em que seus interditos vêm sustentar e, de certa forma, selar a entrada em vigor das estruturas edípica e castrativa.

ANGÚSTIA E SINTOMA

Tomando partido na velha oposição debatida por Freud em muitos textos sem encontrar — apesar das aparências — sua solução em *Inibição, sintomas e ansiedade* —, a angústia é, para nós, angústia de pulsão, isto é, a mais primária manifestação de

---

[20] Meus agradecimentos a Silvia Bleichmar por ter insistido na contribuição parental com os elementos de ligação, devolvendo ao quadro da relação adulto-criança seu equilíbrio indispensável.

afeto, no eu, do ataque pela pulsão de desligamento[21]. Isso não significa em absoluto querer voltar àquela espécie de alquimia a que Freud renuncia, a respeito de sua "primeira teoria", segundo a qual a libido ter-se-ia "transformado em angústia". A angústia — como afeto primário e sem objeto — vem do ataque pulsional libidinal do isso e produz-se no eu, como, aliás, qualquer afeto. A série de afetos negativos — vergonha, culpa, medo — deve ser considerada uma verdadeira genealogia, correspondendo a níveis diferentes de elaboração e ligação da angústia. O perigo real, longe de ser a origem da angústia, é uma das formas de dominá-la e fixá-la no medo. Esse é principalmente o caso do medo da castração.

Os sintomas, por sua vez, constituem os meios diversos, muitas vezes dispendiosos e inapropriados, pelos quais se expressa e se liga a pulsão. Dentre os sintomas que visam à ligação, citemos a passagem ao ato, da qual é muito eloquente e verdadeira a expressão "criminosos por sentimento de culpa". Acrescentei a isso a ideia de que o próprio Édipo pode ser considerado o mais ilustre — se não o primeiro desses criminosos por culpa. Essa formulação invertida, voluntariamente provocativa, da culpa dita edípica tende a ressituar o mito em seu lugar certo, não como fundador e originário, mas como tentativa de ligação a ser situada no secundário, nas "camadas superiores do aparelho da alma".

AS FORÇAS EM JOGO NO TRATAMENTO PSICANALÍTICO

Seria simples dizer que as forças em jogo no tratamento psicanalítico são as mesmas que se confrontam no aparelho da alma na vida cotidiana. "Simples", mas deixando pouca esperança de uma verdadeira mudança. Para nós, o tratamento psicanalítico é uma das raras situações[22], seguramente a situação privilegiada que põe em xeque o fechamento ptolomaico do aparelho anímico. A transferência[23] deve ser considerada

---

21 Cf. *Problématiques I: L'angoisse*, Paris, PUF, 1980 [*Problemáticas I*, São Paulo, Martins Fontes, 1980]; "Une métapsychologie à l'épreuve de l'angoisse". In *La révolution copernicienne inachevée*, Paris, Aubier, 1992, p. 143-158.
22 Junto com certas constelações "culturais".
23 Cf. Du transfert, sa provocation par l'analyse. In *La révolution copernicienne inachevée*, Paris, Aubier, 1992, p. 417-437.

como a possibilidade de uma reabertura desse aparelho, uma renovação do endereçamento enigmático do outro, prioritário, instigador e até mesmo gerador de uma nova gênese de energia libidinal. A reedição, *mutatis mutandis*, da situação originária de sedução abala, talvez, o princípio de "constância" da soma das energias psíquicas.

VI
Responsabilidade e resposta[1]

Vocês querem ser responsáveis por tudo! Menos pelos seus sonhos! Que fraqueza lamentável, que ausência de coragem lógica! Nada é mais seu do que seus sonhos! Nenhuma obra é mais sua do que essa! Matéria, forma, duração, atores, espectadores — nessas peças, vocês são tudo isso! E é precisamente nos sonhos que vocês têm medo e vergonha de vocês mesmos, e já Édipo, o sábio Édipo, soube extrair um consolo da ideia de que não temos nenhum poder em relação ao que sonhamos! Disso eu concluo que a maioria dos homens deve ter consciência de que tem sonhos abomináveis. Se não fosse assim, como o homem poderia ter explorado sua fantasia poética noturna para alimentar o seu orgulho! Preciso acrescentar que o sábio Édipo tinha razão, que nós não somos realmente responsáveis pelos nossos sonhos — não mais, por sinal, que pelas nossas vigílias — e que a doutrina do livre-arbítrio tem por pai e mãe orgulho dos homens e de seu sentimento de potência? Digo isso, talvez, com excessiva frequência, mas ao menos isso não é um erro.

---

1 *Cahiers de l'École des Sciences religieuses et philosophiques*, 16, 1994 (Bruxelas).

Essa citação poderia ser de Freud, com uma extraordinária conjunção entre uma responsabilidade total e uma irresponsabilidade não menos total que o investigador deve proclamar e que tem o nome de determinismo; pela exortação final à humildade e à única coragem possível, a coragem lógica ou intelectual. Esse texto, porém, não é de Freud, mas de Nietzsche, em *Aurora*[2]. Mas como falar de "responsabilidade" numa época que reexamina esse termo em todos os sentidos? Como não cair na homilia ou no comentário? É por sentir uma profunda simpatia por este lugar[3], ao qual já fui convidado há alguns anos, que aceitei vir falar de um tema em que eu temia de imediato ficar preso entre esses dois perigos. É por certa defasagem que aproveitei esta ocasião ou, diria até, este pretexto, para lhes falar sobre diferentes coisas em torno da *resposta*.

Sou levado também a falar de Freud. "Interesso-me", como se diz, pelo pensamento freudiano, sem dúvida como tradutor, porém mais frequentemente para criticá-lo. Utilizo de bom grado a imagem do combate do homem com o anjo para figurar o combate de Freud com seu objeto, o inconsciente. Mas, nesse combate, ocupo-me mais do objeto do que do próprio Freud. Não sou um freudiologista, mas a forma como esse grande espírito orbita em torno da sua descoberta, suas vias de acesso e suas vias equivocadas parecem-me extremamente instrutivas para quem se propõe voltar a percorrê-las com ele e, eventualmente, denunciar os seus "desvios".

Quanto à "moral" de Freud, ela consiste, no grau mais elevado, como no texto citado de Nietzsche, em prudência e humildade; vou caracterizá-la com o termo alemão *Nüchternheit*, que quer dizer "sangue frio", "cabeça fria", "prosaísmo", "sobriedade". Entre outras passagens da obra de Freud, vou citar esta de *O mal-estar na civilização*: "A ética deve ser considerada uma tentativa terapêutica, um esforço por atingir, por um comando do supereu, o que até esse momento não podia ser alcançado por nenhum outro trabalho cultural"[4].

2 F. Nietzsche, *Aurore*, II, 128. Le rêve et la responsabilité. Textes et variantes établis par Giorgio Colli et Mazzino Montinari, tradução francesa, Paris, Gallimard, *Folio-Essais*, p. 104.
3 Palestra proferida nas Faculdades Universitárias Saint-Louis, Bruxelas, em 9 de março de 1994.
4 *OCF-P*, XVIII, Paris, PUF, 1994, p. 330. [O mal-estar na civilização. *Edição standard brasileira*, vol. XXI, Rio de Janeiro, Imago, p. 167.]

Essa *Nüchternheit*, essa cabeça fria, faz Freud falar não de responsabilidade, mas de culpabilidade, gravitando em torno da palavra *Schuld*, que significa ao mesmo tempo "falta" e "culpa", com um deslizamento possível para a "dívida", que é anunciada desde Nietzsche e que coloca ao tradutor problemas extremamente difíceis para seguir o fio da palavra alemã *Schuld*. De qualquer forma, a prioridade é dada à culpa sobre a responsabilidade, o que é correspondente a essa vontade de não subjetivar demais o problema.

La culpabilité, axiome de lapsychanalyse é um livro que foi escrito sob minha supervisão, por um dos meus alunos, Jacques Goldberg[5]; junto com ele, eu diria que as coisas poderiam ser enunciadas desta forma: "Tendo cometido falta ou não, de qualquer maneira você é culpado".

Haveria uma virada possível da culpabilidade ao sentimento de culpabilidade? Certamente, mas isso não se dá para nos livrarmos da culpa em nome de uma ilusão, em nome de um sentimento que, ele próprio, levaria a um desprover-se de ilusão. A via para a "libertação" não é evidente mesmo quando se fala de sentimento de culpabilidade. Não basta pagar nem mesmo renunciar. Cito novamente: "A renúncia pulsional não tem mais efeito plenamente libertador, de isenção"[6]. Utilizamos esse termo comercial ou monetário de "isenção" para a tradução, porque, como declara Freud, quanto mais se paga, mais se deve.

A *Nüchternheit*, o espírito frio, também se traduz — e talvez em primeiro lugar — na escolha da palavra certa. Nesse sentido, como o aponta Freud muitas vezes, falar de sentimento inconsciente de culpabilidade não é apenas inexato, mas, possivelmente, desonesto. Em *O mal-estar na civilização*, no meio de longas páginas nas quais Freud se debate sobre a questão da moral, do supereu e, portanto, da consciência moral, deparei-me subitamente com uma digressão muito estranha. No que parece ser uma tentativa de retificar a sua terminologia relativa justamente ao inconsciente, Freud afirma: "*Wenn wir ein reineres psychologisches Gewissen haben wollen*". Isso quer dizer mais ou menos isto: "Se quisermos preservar mais pura

---

5   Paris, PUF, 1985.
6   Freud, S. *La malaise dans la culture*, op. cit., p. 322. [O mal-estar na civilização. *Edição standard brasileira*, vol. XXI, Rio de Janeiro, Imago, p. 151].

nossa consciência moral de psicólogo"[7]. Num texto que trata da consciência moral, é, em última instância, a consciência do sábio, do psicólogo, como diz Freud, a que devemos salvaguardar; essa consciência (*Gewissen*) se manifesta especialmente no fato de chamar as coisas por seu nome, de chamar gato de gato[8]. Vocês se lembram desta frase que Freud também cita. Ela é de Boileau e se completa assim: "Eu chamo um gato de gato e Rollet de ladrão". Vejam que Boileau, muito antes de Freud, lançou uma ponte entre a exatidão do termo (um gato é um gato) e a retidão de julgamento: X é um ladrão, e seria imoral não dizê-lo.

É ainda essa *Nüchternheit* de Freud que faz com que ele não fale praticamente nunca do sujeito, mas, sim, de uma instância substantivada: *o* "ego" ou *o* "eu" [*moi* ou *je*], pouco importa; não é "Eu" [*Je*].

No entanto, como comecei esta digressão por Freud, retomarei as raras ocasiões em que ele fala de responsabilidade.

Numa subseção da revisão da "literatura" sobre os sonhos (no primeiro capítulo da *Traumdeutung*), ao tratar dos "sentimentos éticos", Freud questiona os textos que já examinavam nossa responsabilidade em relação a todos esses conteúdos imorais, descortinados e evidenciados por esses autores antes de Freud. Por sinal, justamente nesse momento, Freud fala de *Verantwortlichkeit*, que é um dos dois termos possíveis em alemão para designar "responsabilidade" (o outro seria *Verantwortung*, que não significa exatamente a mesma coisa, mas não me deterei nesta questão). Em todo caso, Nietzsche não é citado — vocês sabem que a relação de Freud com Nietzsche é feita de escotomização: "não querer saber" que Nietzsche, muitas vezes, já havia dito as coisas que ele descobriu. E ainda, como contraponto, existe um acréscimo tardio (1925) em *A interpretação dos sonhos,* particularmente interessante por se situar no enquadre da "segunda tópica", isto é, da divisão do aparelho psíquico entre "eu, isso e supereu", uma divisão que, para alguns, poderia funcionar como uma maneira cômoda de resolver o problema da responsabilidade. Tal acréscimo é feito

---

[7] Ibid. [O mal-estar na civilização. *Edição standard brasileira*, vol. XXI, Rio de Janeiro, Imago.]
[8] N.T.: Em português, esta expressão corresponde a "dar nome aos bois".

de três pequenos ensaios de duas ou três páginas, e o ensaio em questão se intitula "*Die sittliche Verantwortung für den Inhalt der Traüme*", ou seja, "a responsabilidade moral (ou a carga da responsabilidade moral) pelo conteúdo dos sonhos"[9].

Nesse pequeno texto, então, Freud — como Nietzsche e a maioria dos autores — parte do fato de que nossos sonhos representam frequentemente acontecimentos extremamente imorais dos quais participamos. O que ele acrescenta aqui é uma imoralidade *suplementar*: mesmo para os sonhos que se apresentam como não imorais, a análise encontra frequentemente desejos imorais por trás deles. Então, a psicanálise torna o sonho ainda mais imoral do que esses autores imaginaram, eles que atentavam apenas para o conteúdo manifesto do sonho. Evidentemente que o relato consciente do sonho pode refletir desejos imorais, mas, mesmo se ele os revela, ainda que não abertamente, com muita frequência — na verdade, na maioria das vezes — ele os oculta. Essa imoralidade, lembra Freud, provém de moções de desejo "egoístas, sádicas, perversas, incestuosas". A partir dessa importante generalização, Freud seguirá então o mesmo caminho de Nietzsche: como dizer, então, que eles não advêm de mim? "É preciso assumir a responsabilidade do conteúdo dos sonhos?". Temos aí o termo "assumir", que é interessante em Freud, e temos o "é preciso", que é um *muss*[10], o verbo alemão da obrigação material. Isto quer dizer que não é absolutamente de obrigação moral que Freud fala aqui; somos, definitivamente, forçados. Não podemos senão dizer, exatamente na mesma linha de Nietzsche, que o sonho somos nós. Freud se situa, então, no plano exclusivo do fato. Ele dribla as objeções da boa consciência com a frieza da objetividade.

Acabei de mencionar a distinção "eu, isso e supereu" para sublinhar que tal distinção, nova em 1925, não bastaria para

---

9 In Quelques suppléments à l'ensemble de l'interprétation du rêve. *OCF-P*, XVII, Paris, PUF, 1992, p. 180-184. [Algumas notas adicionais sobre a interpretação de sonhos como um todo. *Edição standard brasileira*, vol. XIX, Rio de Janeiro, Imago, p. 163-167.] Diga-se de passagem que, em sua terminologia, Freud não faz nenhuma distinção identificável entre moral e ética: *sittlich*, *moralisch* e *ethisch* são usados exclusivamente como sinônimos em sua obra.

10 Ibid., p. 182; *müssen* e *sollen*, dois tipos de "dever" que o alemão distingue, enquanto o francês [e o português] os confunde. [Algumas notas adicionais sobre a interpretação de sonhos como um todo. *Edição standard brasileira*, vol. XVII, Rio de Janeiro, Imago, p. 165.]

fazer nos retirarmos da arena. Certamente, a imoralidade do sonho é do isso, do pulsional, mas o eu não poderia se desculpar argumentando que ele a condena. Cito: "Ele é oriundo do isso, formando com ele uma 'unidade biológica'". Está montado [*aufsitzt*, termo muito pitoresco] no isso"[11]. Retenhamos essas fórmulas para apreender algo do que apresentarei daqui a pouco como a *minha divergência* sobre a relação do eu e do isso. Quanto ao supereu, instância moral por definição, Freud o aborda aqui — como nesta última parte da sua obra, sob a influência de Melanie Klein — no seu aspecto mais aparentado ao pulsional. Ele, que se toma por condenador, também é tão cruel, tão sádico quanto as pulsões que pretende julgar e reprimir. A lei é sintoma do mal, é tão sádica quanto ele; e, nesse ponto, estamos bem longe das éticas ou das morais que já se quis extrair da psicanálise. "Ética" *versus* "moral": não seria essa própria distinção uma forma hipócrita de pretender ser... melhor do que o próprio supereu?

Uma ética do *supereu*? Ora, isso está fora de questão; o supereu é "feroz e obsceno" conforme a formulação muito imagética proposta por Lacan, seguindo, de fato, a Melanie Klein. Uma ética do *isso*? Já vimos essa expressão no próprio Lacan, nas fórmulas do tipo "não ceder em relação ao próprio desejo". Mas já foi de fato preconizada essa ética, a mesma de Sade, a não ser literariamente?[12] Por último, o que seria uma ética do eu é aqui descartada como uma ilusão oriunda, como nos diz Freud, do "narcisismo ético"; é ignorando essa evidência que o eu é assentado, "montado" numa sela que ele não dirige. Uma ética do eu, diz Freud para concluir, estaria fadada à inibição e à hipocrisia: "Se alguém quer ser melhor do que é, que tente então ver se, na vida, consegue ir além da hipocrisia ou da inibição"[13].

A causa, portanto, parece estar explicada. Freud, por outras vias mais aprofundadas, reencontra Nietzsche na sua denúncia

---

11 Ibid., p. 183. [Algumas notas adicionais sobre a interpretação de sonhos como um todo. *Edição standard brasileira*, vol. XIX, Rio de Janeiro, Imago, p. 166.]
12 As duas éticas de Lacan, a da Lei e a do Desejo, conjugam-se: a Lei é aquela do Desejo, e o desejo, aquele do Tirano..., inclusive do Analista.
13 *OCF-P*, XVII, p. 184. [Algumas notas adicionais sobre a interpretação de sonhos como um todo. *Edição standard brasileira*, vol. XIX, Rio de Janeiro, Imago, p. 166-167.]

dos ídolos. A *Nüchternheit* me diz: "em nome de que pretender saltar por cima da minha sombra, saltar para além do 'como sou feito' (*geschaffen*; o que Freud chama ainda 'nossa *Beschaffenheit*')?"

Se introduzi a questão do sonho com Freud não foi apenas para fazer o elogio da *Nüchternheit*, mas também, como faço frequentemente, para tentar fazer Freud ceder em alguma parte.

"Um sonho (será que me devo inquietar por um sonho?)
Nutre em meu peito o mal que o corrói..."[14]

Esse sonho de Atália é o mais sadomasoquista e também o mais kleiniano.

Para atacar Freud, como o faço frequentemente, vou utilizar alguma coisa do método freudiano: o detalhe, a contiguidade. Como via de associação, a metonímia, de um modo geral, é sempre mais corrosiva do que a metáfora. A metonímia é um detalhe insólito na sequência sintagmática do texto. O detalhe no texto é esta frase: "Se o conteúdo do sonho não é obra da inspiração de espíritos estranhos, então ele é uma parte do meu ser"[15]. E eis, então, que nós concordamos com Nietzsche: o sonho sou eu... *exceto* — hipótese apresentada como absurda — se o sonho fosse obra de espíritos estranhos. Seria uma hipótese retórica simplesmente mencionada *en passant* por Freud, a *hipótese demoníaca*? Ora, vocês já sabem, mas eu lembrarei que, quando Freud elogia Charcot por sua teorização da histeria, é por ele ter se detido na explicação pela possessão e tê-la levado a sério. E Freud sublinha que dessa explicação extrai alguma coisa que seria da ordem da clivagem. De encontro à teoria da simulação, que imperava e que ainda impera, com frequência, em relação à histeria — contra a explicação em "primeira pessoa", que preconiza que o sintoma do histérico não traduziria, em última instância, senão a vontade, simulada ou não, do paciente — haveria na clivagem alguma coisa que nos conduziria de volta, de uma forma evidentemente mais esclarecida, à hipótese da possessão.

Isso em 1893. Mas permitam-me um pequeno rodeio: em 1906, Freud responde a um questionário sobre os dez melhores

---

14 N.T.: Racine, J. "Le Songed'Athalie" [tradução livre].
15 *OCF-P*, XVII, p. 184. [Algumas notas adicionais sobre a interpretação de sonhos como um todo. *Edição standard brasileira*, vol. XIX, Rio de Janeiro, Imago, p. 165.]

livros que ele adoraria levar com ele (para uma ilha deserta, digamos). Ele explica de saída: não se pode responder a essa pergunta assim, sem mais. Há livros literários, por um lado, e livros científicos, por outro. Então, diz Freud, ele seria obrigado a entregar duas listas de dez obras. No entanto, quanto à lista de livros científicos, cita apenas três: seria preciso, primeiro, incluir Copérnico e Darwin. Lembremos que eles representam dois descobridores do descentramento, do que Freud chamará mais tarde de "a humilhação" do ser humano. Primeiro, há a humilhação que se pode denominar cosmológica. O homem não está no centro do seu cosmos, a Terra não está no centro do mundo, pois ela gravita em torno do Sol, e, portanto, nosso sistema solar também não pode ser considerado um centro. Assim, a partir da "revolução copernicana", alguma coisa se encaminha para um *descentramento absoluto* do ponto de vista cosmológico. Quanto ao segundo maior sábio, Darwin, Freud vê nele o apóstolo de um descentramento biológico, porque, de Darwin em diante, não acreditamos mais que o homem seja o centro do reino animal, a honra e a glória desse reino. Mas, como Freud afirmará mais tarde, há uma terceira humilhação[16], a humilhação psicanalítica, que consiste em mostrar que o homem não está em casa em si, ou seja, que em si mesmo ele não é senhor, e que, em última instância — isto em minhas palavras —, ele é descentrado.

Voltemos, então, à nossa lista dos três melhores autores científicos, para sugerir que Freud poderia ter dito, perfeitamente: "os três autores que primeiro me ocorrem são: Copérnico, Darwin e... Freud", como o descobridor do terceiro descentramento. Em matéria de humilhação, isto lembra aquela tirada espirituosa que sintetiza numa frase: "Em matéria de modéstia, não temo a ninguém". Com efeito, Freud poderia ter dito: em matéria de modéstia, não temo a ninguém; e, para compreender que o ser humano deve ser colocado em seu lugar modesto, nada melhor que levar minhas obras completas com ele a essa ilha deserta.

16 Freud, S. Une dificulte de la psychanalyse. In *L'inquiétante étrangeté et autres essais*, Paris, Gallimard, 1985, p. 173-187. [O estranho. In Uma neurose infantil e outros trabalhos (1917-1918). *Edição standard brasileira*, vol. XVII, Rio de Janeiro, Imago.]

Tudo isso foi só uma brincadeira. Porque Freud não sugere colocar sua obra em terceiro lugar. Qual é o terceiro livro científico que Freud leva com ele? Certamente vocês não adivinhariam. É um ilustre desconhecido para nós, chamado Johannes Weier, cuja obra — publicada na Basileia em 1563 — intitula-se, em latim, como corresponde: *De praestigiis daemonum et incantationibus ac veneficiis* (As ilusões dos demônios, os feitiços e as poções venenosas). O terceiro autor científico, aquele que ocupa o lugar que ocuparia Freud, o precursor do terceiro descentramento, é um autor que trata da possessão demoníaca, o primeiro a sugerir que o homem não está em sua casa dentro de si e que, talvez, a hipótese demoníaca não é senão uma divagação extravagante a partir dessa *verdade*.

Há outro elemento que coloco para balançar um pouco este pequeno artigo de Freud sobre a responsabilidade do sonho. Esse texto faz parte de três acréscimos curtos a *Traumdeutung*, que nós publicamos no tomo XVII das *OCF*[17]. Vou pular o primeiro texto, mas o que aparece em segundo lugar se intitula: "O significado oculto dos sonhos" (*sic*). Do ponto de vista histórico, o título "Algumas notas adicionais sobre a interpretação de sonhos como um todo" explica que esses três ensaios curtos, que deveriam ter sido incluídos na edição da *Traumdeutung*, não foram incorporados. Foram publicados numa revista de psicanálise, mas jamais foram inseridos na obra de Freud sobre os sonhos. Isso porque o guardião racionalista de Freud, Ernest Jones, opôs-se violentamente. Todas as possíveis lucubrações de Freud sobre o ocultismo e a telepatia horrorizavam totalmente nosso Jones e, cada vez que ele podia impedir que aparecessem, assim procedia. Jones, o neopositivista, poderíamos chamá-lo assim.

Por sinal, dessa mesma época, não temos apenas esse pequeno texto; temos mais três artigos e conferências de Freud, bem mais volumosos: "Sonhos e telepatia", "Psicanálise e telepatia", "Sonhos e ocultismo".

Vou tratar rapidamente deste ponto do ocultismo e da telepatia. Freud inclui a telepatia, como sabemos, entre os fenômenos ditos ocultos, em relação aos quais, diz ele, seria preciso ter,

---

17 N.T.: Em português, nos vol. IV-V da *Edição standard brasileira*.

no início, uma imparcialidade científica. A este respeito, ele chega até a fazer a apologia do preconceito como uma forma de abordar certos fenômenos. É melhor ter um preconceito favorável do que condenar de saída. Mas o preconceito desfavorável voltará muito rapidamente para uma parte do campo ocultismo/telepatia. O ocultismo em geral deve ser separado do fenômeno circunscrito da telepatia: ante a profecia, seja no sonho ou fora dele, eis que diz Freud: "a minha resolução de imparcialidade me abandona"[18]. Não posso admitir (Freud não diz isso dessa forma) uma inversão da flecha do tempo que faça com que eu possa, de uma forma ou de outra, perceber no tempo T o que vai acontecer no tempo T + 1. Quanto aos sonhos telepáticos e à telepatia em geral, ele admite, em contrapartida, a sua possibilidade usando um termo que permite uma espécie de trocadilho ou de dissociação na tradução, uma vez que se trata da *Gedankenübertragung*; ora, *Übertragung* é o termo que quer dizer "transferência", mas que, querendo ou não, também quer dizer "transmissão" na língua alemã de uso corrente. Assim, *Gedankenübertragung* é simplesmente a transmissão de pensamento para qualquer falante de alemão; ao mesmo tempo, para um freudiano — e para o próprio Freud —, é difícil falar de *Übertragung* sem pensar que é o termo "transferência" que se encontra aqui por trás da palavra. Apresenta-se um dilema para o tradutor, que mencionarei rapidamente: nós escolhemos traduzir *Gedankenübertragung* por "transferência de pensamento", o que é bastante incorreto, considerando-se o uso corrente, mas que mostra ao leitor, pelo menos, que *Übertragung* coloca um problema.

Freud admite, então, em relação a essa transmissão ou transferência de pensamento, que determinadas experiências realizadas a partir daí são críveis e que, especialmente, certos exemplos de sonhos que ele menciona são incompreensíveis sem uma transmissão de pensamento.

É aqui que surge o ponto em relação ao qual eu sou pessoalmente crítico, sem tomar uma posição direta a respeito da questão da telepatia. Após ter admitido que a telepatia existe,

---

18 Quelques suppléments à l'ensemble de l'interprétation du rêve. *OCF-P*, XVII, p. 185. [Algumas notas adicionais sobre a interpretação de sonhos como um todo. *Edição standard brasileira*, vol. XIX, Rio de Janeiro, Imago, p. 170.]

Freud afirma bruscamente que isso não tem importância para os sonhos; o conteúdo telepático seria um conteúdo perceptivo como qualquer outro. Há percepções anteriores aos sonhos (os "restos diurnos") que são tratadas nos sonhos, e também há percepções durante o sono: vocês podem ter a percepção de um choque, de alguém que toca, vocês percebem estímulos corporais durante o sono, etc., e estes são retomados e elaborados no sonho. Enfim, o mesmo acontece com o conteúdo telepático. Ele é tratado como qualquer outro conteúdo perceptivo, sem nenhuma prioridade ou particularidade. Cito: "A mensagem telepática é tratada como uma parte do material envolvido na formação do sonho, como um outro estímulo oriundo do interior ou do exterior, como um ruído incômodo vindo da rua, como uma sensação inoportuna proveniente de um órgão do sonhador". A telepatia, conclui Freud, "não tem nada a ver com a essência dos sonhos".[19]

Dou-me um tempo para esboçar aqui uma pista colateral, mas apenas isso. *A interpretação dos sonhos*, obra inaugural do pensamento freudiano, comporta, como cada um de vocês sabe, sem dúvida, sete capítulos. Um primeiro capítulo de bibliografia. Cinco capítulos de análise, de interpretação de sonhos, pelos quais Freud pretende mostrar, baseando-se em inúmeros exemplos, que, pelo seu método, chegar-se-ia a esta tese universal: "O sonho é uma realização de desejo"[20]. Por último, uma sétima seção, o famoso Capítulo VII, que se intitula "A psicologia dos processos oníricos" e que trata principalmente da forma alucinatória que assumem nossos sonhos. Nesses sonhos, que equivalem, todos eles, a uma realização de desejo, por que este não é referido por um discurso, ou até por *imaginações*, mas sem alucinação, sem crença? Aqui aparece o problema psicológico da *alucinação* e, especialmente, da alucinação no sonho. Então, em meus próprios termos, são cinco capítulos para dar conta da estranheza dos sonhos, remetida à realização de desejo, e um capítulo sobre o que

---

19 Sonhos e telepatia. In Além do princípio de prazer, psicologia de grupo e outros trabalhos (1920-1922). *Edição standard brasileira*, vol. XVIII, Rio de Janeiro, Imago, p. 218.
20 Cf. *GW*, II-III, 123. [A interpretação dos sonhos. *Edição standard brasileira*, vol. V, Rio de Janeiro, Imago.]

chamarei de estrangeiridade dos sonhos, isto é, seu aspecto alucinatório. Ora, os capítulos sobre a estranheza e o capítulo sobre a estrangeiridade são nitidamente independentes uns do outro. Freud trata o problema da alucinação quase em termos de neuropsicofisiologia. Para explicar a forma alucinatória, ele fez uma ampla disjunção entre a estrangeiridade da forma e a estranheza do conteúdo. Isto ao preço — e eu volto ao exemplo da telepatia — de tratar dos elementos ditos telepáticos, cuja estrangeiridade, *a priori*, deveria ser no máximo tida como simples estímulo.

A minha abordagem não é ocultista nem telepática, de modo algum. Mas eis a minha pergunta: não se poderia reconsiderar a estrangeiridade dos sonhos e a da alucinação a partir do vetor de estrangeiridade presente em toda mensagem?[21] Freud esqueceu, nesse sétimo capítulo, como nos outros cinco, que os sonhos não tratam de coisas ou de estímulos ou de traços de perceptos, mas de traços de mensagens inter-humanas.

Eis que surge, então, um artigo sobre a *"responsabilidade"* curiosamente prensado entre essa pequena passagem sobre a possessão demoníaca, de um lado, e a telepatia, do outro. Repito: não me interesso aqui pela telepatia, mas me interesso pela *mensagem,* com ou sem telepatia[22]. *Mesmo que Freud tenha estendido ao oculto o que ele considera ser o campo da experiência, este permanece irremediavelmente inacessível à entrada em cena do outro*. E, no sentido inverso, eu diria: se Freud tivesse percebido plenamente a estrangeiridade do isso e a estrangeiridade da mensagem do outro, não teria ficado obnubilado pela estrangeiridade e pela estranheza da telepatia.

A minha obra mais recente, que reúne meus artigos de alguns anos (e que Jean Florence lembrou agora há pouco) se intitula *La révolution copernicienne inachevée* [A revolução copernicana inacabada]. Voltamos assim a Copérnico, quem acabei de mencionar, e justamente à questão de saber se a "revolução copernicana", esse descentramento do homem, foi verdadeiramente levada a termo por Freud na sua obra, desta vez no plano da psique ou da alma. No texto introdutório desse

---

21 Laplanche, J. *Sedução, perseguição, revelação*, no presente volume.
22 Enquanto poderia se dizer, no sentido inverso: Freud só se interessa pela percepção, com telepatia ou sem telepatia.

volume de artigos, oponho uma visão ptolemaica a uma visão copernicana. Isto para dizer que Freud permanece ptolemaico apesar de tudo. Apesar de um bom começo, ele permanece centrado e autocentrado. Tudo o que diz sobre o eu montado sobre o isso situa-se numa perspectiva de recentramento. Certamente, não um recentramento em relação à consciência, mas um recentramento em relação a nosso ser biológico, concebido como sendo a própria base do isso.

O copernicanismo — o que eu assim denomino — em filosofia, como percebê-lo num universo de pensamento que, de Descartes a Kant, a Husserl, a Heidegger e a Freud, é irremediavelmente ptolemaico? A título de *boutade* e para pasmar, gosto de colocar uma questão que só aparentemente é um sofisma. As três pessoas gramaticais, por definição, são a primeira pessoa, a pessoa que fala; a segunda pessoa, a pessoa para quem eu falo; a terceira pessoa, a pessoa de quem falo. *Mas* qual é, então, a pessoa que me fala? Porque, certamente, não é nem eu, nem você, nem ele.

Meu reencontro com o pensamento de Levinas é recente e em boa medida fortuito. Trata-se, antes, de um entrecruzamento. Certamente, como jovem filósofo, um dos meus clássicos foi sua obra inaugural de 1930: *Théorie de l'intuition dans la phénoménologie de Husserl* [Teoria da intuição na fenomenologia de Husserl]. Um livro excelente para um estudante de filosofia, sendo que, a bem da verdade, nos anos 40, quando comecei as minhas aulas preparatórias para ingressar na Escola Normal Superior, conhecia-se pouco de Husserl. Mas esse livro é muito diferente das outras obras de Levinas, obras que não conheci na sequência, só vindo a conhecê-las recentemente, nos últimos anos, e posso dizer, então, que não influenciou meu pensamento. Ora, eu diria que, com Husserl, a quem acabo de mencionar, Levinas começou mal em matéria de copernicanismo, "mal pra caramba", para usar uma expressão mais familiar. Como ele diz atualmente: "A relação com os outros permanece representativa em Husserl. A relação com os outros pode ser buscada como intencionalidade irredutível, mesmo que se deva terminar vendo nela uma ruptura da intencionalidade".[23]

---

23 *Éthique et infini*, Paris, Fayard, 1985, p. 28.

Posto isso, meus entrecruzamentos com Levinas se forjam na diferença e com grandes diferenças. A principal seria esta: o descentramento copernicano vale não apenas para o sujeito autocentrado perceptivo e para o *cogito*, mas também para o sujeito *autocentrado no tempo,* centrado em seu ser adulto, "montado" — eu diria, para retomar a expressão de Freud que referi agora há pouco — na sua adultitude de adulto. Além de Husserl, para mim essa crítica vale também para Heidegger. Certamente, para Heidegger, não é mais o "eu penso" kantiano que deve poder acompanhar todas as minhas representações, mas digamos que é o "eu estou situado", o *Dasein*, que deve acompanhar todas as minhas compreensões e elucidações, mas estas são irremediavelmente as do adulto filósofo, aqui e agora. Quando se tenta levar a sério o primado da infância, em Freud, este primado nos descentra tão irremediavelmente — e tão antirreflexivamente — quanto a estraneidade do inconsciente ou do isso.

Sei que digo coisas que podem parecer aos filósofos não filosóficas ou pré-filosóficas, por se apresentarem, para retomar o vocabulário heideggeriano, como ônticas e não como ontológicas. Partir da infância não seria partir da pessoa constituída e não constituinte, uma pessoa visada, até reconstruída num objetivismo ingênuo, e não apreendida do interior como "sujeito"? Permitam, contudo, que esse sofisma os faça tremer por um instante, no mesmo sentido daquele que acabei de colocar: "Quem é a pessoa que me fala?".

O primado da infância, quer dizer, do bebê, é só aparentemente um primado temporal, um puro "antes" na cronologia. Não se trata, essencialmente, quando falamos de infância, de um *post hoc, ergo propter hoc*. Esse primado nos remete a uma situação que não é de autocentramento, uma situação que sequer é de reciprocidade ou, como se diz, de interação, uma situação que não é de comunicação recíproca, uma situação essencialmente dissimétrica na qual eu sou passivo e desarmado em relação à mensagem do outro. Trata-se de uma situação cujo traço nos recusamos a reconhecer, na estrutura de estrangeiridade ou de estraneidade da perseguição, da revelação ou do sonho, mas também na estrutura de estraneidade da sessão analítica, *em que ela foi redescoberta.*

Eu deveria falar aqui do que está no cerne desta exposição e que, evidentemente, não posso desenvolver por razões de tempo e também de respeito pelas pessoas aqui presentes. Refiro-me àquilo que chamo *teoria da sedução generalizada*. Vou quase omitir esta questão para retomá-la talvez na discussão, dizendo apenas que ela parte do confronto da criança pequena com as mensagens sexuais ditas enigmáticas — enigmáticas *por* serem assim para o outro, para o adulto emissor. Mas o essencial é a tentativa de "tratamento" dessa mensagem por parte do pequeno ser com os meios de que dispõe, necessariamente inadequados. Esse tratamento é uma tentativa de tradução, *resposta* sempre inadequada que descarta o que eu denomino representações-coisas, que nada mais são que os significantes inconscientes. Tradução imperfeita, fracasso dessa tradução, trata-se aqui de dar um conteúdo ao que Freud chama "recalcamento originário", ou seja, a constituição do inconsciente, e que, se o levarmos a sério, implica que o inconsciente tem uma origem individual no ser humano e não deve ser de forma alguma referido a um isso biológico preexistente[24].

Assim, a resposta à mensagem do outro, à que aludo no título desta palestra, vocês veem que a desloco do "responder por" — que corresponderia à "responsabilidade" e que se declina, novamente, a partir de um sujeito copernicano — para o "responder a".

Para ilustrar o "responder a", tomemos o apólogo de Jó. Jó é interpelado por uma mensagem perfeitamente enigmática. Perguntavam-me hoje de manhã[25] sobre o que é uma mensagem não verbal. Ora, a perseguição de Deus a Jó se inicia sem fala: começa com a matança do seu rebanho, da sua família. Jó é assolado por todos os incêndios, todas as pestes... e isso é tudo. Então, Jó é interpelado por essa mensagem numa situação de dissimetria absoluta. Esta mensagem é o endereçamento de um ato ou de atos sucessivos por parte desse perseguidor que é, na Bíblia, uma espécie de personagem absolutamente ambivalente, uma espécie de Deus/Satã, visto que Satã e Deus estabelecem uma cumplicidade absoluta a fim de colocarem Jó à prova. Mas Jó crê que lhe exigem que "responda por", ou

---

24 Nem a um "tesouro de significantes" transindividual, como proposto por Lacan.
25 Num debate que aconteceu numa sessão matutina desta conferência.

seja, "o que foi que eu fiz para vocês me tratarem assim, qual é a minha responsabilidade por tudo isso?" Na verdade, ele tenta responder também, como se diz que uma criança "responde", no sentido absoluto [como verbo intransitivo], situação muito interessante. Quando se diz (ou dizia) de uma criança que ela "responde", falamos daquilo que, justamente, ela não deveria fazer. Ela é insolente, tem uma insolência inadmissível. Cito a definição do dicionário *Robert*, que ainda inclui esta acepção: "Questionar, justificar-se quando o respeito prescreve silêncio".

Tão tagarelas quanto Jó, os seus parceiros Elifaz, Bildad, Sofare Elihon só fazem responder de forma inadequada. Respondem a uma perseguição inominável, sádica; sádico-anal, diríamos, se pensarmos no fedor excrementício que expele o estrume e que Jó reduz à pestilência.

Interrompo aqui para voltar a Freud e à minha crítica a ele. Em seu longo debate de *O mal-estar na civilização*, Freud tenta fazer atuar duas forças titânicas, metabiológicas ou metacosmológicas: pulsão de morte e pulsão de vida. Faz anos que critico essa noção de pulsão de morte, tentando devolver a ela o que muito bem poderia constituir a sua verdade. Critico a sua assimilação a uma tendência à pura destruição, que seria supostamente não sexual, e é por isso que falei de "pulsão sexual de morte". Por outro lado, não critico menos a ideia de que essa pulsão seria biológica, endógena, mais originária que o próprio homem, poder-se-ia dizer, encontrando seu ponto de partida no próprio surgimento da vida. Em suma, um instinto e não uma pulsão, ou mesmo, o instinto biológico por excelência.

Nesse texto, *O mal-estar na civilização*, Freud retoma de uma forma muito pouco convincente o antigo adágio *homo homini lupus*. Poder-se-ia esperar que a psicanálise esclarecesse tal adágio ou, simplesmente, a psicologia animal. *O lobo é um lobo para o lobo?* Nada poderia ser menos certo, nem mesmo na rivalidade dos machos. Em todo caso, não se trataria certamente de um lobo no sentido do adágio. *O lobo é um lobo para o homem?* Supondo que o homem pudesse ser a presa do lobo, nada demonstra uma crueldade, uma destrutividade feroz do lobo por sua presa. Então, dizer que "o homem é um lobo para o homem" não pode ser senão uma espécie de ficção biológica, a invocação de um animal mítico, mais animal do que o próprio animal, mais cruel que qualquer animal do mundo. Trata-se de encobrir, por meio de um álibi biológico, algo que, no fundo, não tem nada a ver com a biologia e que não se encontra em lugar nenhum entre os seres vivos. A crueldade do homem pelo homem não poderia apelar a nenhum caráter "biológico", nem mesmo nas entranhas do nosso ser. Esse lobo do adágio, o lobo de Hobbes, é uma espécie de figura *emblemática* da nossa própria crueldade, mas não poderia servir de argumento, absolutamente, para invocar nosso ser supostamente biológico ou o caráter supostamente biológico da nossa destrutividade.

Freud escreve *O mal-estar na civilização* nos anos 30, ainda sob o impacto da guerra de 1914-1918. Uma "carnificina", certamente, como foi chamado o massacre de dezenas de milhões de seres humanos, mas relativamente com pouco sadismo patente. A guerra de 1914-1918 — como diz a famosa música de Brassens, "de nada vale a guerra de 14-18" — talvez seja o único momento da história no qual aquilo que chamamos de "as leis da guerra" tiveram alguma verossimilhança. Nem antes nem depois foi dada alguma atenção a essas leis da guerra em respeito ao prisioneiro, em respeito à Cruz Vermelha e em respeito às populações civis. A guerra de 1914-1918 seria a guerra pura por interesses, sem consideração pelo homem, sem preocupação, certamente, em poupá-lo, mas também sem nenhum desejo de fazê-lo sofrer por prazer. Possivelmente tenha sido essa guerra de 1914-1918 que fez nascer, entre outros, o mito de um instinto de destruição puro, não sexual. Como situá-la em relação às ignomínias anteriores e posteriores a ela? Pensemos na guerra dos Trinta Anos, por um lado, para termos um marco de referência, e, por outro, em tudo o que conhecemos de 1918 em diante: o nazismo, os Khmers vermelhos, a Bósnia, etc. Seria essa guerra "pura" — tão destrutiva quanto possa ter sido, tão "pulsão de morte" pura quanto pareça ser — uma espécie de "sublimação" das referidas ignomínias sádicas? Ou será que estas nada mais seriam que "abusos" da violência pura? Desde então, em todo caso, temos testemunhado o ressurgimento da crueldade, que é diferente da guerra; e é preciso querer vendar os próprios olhos para não reconhecer nessa crueldade o sadismo, ou mesmo o sadomasoquismo *sexual*. Não esqueçamos os campos de concentração nazistas, o extermínio sob a aparente frieza do termo "solução final", a crueldade deliberada e sexual de cada instante. Mas, então, essa crueldade seria uma perversão da guerra dos interesses ou, ao contrário, seria o que existe de mais "humano", ou seja, de mais sexual, ao passo que os conflitos de interesse poderiam ser compreendidos no plano animal da luta pela vida? Eu não distingo os campos nazistas do que vimos depois deles no Camboja ou na Bósnia. A meu ver, o termo "holocausto", que é aposto dos campos de concentração nazistas, é uma interpretação parcialmente religiosa,[26] respeitável sem dúvida, mas também, por sua vez e em certa medida, sublimatória.

Ter-se-ia o direito de dizer, em todos esses casos, que o sexual sádico é sobreposto ou adventício? Acho isso muito improvável. E, voltando ao plano teórico, à teoria de Freud, como falar de sexualização episódica ou adventícia, quando, justamente, por outro lado, Freud acaba de transformar o sexual num "Eros" que seria uma força de amor e unidade totalmente positiva? Onde está o sadismo que, no entanto, salta aos olhos em tudo isso? O final da *Nona Sinfonia*, esse grande hino a Eros, que parentesco pode ter com os estupros da Bósnia ou o canibalismo dos Khmers vermelhos? Como podem ver, tenho alguns eixos de afirmação, mas também muitas interrogações...

A minha hipótese é a de que a violência humana — como humana e não como animal — é sexual. O que pode ser chamado pulsão sexual de morte não é biológico nem instintivo, ao contrário do que pensa Freud. Mas ela é ligada às fantasias sexuais que habitam nosso inconsciente, como o confirmam a cada noite os nossos sonhos, e o lembramos de saída com Freud e com Nietzsche. Não vejo como essas fantasias cruéis, envolvendo o sofrimento do outro e a imaginação desse sofrimento, poderiam ser situadas do lado da natureza e do inato.

Retomo, então, o fio da minha argumentação sobre a resposta. O pequeno ser humano, sem ter condições para isso, deve responder às mensagens repletas de sexualidade. Essa resposta — essas respostas — é a sua autoconstrução, a sua

---

26 Numa tradução sacrifical, visando dominar o mais enigmático e o mais radicalmente estrangeiro. Ver Jó, acima.

"ptolemaicização", poderíamos dizer. Uma autoconstrução que deixa de fora esses resíduos não traduzidos, esses significantes elementares não coordenados, não ligados, que nós dizemos serem inconscientes. Quando dizemos "inconscientes", com Freud e para além de Freud, penso que não nos referimos essencialmente a uma consciência reflexiva, no sentido de uma luz que iluminaria os conteúdos de maneira momentânea. O que é importante no termo "inconsciente" é decompô-lo em três partes. *In-con-scire*: o que não é conhecido junto, o que não é simbolizado num todo co-erente. É aquilo que é heterogêneo a uma consciência, no sentido em que este termo implica uma unidade; reportem-se àquilo que Hegel chama uma consciência, a "consciência infeliz", por exemplo. Ora, esse *in-con-scient*, esse desligado, esse não ligado[27], é o que continua nos atacando no elemento da estrangeiridade. Eis aí essa "cultura pura" de pulsão de morte, de desligamento, de estrangeiridade à qual continuamos sendo compelidos a responder, como fomos compelidos a responder ao adulto parental. A grande interrogação consiste em saber como esses resíduos não ligados se "degradam", poderíamos dizer, como se passa do desligamento dos significantes à desarticulação dos corpos torturados.

Eu já me pronunciei anteriormente, em debates sobre a questão da pena, para defender os direitos da responsabilidade e da retribuição penal. Era o momento do debate sobre a pena de morte, e, com a maior má-fé, a minha alegação a favor da sanção foi assimilada a uma tomada de posição a favor da pena de morte. Desde então, tenho sido acompanhado em certa medida — e isto me deixa feliz[28] — quanto à ideia de que a sanção é o *direito* do criminoso; fala-se, inclusive, de maneira um tanto simplificada, da "função terapêutica" da sanção. "Terapêutica", se assim quisermos, com a condição de aceitarmos a plurivocidade do termo *traitement*, em francês, que abrange desde o tratamento da terapêutica médica ou psiquiátrica até o alcance de objetivos na guerra [dito *traitement d'objectifs*] ou, ainda, o processamento de texto [dito *traitement de texte*].

27 Em oposição a Lacan: não estruturado (ao invés de "estruturado como uma linguagem") e sem sujeito (de encontro ao "sujeito do inconsciente").
28 Poncela, P. Se défendre de l'expertise psychiatrique. In *Psychanalystes*, 1990, 37, p. 35-39.

Nesse debate, então, eu dizia, sobretudo, que quem conclama pela morte, no julgamento de um torturador de crianças (que seja punido!), ou ainda quem conclama em relação à questão da Bósnia (que sejam bombardeados!) é o mesmo que, desde a infância, grita: "Não é justo!" Enfim, aquele que tem sede de justiça — cada um de nós —, esse conclama também contra aquilo que o acomete do interior, contra o torturador que existe dentro dele. Comentou-se sobre a força das fotos e a pregnância da imagem, que, em última instância, provocou uma reação em relação a Sarajevo. Sem querer com isso, como já disse, nos culpabilizar, como não ver que essas imagens são, sem transição nítida, aparentadas àquelas que a imprensa sensacionalista publica, e até mesmo uma literatura voltada ao sadomasoquismo? A emoção não é mais pura de um lado que do outro; e quem ousará analisar por que os semanários com as fotos de Sarajevo são tão bem vendidos? Nossa demanda de resolver a questão, de "tratar" (retomo este termo) tais objetivos também é a demanda de tratar em nós as mesmas pulsões inconscientes, e até mesmo silenciá-las.

Não introduzi uma teoria da responsabilidade e não quis comentar mais uma vez o tão famoso *wo Es war, soll Ich werden*, uma fórmula que pode ser traduzida, conforme o caso, no sentido da *Schwärmerei*, do entusiasmo um pouco delirante, ou no sentido da *Nüchternheit*. No sentido da *Schwärmerei*, dir-se-á: "um sujeito deve advir", mas com certa frieza, uma *Nüchternheit* mais freudiana, "onde estava isso, deve advir eu". Esta última tradução — como veem, volto frequentemente a estas questões das palavras, mas elas são realmente importantes, pois, se cedemos nas palavras, dizia Freud, acabamos cedendo nas coisas — devo-a a Conrad Stein, que nos fez notar oportunamente que um substantivo como *Es* ou *Ich*, sem artigo, pode ser simplesmente um partitivo. Ele citava uma frase como exemplo: "Onde havia trigo, vamos colocar cevada". Onde havia mar (é isso o que diz Freud), deveria haver terra, esta é a secagem do ZuiderZee. Isso vai ao encontro de uma tradução um pouco prosaica e aplanadora: "onde estava isso, deve advir eu". E, para continuar, poderíamos nos divertir colocando diques até no jardim de Cândido: onde havia mar revolto, se quiserem, um pouco de terra firme onde plantar eventualmente algumas tulipas...

Ao deslocar a responsabilidade para a resposta, não quis absolutamente esboçar uma ética ou uma moral da psicanálise. Eu disse uma ou duas coisas que acredito saber e algumas coisas que me interrogam. Uma das coisas que acredito saber é que a psicanálise, o tratamento, a situação analítica, como foram inaugurados por Freud, é o principal lugar, se não o único, onde o ser humano pode tentar reelaborar a sua resposta, as suas respostas, à estrangeiridade do sexual, nele mesmo em primeiro lugar, e fora dele, talvez.

VII
A psicanálise na comunidade científica[1]

Eu gostaria de lembrar, até para contestar alguns de seus termos, uma parte do argumento deste número[2] da revista *Cliniques méditerranéennes*: "Queiramos ou não [...], o problema recorrente da transmissão da psicanálise pela via universitária permanece".

"Contestar", pois, sub-repticiamente e antes mesmo de questionar a "via universitária", é a própria noção de *transmissão* que é posta como tema de certo consenso, como modo específico de comunicação das verdades e do saber psicanalíticos.

Minhas reservas em relação à transmissão não vêm de hoje, mas são corroboradas por um incidente muito recente, delicado, em que "o exemplo é a própria coisa". Eu havia escolhido dar à minha conferência o título "A psicanálise na comunidade científica". No entanto, como se esse título fosse totalmente inaudível, como se fosse inconcebível que a psicanálise fizesse

---

1 In *Cliniques méditerranéennes*, 1995, 45/46.
2 Esse número reúne o conteúdo do encontro realizado em Paris nos dias 22 e 23 de janeiro de 1994 e se intitula *La psychanalyse en tant que Science? Um mode universitaire de la transmission de la psychanalyse s'est-il constitué?*

parte do universo científico, eis que minha conferência me é devolvida, impressa no programa, com o título "A psicanálise *e* a comunidade científica".

A noção de transmissão com o seu equivalente alemão mais correto, *Übermittlung*, quase não está presente em Freud. O vocábulo *Übertragung*, que poderia sugerir esse sentido, é reservado, como se sabe, a outra coisa bem diferente, à transferência. Pelo menos na psicanálise francesa, de onde vem essa palavra? A meu ver, resulta de dois desvios de rumo que podem ser considerados indevidos: a prática voluntariamente transmissiva e abusiva ligada à "psicanálise didática" (este monstro *in terminis*) e a transposição dessa concepção da psicanálise pelo futuro analista para a comunicação analítica em geral.

A psicanálise dita "didática", seja qual for o marco institucional e ideológico que a afiance, é uma psicanálise *finalizada* — "por encomenda" — e, por essa razão, aberta a uma funcionalidade (exatamente o contrário da análise). Insisti em sua função de poder, de doutrinação, de filiação. Eu — como, de resto, alguns poucos — não parei de denunciá-la. Enfeitá-la com palavras mais nobres como "transmissão" ou "filiação" não muda em nada o que ela propõe, tampouco aquilo a que ela se propõe.

De onde vem o vocábulo "filiação"? É recente em análise, e certamente ainda menos freudiano do que transmissão, embora Freud se renda mais de uma vez, com seus alunos e/ou analisandos, a uma inclinação à paternidade. Mas o campo da transmissão-doutrinação em análise tornou-se hoje muito vasto. Basta receber postulantes a uma segunda análise para perceber esse repasse, dissimulado ou patente, desta ou daquela doutrina analítica. Alguém falará de superação da posição depressiva, outro, da aceitação da castração ou da lei, e outro, ainda, cogitará uma ideologia da maturação, etc. Voltarei mais adiante a tratar desses aspectos ideológicos do pensamento psicanalítico.

Discorrerei brevemente sobre a coalescência que se estabeleceu entre o ensino e a análise pessoal. O termo "meus alunos" para designar os analisandos é uma característica disso. O fato de que Lacan tenha sido um grande incentivador nesse aspecto — por manter seminário e análise intrincados — não significa que a coisa não tenha existido antes dele, em seu tempo e depois dele. Os pequenos clãs e as grandes seitas multiplicam-se, tanto na universidade como fora dela, em torno deste ou daquele grande ou pequeno mestre que se diz analista, professor e transmissor.

Essa posição, no meu entender, é rigorosamente antianalítica, na medida em que (não posso desenvolver esse ponto aqui) o essencial do processo analítico é simplesmente a "análise" e tem como correlato a desvinculação de qualquer poder vindo do analista, inclusive o poder transmitido pelo pretenso saber ideológico. Um saber que só tem sentido se permanecer em estado suspenso, "suposto saber", como diz tão bem Lacan. Se eu me refiro ao próprio Lacan mais de uma vez — aqui, por exemplo, "Variantes do tratamento-padrão"[3] — é para mostrar o contraste certo entre um determinado texto, suas expressões que estão no cerne de nossa prática — "O que deve saber o analista? Ignorar o que sabe" — e certas práticas de filiação e doutrinação que, mesmo levantando outras bandeiras que não as da *ego psychology*, nada deixam a desejar a esta.

Concluindo este ponto: não luto, há anos, contra o processo de transmissão-filiação chamado de "psicanálise didática", que se renova em diferentes níveis em quase todas as sociedades de analistas, para querer transportar qualquer coisa desse processo para a Universidade.

Lutei também pela presença da psicanálise na Universidade como disciplina científica e de pesquisa. Repeti diversas vezes que os ataques a um "doutorado em psicanálise" por parte das sociedades psicanalíticas eram, na verdade, projetivos. Fingindo ver nesse doutorado uma diplomação de significado profissional, essas sociedades ou esses indivíduos revelavam sua intenção de *manter somente para si um poder* de doutrinação e de conformação facilmente confundido com o processo analítico em si.

Assim, faz trinta anos que reivindico o pleno lugar da psicanálise dentro da comunidade científica, logo, neste sentido, na Universidade. Não é a mudança no título da minha conferência que me fará mudar de posição.

---

3   In *Écrits*, Paris, Seuil, 1966, p. 323-362. [*Escritos*, Rio de Janeiro, Jorge Zahar, 1998, p. 325-364.]

Lugar científico, ao lado das ciências físicas, entre as ciências humanas, ciências da comunicação ou ainda (a formulação é novamente de Lacan) ciências da intersubjetividade. Aqui, a oposição entre ciências "duras" e ciências "moles" deveria ser questionada em sua pertinência. Ela se presta a um mal-entendido. As ferramentas não são certamente matemáticas, elas são flexíveis, mas o rigor conceitual não é necessariamente menor. A afirmação de verdade ou de falsidade não se presta à frouxidão. Para tomar um exemplo de outra ciência humana, uma teoria linguística como aquela da "dupla articulação" é suscetível de refutação ou de falsificação[4]. Antes de falar desse critério de refutabilidade em relação à psicanálise, quero enunciar o que, para mim, é essencial nesta exposição: a distinção, na teoria psicanalítica, de níveis ou, mais exatamente, de dois níveis. De um lado, a teoria metapsicológica tomada no sentido mais amplo e, do outro lado, as ideologias "psicanalíticas" (o que supõe obviamente uma teoria metapsicológica que dê conta da função do segundo nível).

Para definir a psicanálise, sempre faço questão de partir da definição de Freud. Freud punha o método em primeiro plano, colocando a teoria e a técnica terapêutica somente em segundo e terceiro planos. O método, portanto, vem em primeiro, desde que não seja considerado como uma coletânea de receitas[5]. Ele está diretamente ligado a um campo específico de fenômenos, a um domínio do ser. Cito: "A psicanálise é, acima de tudo, um procedimento para a investigação de processos mentais quase inacessíveis de outro modo".

Essa relação entre o observado e o procedimento de evidenciação implica, sem dúvida, certa circularidade, mas isso não é único na ciência e não invalida a cientificidade do conjunto formado pelo objeto *mais* o método, como no exemplo da física das partículas...

---

4 Para desenvolver um pouco a referência a Popper, lembro o que ele diz sobre as leis estatísticas, leis pretensamente aproximativas, indeterministas ou mesmo moles: ele mostra, na verdade, que a ferramenta é flexível, mas a afirmação não deixa de ser "dura"; um enunciado como "tal fenômeno se produz em 50 a 60% dos casos" é perfeitamente aberto à refutação.

5 A distância é intersideral entre o *Discurso do método* e o apelo débil a uma "metodologia da pesquisa" com a qual enchem nossos ouvidos.

O que constitui a cientificidade é o fato do procedimento não ser único, limitado à particularidade de um caso. Ele é reprodutível. O acesso ao inconsciente certamente é indireto, o que não implica de modo algum que seja incognoscível. Mas essa inseparabilidade entre método e objeto não é casual na *urgência de um modelo* que dê conta da especificidade do primeiro (o método) em função da singularidade do segundo (o objeto). Isso explica o fato de que as considerações metapsicológicas foram logo introduzidas no freudismo, já nas primeiras experiências psicanalíticas: *Estudos sobre a histeria*, *Cartas a Fliess*, *Projeto para uma psicologia científica*. Assim, na ciência psicanalítica, encontra-se primeiramente a metapsicologia como modelo que tenta dar conta, de forma conjunta, do inconsciente e do método que a ele dá acesso. Uma teoria que engloba, por um lado, hipóteses coerentes sobre a gênese do inconsciente (principalmente sobre o recalque), os conteúdos e processos inconscientes, as manifestações do inconsciente (formações de sintoma, sonhos, etc.) e, por outro lado, hipóteses sobre a especificidade da situação capaz de manifestar o inconsciente, a especificidade da situação analítica e da transferência.

A metapsicologia é abstrata, distanciada da experiência (como qualquer teoria); ela não é "induzida" da experiência, como Popper mostrou bem a respeito de todas as teorias científicas. Trata-se de uma construção que visa ser simples, elegante, tão rigorosa quanto possível na forma pela qual pretende explicar os fatos. Portanto, ela pode ser submetida à *crítica* quanto a sua simplicidade, sua elegância e sua pertinência; à *refutação* quanto a sua coerência interna; e, por fim, à *falsificação*, isto é, a uma eventual contradição de suas consequências com os fatos.

Comentei em mais de uma ocasião a ideia de que o abandono da teoria da sedução, em setembro de 1897, respondia parcialmente a esse esquema. É claro que ela contém elementos afetivos, notadamente a exclamação: "Seria preciso acreditar na perversão do pai". Mas também contém algo interessante quanto à própria ideia de falsificabilidade. Em dado momento, Freud diz que essa teoria deve ser abandonada não somente por ser falsa, mas também porque não poderia ser falsificada num ponto. Esse ponto é "a ausência de indício de realidade no inconsciente" que impediria definitivamente qualquer decisão sobre a realidade da sedução.

Apesar do fogo cruzado de argumentos, tentei mostrar como essa refutação poderia ter levado não a um abandono, mas a uma ampliação das hipóteses de base[6]. Mas essa é outra questão.

Passo agora ao *segundo nível* da teoria. A psicanálise não apenas constrói uma teoria, ela *descobre* teorias no homem ao longo de sua própria investigação. O próprio termo "teorias sexuais infantis", embora restritivo, explica bem do que se trata. São sistemas ou fragmentos de sistemas, tramas, mitos que auxiliam a criança em seu trabalho de autoteorização. A criança é confrontada com enigmas e tenta dar conta deles por si mesma, em tramas que não são somente "intelectuais", mas envolvem todo o ser.

Uma observação histórica. Essa descoberta das teorias pela psicanálise, principalmente das teorias infantis, não aparece de imediato. *Grosso modo*, até 1900, a teoria e a prática da psicanálise as dispensam muito bem. Os *Estudos sobre a histeria* e mesmo *A interpretação dos sonhos* (*Traumdeutung*) prescindem sem dificuldade de uma tematização do mito de Édipo, sem falar da teoria da castração que ainda estava totalmente ausente. Obviamente, a psicanálise não se contenta apenas em descobrir essas teorias. Como um etnólogo que descobre mitos, ela os explicita e os restitui, mostra as variantes desses mitos, tenta explicar sua gênese psíquica (e, quando isso é impossível, ela remete ao *deus ex machina* que é a filogênese), mostra como essas teorias podem se suceder, encadear-se no tempo, "retraduzir-se" uma em outra (por exemplo, a teoria genital retoma e recompõe elementos anais ou orais). A psicanálise mostra também a função psíquica dessas teorias — a meu ver, essencial — e, por fim, enuncia afirmações mais ou menos verificáveis quanto à sua universalidade.

Essas teorias ou mitos organizadores têm a principal função de responder a enigmas angustiantes, através de uma organização, uma compreensão. Trata-se de uma tradução parcial, em que o mito desempenha a função de código de tradução. Tais teorias são múltiplas. As enumerações clássicas não as

---

6   Cf. *Nouveaux fondements pour la psychanalyse*, Paris, PUF, 1987. [*Novos fundamentos para a psicanálise*, Martins Fontes, 1987.]

esgotam: teoria cloacal, teoria sádica do coito, teoria dos pais combinados, etc.

A mais exemplar é, sem dúvida, a teoria da castração, a que chamei, com uma acentuação irônica, de "teoria de Hans e Sigmund", a qual foi formulada por Hans e reformulada por Sigmund. Em suma, o enigma que essa teoria pretende decifrar é o dos *gêneros*. O cerne da teoria é que todos os seres possuem um pênis no início. Alguns são em seguida castrados, outros permanecem sob a constante ameaça da castração; mas, tanto nuns como noutros, um pênis pode ser "reparafusado"[7]. A reflexão freudiana se empenhou também em estudar a gênese dessa teoria, com o que eu chamei de seus "ingredientes" individuais: percepção, ameaça, etc. Mas Freud deixa de formular que a teoria pré-condiciona os ingredientes[8]. Quanto à *função dessa teoria*, como controle da angústia primária que se deve ao ataque da excitação sexual, ela é explicitamente formulada em mais de uma ocasião.

Essas "teorias" são refutáveis? Não é isso que Freud pretende em absoluto. A "verdade" delas é da mesma ordem daquela dos mitos, das lendas, dos dogmas religiosos. Certamente são essas teorias que são visadas de forma mais ou menos confusa por Popper quando ele acusa os enunciados psicanalíticos de não serem falsificáveis, provavelmente por conhecimento insuficiente da psicanálise e por desconhecimento do nível propriamente metapsicológico. Enfim, muitos críticos[9] mantêm com frequência uma confusão entre as "teorias" como instrumentos de autointerpretação inventados pelo ser humano e as teorias da psicanálise, que devem, é claro, explicar, entre outras coisas, a função dessas "teorias" espontâneas ou ideológicas.

Todavia, deve-se dizer que o próprio Freud não facilitou essa distinção, ao aproximar, nos termos, os *Três ensaios sobre a teoria da sexualidade* e as "teorias sexuais infantis" e, sobretudo, ao afiançar com sua autoridade certas ideologias psicanalíticas.

7 N.T.: No original, Laplanche recorre a uma metáfora: "revisser", numa tradução livre, significa parafusar o que foi "desparafusado". Utilizou-se aqui um neologismo na língua portuguesa para preservar a metáfora (que inclusive, sugere um caráter infantil próprio ao tópico discutido).
8 Cf. *Problématiques II: Castration-symbolisations*, Paris, PUF, 1980. [*Problemáticas II: Castração-simbolizações*, Martins Fontes, 1980.]
9 Até mesmo Lévi-Strauss.

Isso é patente justamente na análise do pequeno Hans, em que ele se apresenta como "falando com o bom Deus" e conhecendo desde a eternidade a trama edípica. Que exemplo de "transmissão" poderia ser mais sólido do que aquele de Freud com Hans? Uma transmissão que se pretende originária, fundadora, quase religiosa. Uma transmissão cuja causa manifesta é o argumento de autoridade e cuja fonte encoberta é a sugestão: "Falar com o bom Deus". Disso à adoção de uma normatividade só falta um passo, que é muitas vezes facilmente percorrido.

Atendo-se à castração, esta chegará a ser transformada em dimensão metafísica, tomada um tanto apressadamente como sinônimo de "finitude". Mas nem por isso é menos fundamentalmente ideológica, nem mais nem menos respeitável do que tantas outras denunciadas recentemente: livre-iniciativa ou *american way of life*.

Que lugar atribuir às ideologias na psicanálise? A referência à última das *Novas Conferências* de Freud sobre a "Visão de mundo" [*Weltanschauung*] é instrutiva por mais de uma razão. Às ideologias — precisamente as visões de mundo essencialmente religiosas, mas também metafísicas ou mesmo políticas — Freud contrapõe a psicanálise, que não tem "visão de mundo" específica além da ciência. Ele esboça a análise dessas ideologias, ou melhor, de sua função, que consiste em "tapar os buracos do Universo" (segundo a expressão de Heine) e tamponar a angústia. Análise insuficiente e muitas vezes polêmica em que várias dimensões são mal percebidas. Em poucas palavras: ao querer substituir a ideologia religiosa (ou mesmo as ideologias em geral) pela ciência, é evidente o risco de transformar esta última em visão de mundo. Apesar de sua dimensão de incompletude e de progresso indefinido, o ideal científico logo realizou o salto para o absoluto de sonhar com um controle total. A afirmação de *O homem neuronal* não corresponderia a esse salto claramente metafísico?

Todavia, *principalmente dentro do que podemos chamar de corpus psicanalítico,* Freud não parece perceber a dificuldade gerada pela coexistência desses dois níveis: de um lado, a teoria e, do outro lado, as teorias espontâneas que, apesar de serem infantis, não deixam de desempenhar um papel essencial no funcionamento psíquico. Sem manter essa distinção, sem apreciar a função metapsicológica das autoteorizações (ou mesmo das "ilusões") do sujeito, o psicanalista corre o risco dele mesmo tomar mais ou menos integralmente essas teorizações como verdades. Pode então sentir-se tentado a transmiti-las, no tratamento analítico e fora dele, como verdades transcendentes.

Parece-me que uma das principais tarefas do pensamento e da pesquisa psicanalítica, nos dias de hoje, é prosseguir trilhando estes dois caminhos:

• De um lado, um novo fundamento e uma reelaboração da teoria e dos modelos metapsicológicos capazes de dar conta da nossa experiência e da nossa prática do inconsciente.

• Do outro lado, uma nova apreciação dos mitos e ideologias que auxiliam o ser humano a "apaziguar a angústia intelectual e, eventualmente, a angústia existencial", nas palavras de Lévi-Strauss, ou, em termos psicanalíticos, a angústia sexual.

Nesses dois caminhos investigativos, a psicanálise não tem nada a temer pelo confronto e/ou pela colaboração com os outros campos das ciências humanas; ela não tem por fundamento invocar nenhum privilégio mais ou menos místico ligado ao caráter de sua experiência que, mesmo sendo privada e sempre única, nem por isso é indizível. Ela tem pleno direito e pleno dever de estar "na comunidade científica".

Não abordei diretamente o dito problema da "psicanálise na Universidade" (que, afinal, não é o tema direto deste número). Manifestei-me publicamente e por escrito sobre essa questão em diversas ocasiões[10]. Somente uma leitura com uma "desatenção malevolente" alegaria encontrar "oscilações" nas minhas posições. Dois pontos absolutamente sólidos são:

10 Psychanalyse à l'Université (editorial). In *Psychanalyse à l'Université*, 1975, 1, p. 5-10; *Problématiques I: L'angoisse*. Paris, PUF, 1980, p. 153-157 [*Problemáticas I: A angústia*, Rio de Janeiro, Martins Fontes, 1998]; Un doctorat en psychanalyse (editorial). In *Psychanalyse à l'Université*, 1980, 6, 21, p. 5-8; *Problématiques V: Le baquet. Transcendance du transfert*, Paris, PUF, 1987, p. 135-143 [*Problemáticas V: A tina*, Rio de Janeiro, Martins Fontes, 1993]; Une révolution sans cesse occultée. *Revue internationale d'histoire de la psychanalyse*, 1989, 2, p. 393-402; À l'Université! (editorial). *Psychanalyse à l'Université*, 1991, 16, 62, p. 364. Ver também, no presente volume, o Capítulo IV.

1) A extraterritorialidade da prática da análise (inclusive a análise de um futuro analista) em relação a qualquer instituição: tanto estatal ou paraestatal (universidades) como privada (sociedades psicanalíticas); logo, a crítica fundamental à "didática".

2) A afirmação de que o campo da descoberta e da investigação psicanalíticas tem seu lugar em todo lugar onde houver uma comunidade científica ativa. Portanto, eventualmente, na Universidade.

O resto, eu diria, é uma questão de época, notadamente em função do que é e vem a ser a Universidade. Sem dúvida, a própria palavra implica um ideal de universalidade, um lugar de diálogo, mas também de confrontação ou mesmo de enfrentamento das ideias, sempre dentro de certo rigor. Mas é preciso certa ingenuidade para não ver que as ideias avançam também por outros meios além de sua própria força. Em mais de uma ocasião, analisei a "política das ideias", como, por exemplo, no movimento freudiano e no próprio Freud. Contudo, por ser irrealizável por definição, esse ideal esteve mais ou menos próximo de certos períodos. Mas hoje?

Falar em comunidade universitária científica tem algum sentido quando cada Universidade é o feudo de uma doutrina ou de um indivíduo? Não sei se é possível manter um ideal de Universidade como espaço de pesquisa e de progresso, como lugar de confrontos rigorosos onde as armas são deixadas do lado de fora. Afinal, essa não é a paixão maior, e as futuras gerações perceberão aos poucos. De toda maneira, na ideia de comunidade científica, "comunidade" vai manifestamente além da "Universidade". Se a Universidade abandonasse mais ou menos definitivamente os ideais que deveriam lhe servir de bússola, tenho certeza de que outros lugares a substituiriam.

Quero acrescentar uma observação a respeito do atual desvio de rumo da Universidade, o qual os psicanalistas não podem ignorar. Podemos considerar que a Universidade tem três funções bem distintas: a pesquisa; a comunicação e a difusão da cultura; certa formação profissional. As duas primeiras funções tiveram, durante muito tempo, peso igual em relação à terceira, foram quiçá predominantes. Assim, o único "doutorado" profissionalizante — uma aberração entre tantas outras — era o doutorado em Medicina. Ninguém reivindicava antes que um diploma de Letras Clássicas (graduação em três anos ou mestrado em cinco anos) desse acesso — ou mesmo direito — a uma profissão como a de escritor ou jornalista.

Porém, a partir do momento em que a profissionalização das "formações" universitárias se instaura ("formação", a palavra implica, por si mesma, todo um programa), a reserva dos psicanalistas deveria acentuar-se. Justamente os psicanalistas, que têm — ou deveriam ter — como ponto de honra sempre questionar a "funcionalidade" de sua função, a "profissionalidade" de sua profissão, podem ser tragados por uma Universidade que se caracteriza cada vez mais por privilegiar formações profissionalizantes, cada vez mais *adaptadas* ao problema social do emprego.

Entre psicanálise e Universidade existem, pois, vários "equívocos" que provêm, por parte dos analistas, da ausência de referências precisas e, por parte da Universidade, de desvios fáceis. Expus muito sucintamente algumas das minhas referências como analista. Quanto aos desvios da Universidade, contentemo-nos em considerá-los com prudência, pois estão totalmente fora do nosso poder.

RESUMO

A presença da psicanálise na Universidade é apenas uma consequência do imperativo de seu reconhecimento de pleno direito na comunidade científica como teoria do inconsciente. Tal teoria — a metapsicologia — não poderia se esquivar do confronto, da refutação e da falsificação possíveis.

Bem distinto é o problema da pretensa "transmissão" ou mesmo "filiação". Com esses dois termos duvidosos, tentam nos passar, sob a alegação da formação analítica, a influência exercida pelas ideologias pretensamente analíticas cujos últimos avatares em voga são a Castração, o Pai ou a Lei.

Quanto à análise pessoal, indispensável para quem quiser exercer a psicanálise, ela não poderia avassalar-se a nenhuma instituição psicanalítica. Se, na Association Psychanalytique de France (APF), erradicamos definitivamente a "psicanálise didática", não podemos aceitar que ela ressurja no âmbito das instituições públicas.

VIII
A assim chamada pulsão de morte: uma pulsão sexual[1]

Esta conferência[2] assumirá sucessivamente três formas:
• Uma forma *histórica* ou *histórico-crítica*. Ou seja, como entendo o surgimento e a função da pulsão de morte no desenvolvimento do pensamento freudiano.
• Uma forma *metapsicológica*. Qual posição devemos atribuir, em uma metapsicologia do ser humano e do inconsciente, a essas forças que Freud, de forma inadequada, denominou pulsões de morte/pulsões de vida?
• A terceira parte fornecerá algumas indicações sobre uma questão de *psicologia geral*. Por meio de quais fatores seria possível explicar esses fenômenos afetivos principais, que são o amor e o ódio, sem aderir exatamente à concepção freudiana?

Esclarecerei antecipadamente minha conduta por meio de algumas proposições nucleares. Essas teses são expressas aqui de forma um tanto quanto radical[3].

1 *Adolescence*, 1997, 15, 2, 205-224.
2 Conferência pronunciada em 3 de novembro de 1995 na fundação Sigmund Freud Stifitung, em Francfort-sur-le-Main (Alemanha).
3 Minhas ideias sobre a pulsão em geral e, em especial, a pulsão de morte, são desenvolvidas continuamente desde 1967. O trabalho mais recente é *Le fourvoiement biologisant de la sexualité chez Freud*, Paris, Les empêcheurs de penser en rond, 1993.

1. O chamado combate originário entre pulsões de vida e pulsões de morte não é de modo algum uma oposição biológica no ser vivo nem, portanto, pertinente para a ciência biológica.

2. Essa oposição encontra seu lugar única e totalmente no domínio do ser humano, não como uma diferença entre a sexualidade e uma agressividade não sexual, mas no seio da própria sexualidade. Para manter as denominações freudianas, seria necessário inserir o adjetivo "sexual". Ou seja, pulsões *sexuais* de morte *versus* pulsões *sexuais* de vida.

3. Mais que a duas forças biológicas hipotéticas, essa oposição diz respeito a dois tipos de funcionamento distintos na vida de fantasia do homem: o processo ligado (secundário) e o processo não ligado (primário). Ou melhor, diz respeito a dois princípios: o princípio de ligação, que regula as pulsões sexuais de vida, e o princípio de desligamento, que rege as pulsões sexuais de morte.

4. É somente de modo grosseiro que esses dois princípios correspondem à diferença tópica entre o eu e o isso. No eu, há o muito ligado, mas também o menos ligado, da mesma forma que, nas camadas mais profundas do isso, encontra-se mais o desligado, mas também, mais próximo à superfície, são encontradas moções que estão mais ligadas.

I) NOSSAS PRIMEIRAS CONSIDERAÇÕES SERÃO, ENTÃO, DE ORDEM HISTÓRICA

Para Freud, assim como para todo grande pensador, a "história das ideias" não é meramente anedótica, mas se encontra em estreita relação com o conteúdo.

Tão importantes quanto as descobertas são as vias e estruturas do pensamento que tentam explicar os resultados. As vias também podem ser falsas, eventualmente limitadas por construções ou preconceitos anteriores. Alguns preconceitos podem, até mesmo, manifestar-se desde o início. Como, então, uma descoberta real e importante pode se inserir no contexto de um desvio inicial?

Que descoberta? Mas, em primeiro lugar, que *desvio*? O ponto de partida desse desvio no pensamento de Freud é, na minha opinião, como o leitor já sabe, o assim chamado "abandono da teoria da sedução"⁴. Por meio das palavras "assim chamado", quero dizer que minha interpretação dessa grande guinada na teoria está tão distante da interpretação do próprio Freud quanto daquela de seus opositores. Freud, como todos que desejam voltar para a factualidade material da sedução, continua preso a uma oposição única, a saber, entre a realidade material e a realidade subjetiva, entre o que nomeamos "fatos" e o que nomeamos "fantasias", sendo que estas são consideradas imaginações subjetivas puras.

Aqui, só posso afirmar, sem poder demonstrar, que Freud não conseguiu universalizar sua teoria em uma teoria da "sedução generalizada" porque lhe faltava uma categoria maior, uma terceira categoria da realidade, a saber, a realidade do endereçamento ou da mensagem como ela vem, de forma primária, do outro.

Detenhamo-nos um momento a fim de considerar as consequências desse desvio para a concepção da vida pulsional. Em primeiro lugar, é preciso esclarecer e enfatizar a oposição entre *pulsão* e *instinto*, talvez a mais significativa para a teoria psicanalítica. No pensamento psicanalítico francês, essa oposição é conhecida e bem desenvolvida há mais de quarenta anos. Foi Lacan quem a destacou pela primeira vez ao afirmar erroneamente que a palavra "instinto" nunca esteve presente em Freud. No entanto, o tradutor e especialista em Freud pode afirmar que ele de fato usou os dois conceitos e com sentidos que podem ser diferenciados com precisão.

Instinto, na linguagem de Freud, significa sempre o incentivo a um comportamento (ou mecanismo) que, *no indivíduo*, está organizado de forma mais ou menos fixa; *na espécie*, é pré-formado de maneira estável e estereotipada; *no que diz respeito às suas finalidades*, é adaptativo ou está em conformidade com um objetivo. Por exemplo, em *Conferências introdutórias sobre psicanálise*⁵, Freud ressalta que o homem, ao contrário da maioria dos animais, não tem o instinto que lhe permitiria sobreviver.

Para destacar o que deve ser entendido como o conceito de *pulsão*, não há explicações melhores que as dos *Três ensaios*

---

4   Freud, S. (1897), Lettre à W. Fliess du 21-9-1897. In *La naissance de la psychanalyse*, Paris, PUF, 1991, p. 190-193.
5   Freud, S. (1916). *Introduction à la psychanalyse*, Paris, Payot, 1973.

sobre a teoria da sexualidade[6]. Menciono aqui a primeira edição do livro, de 1905, porque as edições seguintes incluem muitos acréscimos — tanto descobertas quanto generalizações que podem nos desviar.

A obra *Três ensaios sobre a teoria da sexualidade,* de 1905, apresenta o que eu descreveria como uma "odisseia do instinto". Em primeiro lugar, o instinto sexual *desfigurado* ("as aberrações sexuais"); em segundo, o instinto *perdido* ("a sexualidade infantil"); por último, poderíamos falar de instinto "reencontrado"? Mas o que significa *reencontrado*, com as "reorganizações da puberdade"? Certamente, na melhor das hipóteses, algo como uma genitalidade normal e, por meio do complexo de Édipo, um objeto heterossexual. No entanto, não seria possível detectar aqui um retorno a um instinto real e sólido: o que é reencontrado não é nada além de um *instinto falso*, tão hesitante quanto simulado, habitado por todas as perversões infantis que, ao longo desse processo, já foram necessariamente recalcadas.

O objeto permanece contingente, ligado ao acaso. O objetivo está distante de qualquer conformidade natural, por exemplo, as vias da procriação são múltiplas tanto no homem quanto na mulher e são preparadas pelas fantasias mais complicadas. Não há mais nada aqui admitido pela concepção "popular". Cito as primeiras linhas de *Três ensaios*:

> A opinião popular cria representações muito específicas sobre a natureza e as propriedades dessa pulsão sexual. Ela deveria se expressar nas manifestações de uma atração irresistível exercida por um sexo sobre o outro, e seu objetivo seria a união sexual. Uma teoria popular da pulsão sexual corresponde perfeitamente à fábula poética [isto é, à fábula de Aristófanes] da divisão do ser humano em duas metades — homem e mulher — que aspiram a se reunir no amor. Temos todas as razões para ver nessas afirmações uma imagem muito infiel da realidade efetiva.

Assim, ao instinto pré-formado descrito por Aristófanes, a investigação freudiana opõe uma sexualidade, cujas características são a *perversão* — o polimorfismo — na relação com a

---

6   Freud, S (1905). Drei Abhandlungen em Sexualtheorie, *GW*, V.

meta e o objeto, o *autoerotismo*, isto é, a obediência às fantasias inconscientes e, por fim, a *ausência de ligação;* nesse sentido, a anarquia e até mesmo a destruição.

No entanto, já em 1905, no movimento do pensamento freudiano, a pulsão não pode exatamente manter suas posições frente a uma concepção instintual-aristofanesca.

Esse ponto está diretamente relacionado a uma incerteza sobre a origem e a gênese das fantasias sexuais inconscientes. Ou, de fato, elas surgem no cerne da relação com o outro adulto, ou, de certa forma, precedem essa relação por serem pré-formadas. Acerca desse ponto, devemos nos referir novamente ao abandono da teoria da sedução. A partir do momento em que a relação com o outro não é mais mantida como fator primário, a endogeneidade é a única fonte possível de fantasia. E isso ocorre de acordo com duas variantes que Freud e os freudianos continuam a desenvolver uma após a outra ou simultaneamente: uma endogeneidade puramente biológica e uma endogeneidade filogenético-histórica — mais precisamente, filogenético-mitológica. A especulação metabiológica e metacosmológica de *Jenseits des Lust-prinzips*[7] ou a mitologia do assassinato do pai em *Totem e tabu*[8].

No seio dessa incerteza inicial, uma via retrógrada permanecia aberta a um retorno à concepção pré-analítica de um *instinto* sexual no homem. Isso significa que a descoberta realmente fundadora de Freud é constantemente ameaçada por uma teorização inadequada, na qual um determinismo biológico — aliás, mais invocado que comprovado — empurra para o segundo plano a comunicação interindividual.

Daremos agora um grande salto cronológico, de 1905 para 1919. Rapidamente, não podemos deixar de mencionar um conceito ao qual dediquei elaborações atentas, o conceito de *apoio*. Gostaria de caracterizá-lo como um conceito latente ou criptoconceito na obra de Freud. Com essas palavras, quero dizer que esse conceito, embora não seja assunto de nenhum artigo ou nenhuma apresentação especial, desempenha um papel importante na estrutura do sistema, mesmo que seja um

---

7   Au-delà du principe de plaisir. *OCF-P*, XV, PUF.
8   *OCF-P*, XI, PUF.

papel apenas provisório. O papel do apoio — a saber, o apoio da pulsão sexual sobre a pulsão de autoconservação — é uma tentativa de encontrar alguma autonomia das pulsões sexuais em relação ao biológico. Para não me alongar nessa questão, muito ampla para o âmbito desta apresentação, proponho um *Witz*: no desenvolvimento do pensamento freudiano, o destino do conceito do apoio é permanecer um conceito-apoio.

1919 — ALÉM DO PRINCÍPIO DE PRAZER

Um artigo altamente especulativo e, em muitos aspectos, uma colcha de retalhos. Seria necessário desvendar aqui o que o texto diz explicitamente (com frequência, coisas contraditórias), a função que o texto preenche na economia dos pensamentos freudianos (o mais importante, na minha opinião) e, finalmente, quais interpretações *a posteriori* o texto possibilitará, tanto de Freud como de seus seguidores.

Na interpretação mais geral, a grande descoberta expressada aqui é a agressão, como afirmado por Freud e também por Klein, ou a agressividade. Uma agressividade selvagem, pura, não sexual traria o selo da "pulsão de morte", pretendendo se impor como um grande conceito de natureza biológica. Mencionemos aqui, rapidamente, que poucos adeptos e usuários posteriores da assim chamada pulsão de agressão se lembrarão de que Freud tinha em mente, a princípio, uma *auto*destruição original e, somente de forma secundária, uma agressividade desviada para o exterior.

Entre os sucessores mais radicais, é preciso considerar os kleinianos — e citarei aqui algumas palavras de Heimann, em seu período kleiniano. No artigo "Notes on the theory of the life and death instincts", ela afirma que o que levou a pulsão de morte ao primeiro plano foi a experiência de uma destrutividade, por assim dizer, quimicamente pura, que apenas falsamente é chamada de sexual:

> It is unnecessary to give instances. From time to time the world is shocked by reports of savagely cruel, "bestial" murders committed by an individual or

> a group... in such cases the cruel acts are so calculated and worked out in detail that nothing but an instinctual urge for savage cruelty can be regarded as the motive und purpose... Strangely enough, such behaviour is usually regarded as perverse sexuality and often such crimes are called "sexual crimes"... The murdered victim of socalled sexual crime does not die from a sexual experience, however infantile it may be, but from the infliction of maximally cruel violence. The sexual aspect of murderer's behaviour may possibly only be introduced in order to deceive the victim and so to provide the opportunity for the aim of the urge to cruelty[9].

Aqui a inversão kleiniana é notável, por ser levada ao extremo. Com Freud, tinha-se de insistir até hoje no fato de que as pessoas se recusam a apontar, em seu comportamento, o que é sexual; a partir dos kleinianos, ao contrário, o sexual seria somente um pretexto para admitir o desencadeamento da agressão pura.

É possível observar que, quando Freud compreendeu *a posteriori* sua pulsão de morte como pulsão de agressão, ele tentou relacionar sua descoberta à clínica do sadismo e do masoquismo. Ora, essa afirmação de Freud é extremamente questionável. Por um lado, ele já havia enfatizado e estudado de forma extensiva as manifestações do sadismo e do masoquismo sem recorrer a uma pulsão em especial; por outro, se examinarmos *Além do princípio de prazer*, perceberemos que a observação do sadismo e do masoquismo nunca é invocada — e muito menos a observação dessa crueldade pura e não sexual que Heimann destaca — como motivo inicial para a introdução da pulsão de morte.

Do que trata, então, essencialmente, *Além do princípio de prazer*?

1. Da compulsão à repetição, que é uma característica do modo de funcionamento dos processos inconscientes. Essa compulsão dos "protótipos inconscientes" é própria ao conjunto da vida pulsional e não é, de forma alguma, prerrogativa da pulsão de morte.

---

9 Heimann, P. (1952). Notes on the theory of the life and death instincts. In *Developments of the psychoanalysis*, Londres, Hogarth Press, 1952, p. 328-329.

2. De uma especulação biológica ou metabiológica relacionada à compulsão à repetição: o que a vida repete em geral? Para ajudar a responder a essa pergunta, recorre-se tanto a raciocínios abstratos quanto a experimentos biológicos, pressupondo-se que a tese a ser provada seja a seguinte: o ser vivo vem depois do ser não vivo e, como consequência, pode caminhar somente em direção à morte, já que ela o precedeu. E quando os testes experimentais parecem mostrar que o ser vivo, por suas próprias forças, tende somente a uma coisa, a permanecer vivo, Freud abandona completamente essa biologia experimental, à qual ele próprio recorreu, em benefício das forças latentes, hipotéticas e, em última análise, puramente metafísicas: "As forças de pulsão que querem fazer a vida passar à morte poderiam muito bem estar agindo nelas desde o início, mas seu efeito poderia ser, nesse ponto, encoberto pelas forças que conservam a vida, de tal forma que seria difícil destacá-las diretamente"[10].

3. Em *Além do princípio do prazer*, o que acaba realmente sendo colocado por meio dessa especulação? Não é exatamente a pulsão de morte, mas a oposição entre as pulsões de vida e de morte. Portanto, *dois tipos de pulsões*. No entanto, essas forças são realmente pulsões no sentido psicanalítico que atribuímos anteriormente? Com sua aparência grandiosa, elas não seriam antes *instintos*, isto é, tipos gerais de comportamento predeterminados tanto em relação a seu passado quanto a seus objetivos?[11]

Sabemos bem ao que visa, supostamente, a pulsão de morte: ao estado originário da matéria sem vida, estado no qual todas as forças tendem a uma equalização terminal. Ainda mais inte-

---

10 Jenseits des Lust-prinzips. *OCF-P*. XV, p. 322. Esse é um argumento que o próprio Freud tinha rejeitado em "Introdução ao narcisismo" por considerá-lo sem utilidade e especulativo. "Pode ser que a energia sexual, a libido, seja no fundo somente um produto de diferenciação da energia que está em ação, por outro lado, na psique. Mas essa afirmação não tem nenhuma consequência. Ela diz respeito a coisas que já estão bem distantes dos problemas levantados pela nossa observação, com tão pouco conteúdo científico que é tão inútil combatê-la quanto usá-la. Todas essas especulações nos levam a lugar nenhum". *GW*, X, 114; Pour introduire le narcissisme. In *La vie sexuelle*, Paris, PUF, 1969, p. 86.

11 Não estou dizendo que essas duas pulsões podem ser concebidas, como Freud afirma, somente como mecanismos biológicos. Ambas são baseadas em fantasias. De um lado, na fantasia da matéria interestelar inanimada; de outro, no modelo mitológico de Aristófanes.

ressante para nós é o objetivo final, bem como o protótipo das pulsões de vida. Com efeito, Freud usou o mito de Aristófanes duas vezes em toda sua obra. Eis aqui a segunda ocorrência:

> De fato, nos tempos de outrora, nossa natureza não era idêntica ao que é agora, era de outro tipo. Tudo nesses seres humanos era duplo: tinham quatro mãos e quatro pés, dois rostos, duas partes pudendas, etc. Zeus, então, decidiu dividir cada um desses seres humanos ao meio, da mesma forma como as sorvas são cortadas para fazer conserva [...]. Com o corpo partido ao meio, uma nostalgia impelia as duas metades a se unir. Envolvendo os corpos com os braços, entrelaçavam-se uns aos outros, na ânsia de se tornarem um só[12].

Que modelo magnífico, tanto o da pré-formação como o de uma vida amorosa harmoniosa, realizada e bem adaptada. Todos devem, por natureza, encontrar sua alma gêmea ou, para ser mais preciso, seu "corpo gêmeo".

Todavia, o que incomoda o leitor atento é que, em *Três ensaios sobre a teoria da sexualidade*, Freud havia usado o mito de Aristófanes, especialmente a expressão condensada "opinião popular", como contraste para destacar sua própria concepção de vida sexual[13]. Eis que esse mesmo mito, em *Além do princípio de prazer*, é dado como o modelo originário o protótipo de Eros. No entanto, é certo que, entre a atividade sexual, descrita em *Três ensaios*, e a pulsão de vida, entendida como Eros em *Além do princípio de prazer*, há mais do que diferenças de detalhes: elas são completamente opostas. A primeira é autoerótica, fragmentada e fragmentadora, seu único objetivo é a satisfação pela via mais curta. Ela não leva em consideração a independência do objeto que é, em grande parte, permutável. Eros, ao contrário, é síntese e aspiração à síntese, completamente orientado para o objeto, o objeto total; sua finalidade é mantê-lo, melhorá-lo e ampliá-lo. Ele ama o objeto como ama o próprio eu como primeiro objeto.

---

12 *Le banquet de Platon*, citado por Freud in *Jenseits des Lust-prinzips*; Au-delà du principe de plaisir. *OCF-P*, XV, p. 331-332.
13 Cf. ibid. p. 194.

Seria, portanto, errado pensar que Eros assumiu a antiga sexualidade freudiana quando está justamente em contradição com ela. Mas seria leviano, por outro lado, afirmar que Freud teria simplesmente mudado de ideia em relação à sexualidade como um todo, retornando à "opinião popular" e adotando a partir daí os pontos de vista preformistas instintuais propostos pelo mito de Aristófanes, que ele tinha definitivamente refutado em *Três ensaios*.

O único ponto de vista produtivo é, na nossa opinião, considerar toda a modificação como estrutural, isto é, lembrar que não se pode alterar um ponto de um sistema de pensamento sem que outros sofram modificações.

No âmbito de um desvio — que era a nossa hipótese —, está inserida uma *descoberta autêntica*. Insistimos no desvio. Mas qual é, afinal, a grandiosa descoberta que impôs esse remanejamento? Não é a agressividade, uma vez que já tinha sido exaustivamente discutida por Freud.

Afirmamos que a descoberta foi o *narcisismo*, tal qual foi introduzido no artigo de 1914, *Introdução ao narcisismo*[14]. De acordo com essa tese profundamente nova, é preciso admitir que, ao lado da sexualidade anárquica, autoerótica e não ligada, há também uma outra, firmemente ligada ao amor de objeto.

Avançando um pouco mais, o primeiro objeto em que é possível encontrar essa ligação, o primeiro objeto total, é o próprio eu, o eu constituído como um todo e pela ação do qual as pulsões parciais podem confluir para uma unidade mais ou menos completa.

Introdução ao narcisismo foi o primeiro grande texto sobre o amor, e até mesmo sobre a paixão amorosa, isto é, sobre o Eros, *não* sobre o erótico. O eu unifica as pulsões sexuais, ele mesmo é o protótipo de um objeto unitário. Ele também retoma por conta própria, em grande parte, os interesses das funções de autoconservação: eu não como mais para sobreviver, diz o pequeno ser humano, mas pelo amor do amor — em razão do amor pela mãe, mas também em razão do amor pelo eu, que é, ele próprio, objeto de amor para a mãe.

---

14 Pour introduire le narcissisme. In *La vie sexuelle*, op. cit., p. 81-105.

Aqui se situa, então, a grande descoberta. Porém, ela se dá a partir de uma erótica mal fundada. Ela é mal fundada no que diz respeito à origem e à essência do mundo da fantasia, que é seu suporte essencial, de tal forma que surge o perigo de que o amor, Eros, se torne o todo, como pulsão única, absorvendo indevidamente o erótico.

Na disputa com Jung, que, com o termo "libido", aceita somente o conceito de uma energia vital, Freud não tem uma posição muito firme, já que ele mesmo concordou com essa hegemonia.

Esse Eros, tão narcísico quanto objetal, está em vias de incorporar tudo. Ele oculta a presença persistente de mecanismos biológicos autoconservativos[15], ao mesmo tempo que faz as vezes destes, mas, o que é ainda pior, não permite mais levar em consideração os aspectos destrutivos e desestabilizadores do sexual *em si*. Esta proposição, que Freud nunca abandonou totalmente, de que há, na essência da sexualidade, algo contrário e hostil ao eu não pode mais ser entendida a partir do momento em que o sexual psicanalítico é reduzido ao eterno canto de exaltação do amor universal, que está, precisamente, em conformidade com o eu.

Diante do perigo que ameaça uma vitória do Eros narcísico e hegemônico, surge, tanto na vida real quanto no desenvolvimento do pensamento freudiano, uma necessidade imperativa de reafirmar a pulsão sob sua forma mais radical, a forma "demoníaca", que obedece somente ao processo primário e à limitação da fantasia. Nessa perspectiva, a assim chamada pulsão de morte não seria nada mais do que a reinstauração do polo indomado da sexualidade — e se fosse necessário citar uma polaridade, esta seria a das *pulsões sexuais* de morte e das *pulsões sexuais* de vida. Não sem precauções, contudo, e lembrando que as palavras "vida" e "morte" não significam aqui a morte ou a vida biológicas, mas sua *analoga* na vida da alma e no conflito psíquico. Esse é o sentido último que eu quis dar ao título de um dos meus primeiros livros: *Vida e morte em psicanálise*[16].

15 Embora seja verdade que eles não participam dessa forma do conflito psíquico.
16 Laplanche, J. *Vie et mort en psychanalyse*, Paris, Flammarion, 1970.

"Pulsão de morte" é, portanto, um conceito que encontra sua posição correta somente em um determinado momento do drama da descoberta freudiana. Fora desse contexto, torna-se uma fórmula vazia.

E quanto mais vazia, mais atraente ela é. Todo mundo, na verdade, pode fazer o que quiser com ela. No sistema kleiniano, a pulsão de morte é o extremo do furor destrutivo, encontrado, por exemplo, na posição paranoide. Em Freud, no entanto, encontra-se eventualmente o exato oposto: a pulsão de morte como tendência ao Nirvana. Não mais a morte pela pulsão, mas a morte da pulsão, o não desejo. É nessa direção que nos arrasta a expressão "silêncio da pulsão de morte", que evoca, mais uma vez, o silêncio das galáxias. Mas o que há em comum entre o demonismo de Klein e a imagem da matéria inanimada com sua paz eterna?

Evoquei somente o que acontece no círculo de pensamento dos psicanalistas. Mas o que acontece fora dele? No pensamento comum das pessoas cultas, a pulsão de morte se torna um tema ideológico cômodo. Pensemos, por exemplo, na alegada interpretação psicológica das doenças mortais, como o câncer ou a AIDS. Mais que isso, lembremos da Filosofia, na qual a pulsão de morte encontra facilmente eco no "ser-para-a-morte" de Heidegger ou na dialética hegeliana. Na verdade, não percebo, neste caso, nenhuma consonância real, mas, sim, uma heterogeneidade que não beneficia a psicanálise nem a filosofia.

Como deixei claro, minha intenção não é contribuir para uma especulação metafísica qualquer, nem defender cada momento do pensamento freudiano até a última palavra. "Colocar Freud a trabalhar" significa "fazer jus" às suas descobertas, mas também aos seus erros e, mais ainda, ao seu processo de pensamento. No entanto, uma vez que a casca é quebrada, e o núcleo se torna acessível, dever-se-ia continuar guardando os pedaços desse invólucro defensivo que promoveu tantos contrassensos?

Uma vez situada a verdadeira oposição como sendo aquela entre as formas ligadas e não ligadas da libido, que estão em ação no conflito psíquico, não se poderia tentar expressar as coisas em uma metapsicologia renovada? Para, em seguida, como se diz coloquialmente, "jogar fora" simplesmente a pulsão de morte.

II) INDICAÇÕES METAPSICOLÓGICAS

A origem da oposição desligamento/ligação não se encontra em lugar nenhum a não ser no próprio processo do recalque. Com efeito, é o recalque que cria o inconsciente, e é pela natureza específica desse processo que convém explicar as particularidades da instância do isso, como Freud as descreve: ausência de contradição, nenhuma comunidade ou coordenação de moções, nenhuma negação e, deve-se destacar, nenhuma representação negativa como a da morte ou da castração e atemporalidade.

Na minha maneira de ver as coisas, todas essas características específicas do inconsciente devem ser explicadas pela tentativa de tradução e temporalização que o pequeno humano deve implementar continuamente diante das mensagens que chegam para ele do outro adulto, uma tradução acima de tudo embrionária, por assim dizer, que deve tratar em primeiro lugar dos endereçamentos não verbais (dos gestos, por exemplo). A tradução é "posta em ordem", "romanceada", "temporalizada" e, finalmente, "posta no eu". Mas é preciso dizer que o recalque não é uma tradução, e sim, nas palavras de Freud, um fracasso (*Versagen*), uma renúncia (*Versagung* — Carta 52-112 para Fliess) da tradução, que deve transcrever (*umschreiben*) a mensagem em um idioma de nível superior, em outro código. Não foi de forma arbitrária que retomei e extraí o modelo tradutivo de algumas linhas da correspondência Freud-Fliess para explicar as particularidades do processo do recalque.

Tomado em seu conjunto, o processo de tradução pode ser entendido como um trabalho especializado, a passagem de uma linguagem verbal para outra, ou como uma operação mais geral, que passa de um modo de expressão a qualquer outro. Cada vez que há um endereçamento, haverá também, por parte do receptor, uma tentativa de tradução, isto é, um modo específico de apropriação. Entre essas diversas "linguagens", destaco, sobretudo, a linguagem gestual nos cuidados maternos ou parentais.

Voltemos ao recalque. Seu processo, disse Freud, trabalha sempre de forma "altamente individual", isto é, parte por parte; ou, para deixar mais claro, é o recalque que coloca em pedaços o que ele trata, sem considerar as ligações preexistentes, quer sejam do contexto, da gramática ou da significação. Ora, é precisamente este o efeito do processo de tradução no que diz respeito ao que ele *negligencia*. A tradução se esforça para transpor — conforme o sentido de tra-duzir, *trans-ducere* — uma mensagem coerente em algo que não seja menos coerente. Mas o que não "passa", o que é "deixado de lado", não é uma segunda mensagem — uma mensagem inconsciente do emissor, como se pensaria — que se encontraria diretamente no inconsciente do receptor. Esses dejetos ou resíduos de tradução são restos isolados, deformados, reminiscências dos endereçamentos dos adultos que cuidam da criança, dos elementos extraídos do contexto, aparentemente arbitrários e sem significado.

Para deixar mais claro o que quero dizer, permitam-me apresentar uma comparação que extraio do campo da tradução especializada (verbal). Suponhamos que tenho de traduzir para o alemão a seguinte frase: *L'étalon court dans la ferme* [O garanhão corre na fazenda]. Para um bom tradutor, em alemão, ficará assim: *Der Zuchthengst läuft im Hofe*. Mas você sabe provavelmente que *ferme* e *étalon* também têm, em outros contextos, outros significados em francês. *Étalon* é também uma medida de referência, por exemplo, o padrão-ouro; e *ferme*, na linguagem técnica dos carpinteiros, significa uma peça central do quadro do telhado que "mantém firme" o conjunto.

Assim, de forma espontânea e natural, nosso intérprete deixará de lado outros significados, ou melhor, outros aspectos dessas duas palavras, aspectos que são, no entanto, inerentes às potencialidades da língua francesa, na qual poderiam eventualmente criar um jogo de palavras.

Esse é apenas um exemplo ou modelo que poderia facilmente causar confusão se fosse tomado pela coisa em si, isto é, se as diferenças fossem desprezadas. Elas são de dois tipos. Primeiramente, a tradução especializada, que pressupõe os códigos fixos das línguas naturais, não é idêntica ao processo de tradução generalizado, que se situa, em grande parte, além do nível verbal. Em segundo lugar, o que é latente nas mensagens endereçadas à criança e vindas do adulto não é da mesma espécie do que é latente em uma linguagem natural; o primeiro, de fato, é da natureza do inconsciente sexual recalcado.

As mensagens dos adultos não se mantêm somente no nível dos cuidados e da ternura. Especialmente nessa situação, as fantasias sexuais dos pais são despertadas, e se precipitam ou se insinuam no cerne da relação de autoconservação. As mensagens estão "comprometidas" — no sentido psicanalítico do termo — de uma maneira inconsciente para o próprio emissor. A criança que tenta dominar essas mensagens enigmáticas as acolherá com os códigos de que dispõe. Códigos e nada mais, isso é o que Freud designa como "teorias sexuais infantis", mitos, pequenas histórias, romances — ainda que sem palavras — que a criança usa para sua própria autoteorização e autotemporalização.

Uma consciência, nesse sentido, e talvez no sentido de Hegel, bem mais que qualquer feixe de luz, não seria nada além de um eu coerente que se temporaliza. O que devemos designar como recalque — e, primeiramente, como recalque originário — nada mais é que uma exclusão ativa desse processo contínuo de unificação, de teorização e de temporalização que está em ação, em primeiro lugar, para as mensagens externas e, em seguida, para aquilo que vêm do "outro" interno. É precisamente essa exclusão que explica as peculiaridades do inconsciente: o "não coerente", o "não ligado" ou "des-ligado", o atemporal.

Nesse sentido, a assim chamada pulsão de morte é efetivamente essa "cultura pura" de alteridade que detectamos nas camadas mais profundas do inconsciente. Além disso, não há dúvida de que esses últimos restos no inconsciente têm um íntimo parentesco com o sadomasoquismo. Aqui, excepcionalmente, seria preciso aderir à ideia kleiniana segundo a qual o parcial — como aquilo que, vindo do objeto, não está ligado ou, até mesmo, está em ruínas — anda de mãos dadas com o ataque, a destruição e a perseguição.

Isso ocorre, com certeza, nas camadas mais inacessíveis do isso, pois muito cedo, sob a ação do eu e com o auxílio do mundo cultural, surgem fragmentos de roteiros, pedaços de sequências fantasmáticas que se inserem progressivamente nesses grandes organizadores que são os complexos: Édipo e castração.

As forças psíquicas de ligação não são menos sexuais que as outras. Contudo, elas obtêm suas fontes de algumas totalidades: totalidade do próximo como ser unificado, totalidade do eu, de sua forma e também de seus ideais, para não dizer de suas ideologias.

Assim, não há nada de misterioso ou metafísico na oposição grandiosa das pulsões de vida e de morte. Trata-se de dois princípios, ligação e desligamento, cuja oposição continua dentro do aparelho anímico.

Em primeiro lugar, para o bebê, trata-se de dominar, por meio da tradução, as mensagens sedutoras enigmáticas do adulto, sem permitir um desligamento excessivo de estímulo. Em seguida, a luta pela ligação deve continuar contra a alteridade interna, isto é, contra o inconsciente e seus derivados.

III

No meu último desenvolvimento, eu gostaria de abordar uma questão de psicologia concreta que pode encontrar sua aplicação diretamente na observação clínica. Um ponto de psicologia geral discutido, pode-se dizer, desde que o homem pensa, mas para o qual a psicanálise precisa trazer um esclarecimento decisivo. Trata-se da psicologia das paixões, nomeadamente do amor e do ódio, entre os quais Empédocles fazia uma oposição fundamental.

Freud se interessou muitas vezes por essa questão, antes e depois de 1919. Por exemplo, em *Triebe und Triebschicksale*[17], ele estuda de forma extensiva a chamada oposição "material" entre amor e ódio. Para resumir, ele vê nessas paixões fenômenos que dependem do eu — não se pode dizer que uma pulsão "ama", somente o eu pode experimentar o amor — e, por outro lado, reluta em considerar a reversão do amor em ódio — tão comum na observação — como algo além de uma aparência[18]. Essa polaridade impede qualquer passagem verdadeira de um para o outro, sendo ainda mais reforçada com o surgimento da dualidade pulsão de vida/pulsão de morte, que esclarece as coisas a ponto de torná-las puramente abstratas. Na linha kleiniana, toda a psicologia das paixões é simplificada, uma vez que a oposição dos dois grandes instintos é encontrada em todos os níveis. A partir de então, os fenômenos concretos são explica-

---

17 Pulsions et destins de pulsions. *OCF-P*, XIII, p. 163 e seguintes.
18 Seria preciso, aqui, levar em consideração o caso Schreber, com as famosas inversões da frase "Eu o amo" (de um amor homossexual).

dos por misturas ou por dialéticas simples, em uma espécie de logomaquia maniqueísta. Como não destacar aqui o tédio que exala dos textos kleinianos, que seria bem pouco caridoso comparar com as obras tão cheias de nuances e tão perspicazes de grandes *Menschenkenner* como Stendhal ou Proust.

Na minha opinião, somente uma concepção "genética" e metapsicológica das forças complexas em jogo permitirá esboçar soluções que levem mais em conta a vivência.

Em minha tentativa metapsicológica, proponho considerar a existência, no nível do sexual inconsciente, de uma oposição que também é sobreposição:

- Sexualidade não ligada (erótica).
- Sexualidade ligada (narcísica e/ou objetal).

Preciso insistir em um ponto: essa oposição é puramente humana, *ou seja*, completamente informada e orientada pela vida fantasmática. Como tal, é a *única* da qual se ocupa a prática psicanalítica, que não tem outro ponto de impacto além da fantasia.

Não podemos ignorar, contudo, que essa oposição vem encobrir, substituir e assumir para si ao mesmo tempo, elevando ao plano fantasmático um nível mais *instintual,* ou seja, pré-formado, o da autoconservação. Ainda que seja preciso manter firme a ideia de que os mecanismos biológicos são, no pequeno ser humano, extremamente frágeis e incapazes de garantir sua sobrevivência, não podemos negar a preexistência de algumas montagens psicofisiológicas. Mas é característico do homem, precisamente, que essas montagens sejam invadidas, de saída, pelas mensagens enigmáticas do outro.

Teríamos, portanto, três níveis de fatores:

- Autoconservação (ternura e agressividade natural).
- Erótico.
- Sexualidade ligada.

Os dois últimos níveis constituem o conflito psíquico propriamente dito, do qual trata por excelência a psicanálise.

Não farei aqui essa descrição e análise trifatorial do amor e do ódio.

A título de incentivo, proponho somente um comentário crítico ao famoso adágio *Homo homini lupus*, que Freud retoma de Hobbes e Plauto para estigmatizar explicitamente a crueldade do homem: "Satisfazer [o próximo] em sua própria agressão, explorar sem compensação sua força de trabalho, utilizá-lo sexualmente sem seu consentimento, apropriar-se do que ele tem, humilhá-lo, causar-lhe dores, torturá-lo e matá-lo"[19]. E, de forma muito imprudente, Freud apresenta a ideia de que as "atrocidades" da história dos povos "desvelam no homem a besta selvagem".

Façamos a nós mesmos, então, perguntas simples em função do que sabemos por meio da observação — leiga ou científica — da vida animal.

O *lobo* — que quase desapareceu da Europa Ocidental —, o lobo real, é "um lobo para o homem"? Em caso afirmativo, em que sentido? Tomemos aqui o homem pelo que ele é simplesmente para o lobo: um animal de outra espécie a ser respeitado e temido se for mais forte; a ser atacado e devorado se for uma possível presa, caso o lobo esteja com fome. Encontra-se pouquíssima destrutividade e nenhum sadismo no comportamento do animal com sua presa. O guepardo escolhe um antílope jovem do rebanho, perfura-o com suas presas e o devora calmamente com seus filhotes. Não há prazer em causar sofrimento; não há nenhuma intenção de abater todo o rebanho em uma espécie de holocausto. Essa é — de forma esquemática e com algumas exceções — a agressividade natural, autoconservadora, animal. Não, o lobo não é para o homem, nem para outras espécies, um "lobo" no sentido do monstro repugnante de Hobbes.

O lobo, no entanto, seria um "lobo" cruel com o lobo? Os comportamentos de agressão intraespecíficos são bem conhecidos, estudados por etologistas. O lobo não mata o lobo para se alimentar. Às vezes, dois animais — dois machos da horda — se embatem em um comportamento que lembra um espetáculo[20], uma luta travada seguindo um ritual relativamente estereotipado, que raramente resulta em morte, mas que leva, em geral, ao enfraquecimento, à humilhação e à fuga do derrotado.

Se passo a chamar de *Lupus* a figura emblemática de Hobbes, não posso deixar de concluir que o lobo, em relação a outro lobo, não se comporta como um *Lupus*.

---

19 Das Unbehagen in der Kultur. *GW*, XIV, p. 471; Le malaise dans la culture. *OCF-P*, XVIII, Paris, PUF, 1994, p. 297-298.
20 Aqui, deveria ser corrigida a ideia de que o comportamento narcísico especular estaria presente apenas no ser humano.

Não resta nada, então, na biologia na qual Freud queria se basear, desse comportamento cruel, sádico, destrutivo, pelo simples prazer da destruição, que caracteriza o ser humano. Somente o homem é o *Lupus* do homem. Essa conclusão aniquila qualquer dedução biologizante, até mesmo zoológica, da pulsão sexual de morte, bem como de todas as pulsões em geral[21-22].

21 Entre mil exemplos, cf. André Green, que opõe ao polo da "socialização" o outro polo do conflito primordial que seria "o que poderia ser chamado de *naturalidade* do sujeito humano — o animal humano, isto é, o sujeito *pulsional*" (Le mythe: un objet transitionnel collectif. In *Le Temps de la réflexion*, 1, Paris, Gallimard, 1980, p. 99-131, 109). O que me opõe ao pensamento freudiano, bem representado aqui por Green, é a ideia de que a pulsão não é uma "naturalidade" original, mas uma verdadeira "*segunda* natureza", depositada no homem pelos efeitos da relação com o *socius* adulto.

22 O tema do lobo e de seu duplo mítico e fantasmático é imenso. Ele foi notoriamente aprimorado por muitas pesquisas bem documentadas. *O homem dos lobos*, de Freud, é somente uma ínfima parte desse dossiê.
Para não sobrecarregar minha apresentação, acrescentarei brevemente alguns outros esboços de desenvolvimento:
a) O homem não é um lobo (ou melhor, um *lupus*) perante os animais, seus irmãos? A denúncia da crueldade humana para com os animais é baseada em observações que tínhamos recusado, até os dias atuais, a levar em consideração. A "besta" não está localizada, na realidade, no lado em que se acreditava estar.
b) Os estudiosos da pré-história parecem concordar que a domesticação do lobo como cão remonta a quarenta mil anos. Não poderíamos pensar que, a partir daí, ocorre uma clivagem incrível? De um lado, o lobo *bom*, o cão, companheiro ao qual o homem está ligado por um apego altamente narcísico (especular até mesmo nesta expressão sintomática, pela repetição das sílabas em eco: *le chien/chien à sa mé/mère* [N.T.: "cachorrinho da mamãe" em francês]). E, do outro lado, rejeitado na escuridão da alteridade, o lobo *mau*, o *lupus*, a besta da região dos Cárpatos ou do Gevaudan, o lobisomem, etc. Há, na evolução da humanidade, um notável paralelo com o que descrevo como um processo de tradução-recalque: o lobo é *traduzido* no cão, e o resíduo da tradução será o *lupus*.
c) O caso do lobo é único? Uma pergunta rápida sobre a segunda grande "conquista do homem", o cavalo, é instrutiva: o protótipo do animal que assombra nossas noites não seria, em várias línguas, a "besta noturna", o *nightmare* sobre o qual Jones abriu tantas possibilidades (*On the nightmare*, Londres, Hogarth Press, 1931; *Le cauchemar*, tradução francesa, Paris, Payot, 1973)? O cavalo selvagem, assim como o lobo, foi clivado, deixando um resíduo abertamente sexual (um íncubo) e, além disso, um resíduo feminino. Isso corroboraria, aliás, a ideia de uma essência "feminina" da pulsão e da sexualidade originária (cf. André, J. *Aux origines féminines de la sexualité*, Paris, PUF, 1995).
d) Há muito tempo, em minha primeira comunicação analítica, apresentei — sem ser ouvido — a necessidade de distinguir, entre as fobias de animais, aquelas em que o animal de angústia é, de início, uma figura emblemática, cultural. Essa ideia retorna aqui com um argumento mais sólido: o *lupus* ou a *besta noturna* são culturalmente preparados para representar o ataque interno pulsional. O processo cultural de sua gênese (domesticar o bom/fantasiar o mal) tem uma afinidade com a gênese individual do objeto-fonte pulsional.

Minha aparente digressão sobre o lobo tinha dois objetivos. Em primeiro lugar e acima de tudo, destacar de uma vez por todas a heterogeneidade absoluta da agressão sádica do homem em relação a qualquer animalidade: não, a Guerra dos Trinta Anos, Auschwitz ou o Camboja não podem ser relacionados com o "animal biológico" em nós. Devemos nos convencer de que o canibalismo *intraespecífico* dos soldados de Pol Pot no Camboja é cem por cento humano, "humano, demasiado humano".

Minha segunda finalidade era nos orientar em uma análise trifatorial dos comportamentos considerados agressivos. Haveria, inicialmente, o nível da simples autoafirmação como indivíduo vivo e em ação. É o que a língua e a civilização americanas chamam de uma agressividade saudável[23], uma qualidade que poderia ser exigida como um fator de êxito. Alega-se que esse nível seria desprovido de fantasia, ou pelo menos não teria a imaginação nem a consideração do sofrimento do outro, nem violência desnecessária, nem crueldade.

Todavia, mencionar esse nível não deveria significar aderir ao álibi ideológico segundo o qual ele poderia persistir de forma autônoma. Na verdade, só é observável em animais. No homem, ele pode ser apenas postulado, já que a psicanálise constata, ao contrário, que a autoconservação é rápida e extensivamente assumida pelas motivações sexuais.

O segundo nível é aquele em que se desenvolve a pulsão sexual de morte. A finalidade intrínseca de infligir dor ao outro (e a si mesmo) não poderia ser negada, mesmo que esteja camuflada. É justamente essa consideração do sofrimento do outro que caracteriza, segundo Freud, o sadomasoquismo sexual[24]. Como não ver, nessa consideração da subjetividade do outro, a marca invertida da origem da pulsão a partir da mensagem enigmática proveniente do outro?

Por fim, o terceiro nível, o da relação narcísica especular, foi destacado por Jacques Lacan. É o nível da rivalidade identitária,

---

23 "Combatividade", de acordo com o termo proposto por Denise van Caneghem em *Agressivité et combativité*, Paris, PUF, 1978.
24 Cf. Freud, S. *Pulsions et destins des pulsions*, op. cit., e minha análise desse texto em *Vie et mort en psychanalyse*, op. cit., ed. 1989, p. 137 e seguintes.

da raiva diante do "outro eu". Lacan retoma aqui por conta própria a dialética especular do senhor e do escravo de Hegel. Ele cita também uma passagem exemplar de Santo Agostinho: "Vi com meus olhos e conheci bem uma criancinha tomada pelo ciúme. Ela ainda não falava e já contemplava, pálida e com uma expressão envenenada, seu irmão de leite"[25].

Na outra vertente, a do *amor* e da *paixão amorosa*, o problema mereceria também se desvencilhar das ambiguidades que Freud gerou, especialmente ao sobrepor, sem fazer distinção, uma teoria da sexualidade e uma mitologia de Eros.

Os três níveis em jogo são os mesmos que foram evidenciados em relação à agressividade: no nível do funcionamento autoconservativo, convém situar a ternura (Freud) ou, segundo um termo mais abrangente adotado pelos psicólogos modernos, o apego[26]; o segundo nível é o erótico, descrito a partir de *Três ensaios*; o terceiro, por fim, é o do amor do objeto total, o Eros indissociavelmente narcísico e objetal.

Satisfaço-me em observar aqui, ademais, que uma psicologia plurifatorial do amor e do ódio deveria permitir uma abordagem mais concreta da conhecida "inversão em seu contrário". Um problema que Freud nunca deixou de destacar, mas sempre negou que se tratasse de uma verdadeira inversão no nível pulsional.

Limitar-me-ei às seguintes indicações:

No nível da autoconservação e na psicologia animal, nas quais os modos de comportamento e as finalidades são bem definidos, não há praticamente nenhuma possibilidade de inversão. No erótico, por outro lado, agressão e prazer estão, de início, misturados, como se pode ver claramente no sadomasoquismo. Por fim, a relação especular é o campo onde uma verdadeira inversão encontra seu lugar por excelência. De repente, e como que de imediato, o amor especular pelo "outro eu" pode se transformar em ódio especular; o fascínio, em exclusão. "Ele e eu" são, no espelho, uma única e mesma coisa, uma proposição que pode logo ser enunciada: "Ou ele, ou eu".

---

25 Citado por Lacan, J. *Écrits*, Paris, Le Seuil, 1966, p. 114.
26 Repita-se, esse nível só é bem observado nos animais, pois, no homem, ele é imediatamente invadido pela sexualidade, veiculada pelo *socius* adulto.

Para encerrar, resumirei minha tentativa de limpar o terreno:
- Liquidando a oposição metafísica muito simplista entre Eros e Tanatos.
- Propondo uma teoria do inconsciente e das pulsões para explicar a gênese das forças em conflito no ser humano, uma gênese na qual a relação primordial é a relação com o outro adulto, emissor de mensagens.
- Propondo uma teoria do conflito psíquico na qual essa relação com o outro externo continua, numa tentativa incessante de conter o outro interno.

IX
Objetivos do processo psicanalítico[1]

A formulação proposta para essa jornada de estudos[2], "Objetivos do processo psicanalítico", mostrou-se muito perspicaz. Ela nos permite fazer desde o início uma distinção essencial entre os objetivos que gostaríamos de atribuir externamente à análise e os objetivos que emergem do processo. Uma distinção muito importante, mas que, atualmente, está cada vez mais dissimulada.

De certa forma, a psicanálise, constantemente questionada sobre seus resultados, é sempre comparada a outras técnicas — psicológicas ou não — do ponto de vista da eficácia, o que também poderíamos chamar de "conformidade com um objetivo".

Lembremo-nos das definições platônicas e, sobretudo, aristotélicas, que continuam atuais nesse ponto: o conhecimento técnico, artesanal, é o que subordina seus recursos e suas regras ao alcance de um objetivo específico, o qual, no entanto, é proposto externamente. A fabricação de um sapato, a construção de um navio ou de um templo certamente obedecem às "regras

---

1 *Revue française de psychanalyse*, 4, 1997.
2 Conferência pronunciada em 22 de novembro de 1996 na *Deutsche Vereinigung Psychanalytische* (Wiesbaden, Alemanha).

da arte", as quais são fixadas pela ciência da natureza, mas não é o arquiteto quem decide onde será colocado o templo, à qual divindade será dedicado e quem aportará os recursos financeiros necessários.

A atualidade dessa questão convida a nos debruçarmos um pouco sobre essa situação na qual o analista seria considerado um especialista a quem nos dirigimos para lhe propor um objetivo específico, extrínseco ao processo em si.

Freud descreveu essa possibilidade em seus comentários sobre o "caso de homossexualidade feminina". A paciente é enviada a Freud pelo pai, na esperança de livrá-la de sua perversão. Na ausência de um resultado analítico — no qual o pai não acredita muito —, "um casamento rápido deveria despertar os instintos naturais da moça e sufocar as inclinações não naturais"[3]. Freud cita então, pode-se dizer, a antiga descrição platônica:

> Outras situações, além dessa, são mais ou menos desfavoráveis para a análise, acrescentando novas dificuldades às dificuldades internas do caso. Situações como a do mestre de obras que encomenda ao arquiteto uma casa elegante de acordo com seu gosto e suas necessidades, ou a do doador piedoso que solicita a pintura de um quadro sacro no canto do qual encontrará seu próprio retrato orando, não são fundamentalmente compatíveis com as condições da psicanálise[4].

Freud cita ainda, entre outras eventualidades, duas: o marido que envia sua mulher irascível para análise, a fim de restaurar a paz no lar, ou os pais que "exigem que seja recuperada a saúde de seu filho nervoso e indócil".

Conhecemos bem as dificuldades desses casos: análises por iniciativa da família ou da autoridade judiciária (crianças, psicóticos, criminosos, etc.).

A perspectiva de Freud, aliás, não é puramente negativa. A análise pode, às vezes, desenrolar-se, mas o resultado pode

---

[3] *GW*, XII; *OCF-P*, XV, p. 237. Mais uma vez, quando Freud usa a palavra *Instinkt*, e não *Trieb*, é com o objetivo de caracterizar ou, até mesmo, ridicularizar uma concepção popular da sexualidade "natural".

[4] *GW*, p. 275; *OCF-P*, p. 238.

ser contrário aos desejos de quem a está custeando: mais uma prova de que os objetivos intrínsecos ao processo estão em um plano completamente diferente daquele dos objetivos atribuídos externamente ao psicanalista.

O aspecto grosseiro, até mesmo caricato, das situações evocadas corre o risco, no entanto, de ocultar este fato contemporâneo: o perigo de uma generalização do que pode ser chamado de "psicanálise por encomenda"[5]. A demanda social por cuidados psíquicos se tornou quase universal, sendo apoiada, de um lado, pelo colega médico que envia o paciente para o analista e espera que a "doença" seja curada e, de outro, sobretudo, pela interferência constante de órgãos encarregados da saúde social. Não contente em pagar pelos cuidados, estes têm o "mau gosto" de exigir resultados específicos. Encontra-se introduzida, aqui, a presença permanente de um terceiro na análise, com exigência de relatórios periódicos, contabilização do número de sessões e eventual ameaça de interrupção dos reembolsos.

Seria interessante estudar a evolução dessa demanda social no mundo moderno. Ela está cada vez mais sujeita a critérios objetivos e pragmáticos do tipo DSM III ou IV. Porém, ao mesmo tempo, sob a pressão de parte da opinião pública, ela bane de suas indicações tudo o que pode parecer um resíduo do "sexismo" freudiano: quem ousaria, nos Estados Unidos, alegar que a homossexualidade é um transtorno da competência da análise? Por outro lado, outra fração da opinião pública se espanta que a psicanálise não tenha erradicado a delinquência, a delinquência sexual em particular, sem, obviamente, levar em consideração a existência ou a ausência, nesses indivíduos, de um sofrimento subjetivo.

Essas evoluções contraditórias demonstram o quanto as demandas em questão são marcadas pelo pragmatismo e pela ideologia. Como o marido citado há pouco, que pedia que seu casamento fosse remediado, a sociedade pede que suas neuroses sejam curadas.

Mas, antes de abandonar esse campo muito amplo da psicanálise por encomenda, não posso deixar de mencionar uma de

---

5 Cf. o capítulo IV neste volume.

suas formas mais perniciosas, a comumente chamada análise didática. A crítica radical já feita por Anna Freud não impediu que as instituições analíticas formulassem esta demanda: que seja fabricada, por meio da análise, uma personalidade conforme com suas aspirações. Não entrarei em um exame detalhado das contradições dessa prática — e da situação que ela gera — com um processo analítico autêntico. Para definir brevemente a situação da análise didática, digamos que, na análise de crianças, a mãe fica, às vezes, na sala de espera, e a análise só começa mesmo quando — simbolicamente e realmente — a porta lhe é fechada. Na situação didática, a mãe-instituição continua presente, com todo o seu peso simbólico, na sala de espera, e nenhuma negação pode mudar isso.

Freud prefere — e nós também — que o sujeito nos seja trazido pelo "seu próprio movimento". A situação que ele descreve como ideal é quando o sujeito sofre de um conflito que não consegue resolver e solicita nossa "assistência". Uma parte dele — seu eu, obviamente — pode ser considerada um aliado do processo.

No entanto, do ponto de vista do nosso tema, adicionemos que essa aparente espontaneidade não significa que devemos aderir aos objetivos do paciente, tais quais expressos na sua solicitação. Temos o dever de desconfiar desses objetivos e de sua formulação manifesta. O eu, como explicaremos mais adiante em nossa parte metapsicológica, é uma instância de desconhecimento. Sua autonomia é uma ilusão. Com muita frequência, ele apenas veicula e reflete esses objetivos sociais, heterônomos, que mencionamos anteriormente e que continuam presentes, mesmo que de forma internalizada. Também sabemos que o eu, embora tenha a intenção de representar os interesses do todo, é, na verdade, somente uma das partes do conflito.

Por sua vez, o sintoma, às vezes colocado em primeiro plano na solicitação, não poderia ser considerado pelo seu valor manifesto. Ele não é um simples sinal isolado, diferentemente do sintoma médico clássico. Aliás, sabemos que, assim que o processo é iniciado, ele logo passa para o segundo plano.

A abolição — ou, pelo menos, a colocação em segundo plano — das representações conscientes de objetivo faz parte da regra fundamental, mesmo que esta seja somente um ideal imperfeitamente observado. Mas a análise requer, por parte do próprio *analista*, o mesmo tipo de ascese ou de recuo em relação aos objetivos que ele mesmo poderia visar. Assim deve ser desde a primeira sessão até a última. Não que ele deva ser indiferente ao sofrimento. Aqui, seria possível, talvez, contrastar duas palavras próximas em alemão: *Indifferenz* e *Gleichgültigkeit*. O analista demonstra *Gleichgültigkeit,* no sentido preciso em que deve *gleichmässig gelten lassen* todos os elementos que o analisando lhe propõe[6]. Entre o *recusar-se*[7] que ele deve impor a si mesmo, destaca-se a desconfiança a respeito dos objetivos adaptativos concretos que poderia imaginar. Ele também deve ser cauteloso com a ideia de cura, uma ideia que os próprios médicos têm relativizado, abandonando a finalidade de uma *restitutio ad integrum* em favor de uma nova relação das forças presentes.

O psicanalista é benevolente, *quer* o *bem* de seu paciente, mas sem lhe dar um desenho preciso e sem se iludir também com o que seria uma autonomia resgatada.

Um trecho conclusivo de *Estudos sobre a histeria* é bem conhecido: "Você está convencida de que estaremos no lucro se conseguirmos transformar sua miséria histérica em infelicidade comum"[8]. Essa passagem encontraria eco não somente entre os estoicos, mas, novamente, em Platão, quando ele distingue entre o bem da alma e o prazer sem limites ou o poder injusto. O mal da alma é precisamente essa *miséria* da qual ela sofre, em um conflito obscuro e devastador.

Receio que não possamos avançar muito mais enquanto considerarmos os objetivos independentemente do *processo* em si. Mas o que podemos dizer a respeito do processo? Sabemos que Freud o refere constantemente à metapsicologia. As formulações variaram. As mais antigas, "tornar o inconsciente consciente" ou "despertar a amnésia infantil", parecem manter algo da velha ilusão, talvez oriunda da hipnose, de que o inconsciente seria

---

6 O alemão tem duas palavras, sendo uma mais negativa, *Indifferenz* (indiferença), e outra com conotação mais positiva, *Geichgültigkeit*, que significa "atribuir um valor igual".

7 N.T.: O termo *refusement* (recusa ou "recusamento"), inicialmente traduzido por frustração, percorreu um longo caminho até se impor, conforme Laplanche pensa, para a tradução do alemão da palavra *Versagen*, uma vez que alguém que recusa faz mais que um simples frustrar (Laplanche, 1987, p. 240).

8 *GW*, I, p. 312; *OCF-P*, II.

uma segunda personalidade, um segundo eu que precisaria ser liberado para suplantar, por sua vez, um eu "repressivo". Essa ideia questionável gerou muitas ilusões do lado do "freudo-marxismo", por exemplo, ou, inversamente, muitos preconceitos contra a psicanálise, que, quando não é chamada de ineficiente, é acusada de liberar os instintos perversos ocultos.

A última formulação, a mais inspiradora em sua abertura, é certamente *wo Es war, soll Ich werden*, à qual deve ser acrescentada o seguinte comentário: "Este é um trabalho cultural como, por exemplo, a drenagem do Zuiderzee"[9].

Aqui, de forma evidente, aglomeram-se rapidamente questões a respeito de cada palavra. O que é esse *isso,* que deveria se enraizar, como muitas vezes acreditava Freud, em um conjunto de forças de origem biológica? Qual é a esperança de "civilizá-lo"?

O que é esse *eu* (*Ich*)? Se é instância de recalque, de desconhecimento e de negação, qual é a possibilidade de se apropriar de fato do *isso*? Por outro lado, se o *Ich* dessa expressão — como deseja Lacan, de forma um tanto quanto idealista — não é o eu-instância, mas o sujeito eterno da "filosofia do sujeito", que "trabalho" ele poderia realizar?

O que é, enfim, esse processo civilizatório? A comparação com a drenagem do Zuiderzee não é muito empolgante: ela remete aos pontos de vista definitivamente pessimistas de Freud sobre a renúncia pulsional.

Por fim, a frase de Freud tem o mérito de definir um "dever" inerente ao próprio processo. Mas cabe a nós retomarmos a questão com nossos próprios meios.

Nossa tese, então, será dupla:

1) O objetivo do processo pode ser concebido somente a partir de uma explicitação do que é o tratamento analítico; o processo não poderia em caso algum ser subordinado a um objetivo proposto externamente. Os principais elementos que devem ser explicitados aqui são, por um lado, a *situação* analítica, geradora da transferência, e, por outro, o *método,* com suas dimensões associativa-dissociativa e interpretativa.

2) O tratamento analítico não ocupa uma posição secundária, subordinando-se à metapsicologia. Em outras palavras,

---

9   *GW*, XV, 86; *OCF-P*, XIV.

recusamos uma sequência na qual o primeiro elemento seria a observação clínica, supostamente neutra e objetiva, a partir da qual seria possível inferir uma teoria metapsicológica, enquanto a técnica, a práxis, seria um conjunto de preceitos, um instrumento a ser deduzido a partir da teoria. O raciocínio seria o seguinte: se o nosso psiquismo é formado desta ou daquela maneira, quais são as melhores formas de fazê-lo evoluir? Isso levantaria, novamente, a questão de um objetivo alheio a estabelecer para essa evolução.

Acreditamos, ao contrário, que o tratamento analítico ocupa uma posição primeira em relação à metapsicologia. Não por causa de uma espécie de pragmatismo que poderia ser enunciado assim: "fazer primeiro para depois justificar o que foi feito". Mas porque o tratamento analítico (situação + método) é uma invenção, algo radicalmente novo trazido por Freud, um novo que pretendemos mostrar como tendo uma origem muito antiga, no originário do próprio ser humano.

Essa invenção não é instantânea, certamente, mas pode ser historicamente datada em um curto período, entre *Estudos sobre a histeria* e a análise do Homem dos Ratos.

Podemos dizer que, de certa forma, as teorias sucessivas "claudicam" vindo atrás dessa prática: "o que não se pode alcançar voando, é preciso alcançar claudicando"[10].

A mesma coisa acontece com as diversas teorias do aparelho psíquico ou com as teorias das pulsões: seu progresso sempre é motivado por problemas levantados pela prática.

No entanto, o que acabo de afirmar sobre o fato de que a teoria "claudica vindo atrás" é parcialmente falso, pois a invenção da prática analítica, na verdade, segue *pari passu* a invenção de uma primeira teoria, a teoria da sedução. É possível, até mesmo, afirmar que Freud não esteve longe de alçar um único e mesmo "voo" em ambas as áreas. O abandono da teoria da sedução o impedirá de atualizar a estreita relação entre as duas invenções, deixando-nos em aberto esta tarefa: relacionar o originário do tratamento analítico com o que se encontra na origem da existência humana.

---

10 *Was man nicht erfliegen kann das soll man erhinken*, citado por Freud. *GW*, XIII, p. 69; *OCF-P*, XV, p. 338.

Somos levados, assim, a retomar a *teoria da sedução* de Freud, mas levando em conta uma série de conceitos que, há décadas, propõem novas dimensões para refletir sobre o processo analítico. Tentaremos dar a devida importância a termos como *linguagem, mensagem, tradução, simbolização* e, finalmente, *hermenêutica*. Desses termos, não podemos prescindir para descrever o tratamento analítico, mas nos cabe mostrar que também são indispensáveis para descrever a gênese do aparelho psíquico e do conflito — desde que estejam posicionados no seu devido lugar.

Começaremos, hoje, pelo termo *hermenêutica*. Palavra muito usada — de forma questionável, na nossa opinião — para descrever o processo analítico. A maior parte das atividades hermenêuticas geralmente descritas se refere a situações segundas. Indo além dessas hermenêuticas derivadas, postulamos uma hermenêutica fundadora: a situação originária de alguém que precisa interpretar, dar sentido "ao que lhe acontece".

Mas o que lhe acontece não é realidade bruta. Nem mesmo é, como quer Heidegger, um "ser-aí" (*Dasein*) ou um "ser-lançado" (*Geworfenheit*)[11]. São mensagens vindas do adulto e endereçadas ao pequeno ser humano.

Em vez de invocar uma suposta atividade hermenêutica do analista, é preciso, portanto, dizer: o primeiro hermeneuta, o hermeneuta originário, é o ser humano. O que ele tem para traduzir são mensagens, e a pergunta é: o que está acontecendo comigo? Como dominar isso, apropriando-me por meio de uma "tradução"?

Quanto a esse ponto de partida, podemos nos reportar ao início do texto de Freud *Sobre as teorias sexuais infantis*. Freud cita dois grandes enigmas do mundo adulto com os quais a criança é confrontada: a diferença entre os sexos e a chegada de uma irmã ou um irmão. Mas há muitas outras mensagens mais originárias: as que têm como portador o seio ou, ainda, os primeiros cuidados corporais.

Devo me explicar aqui sobre a dissimetria adulto-bebê, que introduzi com as palavras "o que me acontece". Uma dissimetria que entra em contradição com as ideias correntes sobre a intera-

---

11 N.T.: Estado de derrelição, abandono, desamparo.

ção e a reciprocidade. Não nego a ideia de reciprocidade, desde que seu marco de validade seja precisamente delimitado. Não se pode negar o apego recíproco entre o pequeno ser humano e o adulto que o alimenta, cuida e protege. As mensagens emitidas por um dos membros desse par recebem do outro respostas mais ou menos apropriadas. O bebê está desde o início aberto para o mundo, sobretudo, para o mundo humano, adulto. A primeira relação entre o pequeno ser humano e sua mãe é uma relação no sentido pleno, feita de comunicações e afetos dos mais variados. Uma relação rica, em parte programada geneticamente, que os psicanalistas, durante muito tempo e de forma equivocada, a partir de Freud, reduziram ao aporte de alimento. O termo *autoconservação*, proposto por Freud para descrever esse campo, não é incorreto, mas induz erroneamente a uma negação da dimensão afetiva.

Passo agora à dissimetria, tão essencial quanto a reciprocidade. A psicanálise nos ensinou que o adulto é habitado por um isso inconsciente, que é sexual — ou sexual-agressivo, não discutirei isso aqui — e constituído por representações e fantasias que se infiltram nos comportamentos. Mas, quanto ao bebê, nada nos permite afirmar que ele tenha, desde o início, fantasias e um inconsciente — aliás, nem mesmo um eu.

Ora, ao longo da relação adulto-criança, a experiência nos mostra que as fantasias sexuais mais antigas são reativadas no adulto com o nascimento desse pequeno ser, desse outro eu mesmo, exatamente como eu fui outrora, entregue aos cuidados corporais mais deleitosos e, talvez, mais perversos.

A relação se estabelece, então, em dois níveis. O nível do vínculo autoconservativo, recíproco, constitui a base da comunicação. Mas, no ser humano, essa base autoconservativa é, de início, habitada, contaminada, parasitada por uma comunicação que corre em apenas uma direção: do adulto para a criança. Chamamos de "mensagens enigmáticas" aquelas que são endereçadas à criança pelo adulto e que pretenderiam ser puramente autoconservativas — "eu quero alimentá-lo, cuidar de você" —, mas que estão "comprometidas", no sentido freudiano do termo, pela penetração de fantasias sexuais. Eu alimento, mas, inconscientemente, enfio comida em você, no sentido sexual da intromissão — a *Nahrungszufuhr* se torna *Nahrungseinfuhr*, como aparece em um lapso significativo de Freud, em sua obra *Entwurf einer Psychologie*[12].

Diante dessas mensagens enigmáticas, a criança é inicialmente passiva e não tem a resposta instintual apropriada. Ela se encontra em uma situação traumática, que deve tentar superar por meio de uma retomada ativa, compreendendo, isto é, traduzindo.

Dizemos, então, que o ser humano se encontra, originariamente, numa situação de passividade, e em posição de hermeneuta. Mas essa hermenêutica fundamental não é aquela da situação, da facticidade, mas uma hermenêutica da mensagem.

Queremos destacar a radicalidade dessa situação. O ser humano, do ponto de vista sexual, está centrado, desde o início, no outro, orbita em torno do outro — é o que chamo de *copernicanismo* fundamental.

Por outro lado, ele busca incessantemente encontrar uma situação de domínio, ou de pseudodomínio, em que possa se considerar como centro e origem. O movimento *ptolomaico* é tão importante quanto o copernicanismo inicial, contra o qual constitui uma defesa.

É, portanto, em um movimento de autoapropriação, que podemos assimilar a uma tradução, que o aparelho psíquico se constitui. Mas o essencial está no fato de que essa tradução é sempre, necessariamente, imperfeita e fracassada. Isso se deve, precisamente, ao fato de que a criança não tem, no início, recursos suficientes para integrar, compreender, ligar os elementos sexuais dissimulados nas mensagens do outro adulto.

De forma esquemática, pode-se dizer que a constituição do aparelho psíquico — acima de tudo, a divisão entre um isso e um eu — é, essencialmente, o resultado desse processo de tradução. O eu integra aquilo que, das mensagens sexuais do outro, pode ser traduzido e aquilo a que pode dar uma forma. O que não pode ser traduzido, o resto da tradução, constitui

---

12 In *GW Nachtragsband*, p. 410. *La naissance de la psychanalyse*, Paris, PUF, 1956, p. 336; Laplanche, J. *La révolution copernicienne inachevée*, Paris, Aubier, 1992, p. XXVII, n. 52.

o isso inconsciente[13], que escapa à ligação e se torna, a partir desse momento, um polo de desligamento.

O recalque originário e, depois dele, os recalques secundários nada mais são que o resultado, inelutável, desse fracasso parcial da ligação.

Não percamos de vista a frase inicial do nosso "*sollen*": *wo Es war, solo Ich werden*. Podemos, agora, acrescentar esta precisão essencial: o *eu* e o *isso* em questão não são duas entidades de origem diferente, uma supostamente biológica e a outra, racional ou cultural. O eu e o isso se constituem inicialmente em um único e mesmo movimento. O eu engloba aquilo que, a partir da mensagem sexual do outro, pode ser traduzido, integrado em uma história mais ou menos coerente. O isso é o que permanece hostil à tradução. Convém insistir, o isso inconsciente não é como um segundo "eu", tão unitário quanto o primeiro. O processo do recalque, que trabalha, como diz Freud, de forma "altamente individual", tem como resultado uma "instância" que não pode ser comparada à do eu, e que pouco merece ser chamada de instância. Ela é feita de representações não coordenadas entre si, atemporais, não contraditórias, que exercem uma atração quase mecânica (processo primário) sobre as representações que, por assim dizer, passam a ser de sua alçada.

Por meio do processo do recalque, a alteridade psíquica muda radicalmente de lugar. Na relação copernicana inicial, o que está em jogo é a relação com a outra pessoa (*der Andere*). Uma vez o sistema psíquico voltando a se fechar em si mesmo, com a constituição do eu como instância, a alteridade se torna interna, o isso se torna *das Andere*, o outro por excelência, mas um outro interno.

Como conceber o conflito psíquico, uma vez constituído o sistema eu-isso? Ele pode, certamente, ser definido como um conflito pulsional entre o que chamamos de pulsões sexuais de

---

13 Em *O homem Moisés* (*GW*, XVI, p. 203), Freud se aproxima de tal formulação. Cito-o: "Embora uma parte dos conteúdos do id seja admitida pelo eu e elevada ao estado pré-consciente, outra parte não é atingida por essa tradução e permanece em segundo plano no isso, como o inconsciente propriamente dito". A restrição está no fato de que Freud continua preso à concepção de um isso biológico primordial e ignora a categoria da mensagem, o único elemento que realmente deve ser traduzido.

morte — a sexualidade em sua forma mais desenfreada — e as pulsões sexuais de vida, orientadas pela intenção de totalidade, totalidade do objeto e do eu tomado como objeto.

Ele pode, também, ser definido como conflito entre as duas instâncias: o eu como centro de ligação, dominado por Eros, e o isso, onde são encontrados vários níveis de desligamento, até a pulsão sexual de morte, que é seu abismo central.

Por último, ele pode ser definido, de forma mais abstrata ou até mesmo filosófica[14], como uma luta entre dois princípios: ligação e desligamento. São princípios que se sobrepõem parcialmente com a distinção tópica das instâncias, mas que também estão em ação dentro de cada instância.

Não é meu propósito descrever mais detalhadamente as modalidades do conflito normal ou neurótico. Gostaria apenas de enfatizar o seguinte ponto: esse conflito ocorre, a partir daí, na área ptolomaica do "aparelho da alma" descrito por Freud. A oposição ligação/desligamento, Eros/pulsão sexual de morte ou, ainda, eu/isso confronta o eu a um polo de alteridade, que passa a ser interno. Além disso, diferentemente da situação originária, o eu não está mais na presença de mensagens "a serem traduzidas", mas de resíduos coisificados[15].

As fantasias inconscientes não se apresentam como "a serem traduzidas" (*zu übersetzen*), mas como "a serem realizadas", "a serem preenchidas" (*zu erfüllen*). A alteridade do outro externo, apesar de sua estrangeiridade, apresentava-se sob o modo da comunicação e pelas vias da linguagem, mesmo que esta fosse, inicialmente, somente gestual. A alteridade do outro interno, o isso inconsciente, manifesta-se sob o modo da formação substitutiva pelas vias do deslocamento e da condensação, alheia a qualquer intenção comunicativa.

A mesma oposição é encontrada no nível da defesa. Em ambos os casos, ela visa à ligação, diante do risco de desligamento. Mas a ligação originária, diante da mensagem enigmática externa, acima de tudo, era da ordem das conexões de sentido. É uma ligação *tradutiva*. Por outro lado, diante do isso inconsciente,

---

14 Freud, como sabemos, refere-se à oposição empedocliana de φιλία e νεῖχος.
15 O que Freud chama de *Sachvorstellungen* e eu interpreto: não *Vorstellungen einer Sache* (representações de uma coisa), mas *Vorstellungen als Sachen* (representações como coisas).

uma vez que este está constituído, o eu utiliza mecanismos de defesa muito mais "mecânicos", os mesmos descritos por Anna Freud, seguindo Freud. Certamente, é possível dizer que, no mecanismo de defesa, subsiste, às vezes, uma intenção tradutiva. Pode-se dizer que a fobia "traduz" em perigo externo, real, um perigo pulsional. Na verdade, mais que traduzir, ela o transpõe de um lugar para outro, mas sem o trabalho de integração e sem a consideração de um contexto que constituem uma verdadeira tradução. Isso se deve ao fato de que o isso recalcado não é constituído por mensagens, nem mesmo por sequências com sentido, mas, sim, por elementos que justamente escaparam de uma formação de sentido originária.

Para concluir, é preciso admitir que o conflito psíquico, uma vez constituído, oferece poucas perspectivas para uma verdadeira resolução ou, até mesmo, um progresso. Ele é fadado, com maior frequência, mesmo sob formas disfarçadas, à compulsão à repetição: repetição dos modos de satisfação substitutiva, repetição dos mecanismos de defesa.

Esse longo trajeto foi necessário para se chegar ao processo analítico. Partimos desta constatação: se o tratamento analítico apenas colocasse em jogo as mesmas forças que estão espontaneamente em ação no sujeito humano, com um aparelho psíquico constituído, no qual a ligação ocorre entre um eu e um isso no recinto "ptolomaico" do eu, não se sabe de quais meios ele poderia dispor para iniciar uma verdadeira mudança. As traduções antigas, os planos de vida (sejam eles caóticos ou rígidos), os mitos e as ideologias de cada um têm um peso enorme sobre uma existência constituída.

Para retomar a metáfora da tradução, o que se acredita ser uma nova tradução é, infelizmente, com frequência, somente a tradução de uma tradução. Ernst Kris mostrou bem como uma análise poderia se desenrolar inteiramente sem que a idealização mítica de um indivíduo fosse minimamente questionada[16].

Retomemos, então, a pergunta: qual é a esperança louca, utópica, que permite considerar que a análise possa fazer algo além de reorganizar localmente um jogo de forças constituído

---

16 The personal myth: a problem in psychoanalytic technique (1956). In *Problems of memory*.

a partir dos primeiros recalques e da constituição da oposição eu-isso? De que maneira "eu" poderia advir onde estava "isso", se a constituição das duas instâncias é, como já dissemos, complementar, e se o inconsciente é o que, de início, escapou à mitificação pelo eu?

Minha ideia é que a prática inaugurada por Freud tem como significado latente e, portanto, como objetivo, restabelecer o conflito originário copernicano, o mesmo que deu origem ao jogo de forças secundário e ao conflito derivado, o qual se estabelece, em seguida, entre o eu e seu outro interno.

Essa reinstauração da situação originária ocorre por dois meios principais: 1) pela situação analítica e pela transferência que o seu produto; e 2) pela análise, como método de destradução.

Nosso ponto de vista sobre a *transferência* é que ela não poderia ser reduzida a uma mera repetição das relações com um determinado tipo de objeto infantil, uma repetição que vemos constantemente, por outro lado, na vida cotidiana.

A essa transferência que, de certa forma, é obstruída e bloqueada por aquilo mesmo que ela repete — o que chamamos de "transferência em pleno" —, opomos uma reinstauração, não da relação com um determinado objeto em particular, mas da relação com o próprio enigma. O que se denomina — de forma muito superficial — "neutralidade" deve ser entendido como a capacidade do analista de suscitar e sustentar essa situação em que o outro (o analista) *supostamente* detém a verdade do sujeito. Trata-se de uma reiteração da situação adulto-criança, mas com a grande diferença de que o analista deve evitar preencher, por sua vez, a transferência com suas próprias mensagens comprometidas pelo seu inconsciente. O que se denomina — de maneira muito discutida — contratransferência e domínio da contratransferência pode ser apenas uma relação muito particular do analista com o próprio inconsciente, com *sua própria* alteridade. Não uma integração (impossível e indesejável) dessa alteridade em seu eu, mas um reconhecimento que é, ao mesmo tempo, um distanciamento e uma forma de respeito.

O que eu chamo de *transferência em oco* — uma transferência que não é preenchida por esta ou aquela imago incômoda e indemovível — é, portanto, uma reinstauração do que se poderia chamar de "transferência originária". Se, com efeito, a transferência se caracteriza por um desdobramento do outro e, se assim podemos dizer, pela presença da alteridade no outro, a situação originária criança-adulto pode então ser chamada, nesse sentido, de transferencial.

Resta falar do segundo elemento, ao lado da situação: precisamente, a *análise*. Embora a situação seja o lugar para colocar novamente a trabalhar a relação com os enigmas provenientes do outro, esse trabalho pode ser realizado somente por meio de uma desconstrução, de uma destradução dos mitos e das ideologias por meio dos quais o eu se construiu para lidar com esses enigmas. Esse é o trabalho propriamente analítico, ligado ao método da livre associação, a qual pode também ser chamada de livre dissociação. Não posso entrar em detalhes, mas destacarei certos pontos.

Esse trabalho conjunto do analista e do analisando não deve ser posto a serviço de concepções preestabelecidas, ainda que estas façam parte do arsenal das teorias psicanalíticas (castração, Édipo, posição depressiva, etc.).

Esse trabalho visa, acima de tudo, as autoteorizações próprias ao eu do sujeito. É somente por inferência que os elementos inconscientes (não integrados pelo eu) podem ser identificados. As "construções na análise", das quais Freud fala, são, acima de tudo, reconstruções dos processos antigos de recalque, isto é, *reconstruções das construções* defensivas que o sujeito forjou anteriormente. Nesse sentido, são etapas que devem ser, por sua vez, analisadas até se aproximarem ao máximo das mensagens originárias — sem nunca as alcançar.

Esse trabalho progressivo de destradução, ou por camadas sucessivas, é constantemente acompanhado pelo movimento inverso. Nunca se deve negligenciar que o próprio eu, de acordo com o termo de Freud, é movido por uma compulsão à *síntese*, em função do próprio perigo de desligamento reatualizado pela *análise*. Pode-se até mesmo dizer que esse esforço de síntese constitui a tendência restauradora própria do movimento especificamente "psicoterápico".

O analista — exceto nos casos clínicos em que a síntese espontânea é manifestamente deficiente — não deve propor esquemas ou modelos para a retradução, tampouco esquemas psicanalíticos clássicos ou outros. Nesse sentido, a psicanálise, em sua essência, continua sendo uma "anti-hermenêutica", e o único hermeneuta que dá um sentido mais ou menos adequado — ainda assim sempre inadequado — à sua existência exposta ao outro é o próprio indivíduo humano.

Nesta altura de nossa apresentação, retomemos a frase de Freud: *"wo Es war, solo Ich werden"*. Seguem as modificações que propomos.

O eu não é uma instância definitiva. Ele é construído *contra* uma alteridade fundamental, por meio da formação de sentido (tradução) e das identificações. Mas o próprio isso não é uma instância originária; ele é, ao contrário, o resíduo de um processo que deixou para trás um não traduzido.

Por essa razão, o *werden soll*, que constitui o objetivo da análise, não é conquista de um isso antediluviano por um eu autônomo. É uma tentativa de retomada do processo originário, em que o outro "a ser conquistado" não era o outro interno inconsciente, mas o outro externo, fonte das mensagens enigmáticas. Esse outro foi, outrora, a origem de uma verdadeira "pulsão para traduzir" (*Trieb zur Übersetzung,* termo cunhado pelos românticos alemães).

Dissemos anteriormente que, se o tratamento analítico colocasse em jogo somente as forças já presentes no aparelho, haveria poucas chances de obter um resultado melhor que o conflito psíquico espontâneo. Acrescentamos agora que a nova força motriz gerada pela situação transferencial e pela relação com o enigma é, precisamente, essa "pulsão para traduzir" renovada.

Por fim, o objetivo do processo poderia ser definido como uma nova tentativa de estruturação do eu, uma nova tradução que tenta melhor dar conta, reapropriar-se, em uma nova forma, dos elementos excluídos até então. Mas não se deve esquecer a diferença entre o objetivo do analisando e o do analista. O primeiro, submetido ao traumatismo do tratamento analítico, continua a trabalhar para tentar cicatrizar o mais rápido possível. O analista, por sua vez, não pode e não deve prestar assistência a essas tentativas repetidas de ligação. Ele é, acima de tudo, o artífice do desligamento, e deve sempre reconduzir o analisando para a via da análise.

Meu último ponto, no entanto, é este: por mais ambicioso que seja o objetivo definido — uma reativação do processo originário —, não seria possível ignorar que ele assume, em última análise, um aspecto "ptolomaico". Por mais abrangente que seja, a nova unidade do eu se encerra obrigatoriamente em uma nova versão do isso como outro interno.

Deve-se pensar que um confinamento "ptolomaico" e, em última análise, narcísico, constitui o objetivo final, em relação ao qual o próprio tratamento analítico seria apenas um episódio de reestruturação fértil, mas transitório?

A experiência nos mostra, contudo, que não é sempre assim. A dimensão da transferência, uma vez desvencilhada de seu aspecto de logro puramente projetivo, revela-se em sua verdade como "transferência em oco", isto é, uma reiteração da relação com o outro como mensageiro de enigmas. Em alguns casos, essa abertura — essa ferida — da transferência pode ser transferida, por sua vez, para fora do tratamento analítico, em uma relação de endereçamento ao outro e de vulnerabilidade pela *inspiração* do outro, o que é característico dos criadores, independentemente de sua área de criação. Essa possibilidade exigiria, também, longas explicações:

1) A continuação da análise como autoanálise foi muitas vezes preconizada, especialmente no exercício da profissão de analista. Refiro-me aqui ao que pode ser considerado uma modalidade bastante específica desse prolongamento. Trata-se, dever-se-ia dizer, da manutenção da ferida pelo outro. Se Ferenczi criticava Freud por não o ter imunizado contra *novas* experiências traumáticas foi por não ter percebido toda a fecundidade do "novo" vindo do outro. Trata-se, na verdade, de análise infinita, mas muito diferente daquela reprodução de esquemas de compreensão "psicanalítica" e de suas aplicações na vida cotidiana que se pode constatar em ex-analisandos que se tornaram profissionais da psicanálise.

2) No final da análise, o movimento dessa *transferência de transferência* deve ser percebido, eventualmente, apreendido

e aceito pelo analista. Uma desconfiança justificada a respeito da "transferência lateral" — quando esta dificulta o trabalho analítico — deve ser conjugada com uma atitude de aceitação lúcida em relação à transposição e ao prosseguimento, externamente, da relação copernicana.

3) A definição do campo cultural, tomado em sentido amplo, não poderia prescindir das noções de mensagem, endereçamento e enigma. A mensagem do "criador", ainda que modesta, define-se pelo fato de que seu endereçamento não visa a uma única pessoa, sobre quem deveria ser produzido um "efeito" determinado. É potencialmente infinita, aberta à recepção enigmática de um público "esparso no futuro" (Mallarmé).

4) Por fim, é a noção de sublimação que deveria ser completamente repensada. Na perspectiva habitual, tanto de Freud quanto de Melanie Klein, a sublimação continua sendo uma construção essencialmente ptolomaica, secundária, destinada a domesticar a "estrangeiridade" da relação com o outro.

É aqui que uma noção antiga como a de "inspiração" deveria ser revalorizada como correspondente a uma espécie de pressentimento do caráter copernicano da criação cultural. Parece-nos que a prática instaurada por Freud trouxe algo novo não para o conceito de sublimação, mas para a *própria sublimação*, introduzindo nela sua "revolução copernicana".

X
A psicanálise como anti-hermenêutica[1]

Para Serge Leclaire

O título desta comunicação[2] pode comportar, para a maioria dos ouvintes, um caráter paradoxal e até provocador. Como a psicanálise — não fosse senão por sua obra fundamental intitulada *A intepretação dos sonhos* — poderia não encontrar muito naturalmente o movimento hermenêutico que se desenvolve a partir do final do século XVIII, precisamente como teoria, método e prática da intepretação?

Daí a filiar a psicanálise à hermenêutica é só um passo, facilmente transposto. A psicanálise seria um caso particular, uma "hermenêutica regional", seja quando se aceita levá-la em consideração, como o faz Ricoeur, seja quando ela é rejeitada como mal fundada, arbitrária, como alegam, por exemplo, Gadamer, Grondin e muitos outros.

Eu me posiciono em outra via há muito tempo, desde 1968[3], particularmente em um confronto com as teses de Ricoeur

---

1 *Revue des Sciences humaines*, 1995, 240, p. 13-24.
2 Apresentada no Colóquio *Herméneutique, textes, sciences*, Cerisy, 15 de setembro de 1994.
3 Interpréter [avec] Freud. *La révolution copernicienne inachevée*, Paris, Aubier, 1992, p. 21-36. Cf. também La psycanalyse entre déterminisme et herméneutique, ibid., p. 385-416.

sobre Freud, a quem eu critico principalmente, na sua interpretação *de* Freud, o fato de não ter levado em conta o método do próprio Freud.

Hoje eu colocaria a questão simplesmente assim: parece evidente, principalmente com os desenvolvimentos recentes da hermenêutica, que não há intepretação sem código ou sem chave de tradução. A hermenêutica define-se como uma acolhida, uma transposição ou uma leitura — de um texto, de um destino, de um *Dasein* —, uma leitura que se funda, obviamente, numa pré-compreensão ou protocompreensão prévia.

A psicanálise, por sua vez, seria assimilável a uma leitura, o que supõe que ela proporia, de saída, um ou vários códigos.

Minha exposição irá de encontro a essa aparente evidência. Na primeira parte, buscarei apoio em Freud. Na segunda, proporei o fundamento da anti-hermenêutica psicanalítica, que eu chamo de teoria da sedução generalizada.

COM FREUD

Muitas afirmações de Freud seguem em sentido oposto à inclusão da psicanálise na hermenêutica.

Eu insisto, há muito tempo, em apontar a prioridade absoluta dada ao *método*. Antes de se especificar como clínica ou como teoria, a psicanálise se define, em primeiro lugar, como "um procedimento para a investigação de processos anímicos quase inacessíveis de outra forma"[4]. No entanto, esse método é constantemente definido como *analítico*, associativo-dissociativo, sendo a "associação livre" (*freie Assoziation*) ou "as ideias livres incidentes" (*freie Einfälle*) a via utilizada para dissociar todo sentido proposto conscientemente.

Método analítico, supostamente conforme ao seu objeto postulado: "a representação [dita] inconsciente". Isso nos autoriza a postular, no objeto visado, justamente em função do seu modo de acesso, a ausência de qualquer sentido sintético.

Ora, de forma complementar, Freud nunca deixou de formular declarações opostas a toda síntese. De um lado, não existiria nenhuma síntese no "isso", onde impera uma coexistência

---

4 Psychanalyse et théorie de la libido. *GW*, XIII, 211; *OCF-P*, XVI, 183.

sem coerência; de outro lado, o analista deve contentar-se em analisar, sem propor qualquer "psicossíntese" ao paciente.

Esta questão é objeto de um esclarecimento tardio e importante no artigo de 1937, *Construções em análise*. Freud não nega mais que a análise pode levar, como por etapas, a construções parciais e provisórias. Estas são, aliás, apenas *reconstruções* breves de sequências de sentido historicamente bem definidas. Mas esse lugar atribuído à *Konstruktion* permite a Freud redimir totalmente a *Deutung*, a interpretação, que, ao contrário da síntese reconstrutiva, procede, por definição, elemento por elemento, restituindo simplesmente um determinado elo perdido da cadeia associativa-dissociativa. Esta definição quase mecanicista, associativista, despreza toda busca de sentido, toda compreensão prévia. Sobre esta questão, saliento que Freud utiliza somente o termo *Deutung*, enquanto os hermeneutas falam de *Auslegung* ou de *Interpretation*. Mesmo conhecendo as raízes etimológicas de *deuten*[5], inclino-me a perceber mais na *Deutung* freudiana o vestígio da forma *deuten auf*: indicar, apontar para um elemento em separado. Sempre a análise.

Além dessas considerações terminológicas, eu gostaria de defender com outro argumento a ideia de que a psicanálise não é esse sistema de interpretações estereotipadas ao qual é frequentemente reduzida por alguns de seus adeptos, para enorme benefício de seus detratores, que têm a partida ganha.

Meu argumento será de caráter histórico. Gostaria de mostrar como a psicanálise, nos anos 1900, sofreu uma mudança tão importante quanto funesta, com o surgimento desses códigos de leitura chamados *simbolismo* e *tipicidade*.

Dois testemunhos principais desse primeiro período e de sua metodologia anti-hermenêutica são *Estudos sobre a histeria* (1895) e *A interpretação dos sonhos* na sua edição de 1900, antes dos acréscimos das edições ulteriores, que se caracterizam, precisamente, pela introdução dos códigos de leitura.

É interessante observar, do ponto de vista metodológico, uma das psicanálises dos *Estudos*, ou, ainda, o famoso sonho da injeção de Irma, que serve como paradigma em *A interpretação dos sonhos*. Freud nos apresenta vinte páginas de associações, de deciframentos, mas não codificados e muito menos biunívocos:

---

5 "Mostrar *coram populo*": mesma raiz que *deutsch*.

são vinte páginas de desligamento (*Entbindung*) em relação à narrativa mais ou menos coerente do sonho. As vias associativas são seguidas, os pontos de interseção são anotados, mas não é proposta nenhuma síntese. O capítulo termina de forma abrupta e até decepcionante: "Acabei, assim, a interpretação do sonho... isso salta aos olhos, o sonho é uma realização de desejo"[6].

Insistamos neste ponto histórico: em 1900, o método analítico já estava completo. Ora, ele não é em nada uma tradução, uma compreensão ou uma leitura. O método é de *destradução*, seguindo as pistas de elementos ditos inconscientes (Freud falava de lembranças ou, melhor, de reminiscências).

Certamente, isso não quer dizer que não se produza síntese, mas ela é puramente espontânea e, sobretudo, individual; como na química, os elementos analisados tendem a se recombinar. Mas não existem códigos preestabelecidos para uma retradução.

Seguramente, esse tempo originário do método será logo ocultado. Muito rapidamente irão intervir os códigos ditos psicanalíticos, sob duas bandeiras: a "simbólica" e a "tipicidade".

A *simbólica*, unindo de forma fixa símbolo e simbolizado, só se desenvolverá nas edições posteriores da *Traumdeutung*. A esse respeito, Freud chegou a falar de uma "língua fundamental".

A *tipicidade*. No início, está relacionada a sonhos cujo conteúdo manifesto corresponderia a um roteiro quase universal. No entanto, esses sonhos típicos ocupam pouco espaço até 1900, sendo desenvolvidos consideravelmente logo a seguir: sonhos de nudez, sonhos com exames, sonhos de morte de pessoas queridas, que, como sabemos, conduzem à "descoberta" do complexo de Édipo.

Mais tarde, virão os grandes esquemas típicos, os grandes "complexos", em primeiro plano de importância o "complexo de castração". Em seguida, a mitologia dos dois grandes instintos[7], de Vida e de Morte. E, depois de Freud, continuarão

---

6 Cf. *GW*, II-III, 123. [A interpretação dos sonhos. *Edição standard brasileira*, vol. V, Rio de Janeiro, Imago]. Já salientamos mais de uma vez esta expressão a que Freud volta com obstinação: "O sonho é uma realização de desejo", e não "o sonho exprime um desejo".

7 N.T.: No original, o autor usa *instinct*, propositalmente, para destacar o caráter ideológico com que o conceito assume, gradualmente, até a segunda teoria freudiana das pulsões, um caráter de esquema narrativo que Laplanche critica. Para aprofundamentos, ver, por exemplo, *Vida e morte em psicanálise* (Porto Alegre, Artmed, 1985).

proliferando esses organizadores sintetizadores, como, por exemplo, o esquema da posição depressiva, de acordo com Melanie Klein, ou a função da Lei e da Castração, com Lacan.

Detenhamo-nos nesses anos nos quais aparecem tipicidade e simbolismo. Freud acreditava ter feito uma descoberta fundamental, talvez o único acréscimo verdadeiro a sua doutrina. E essa descoberta incidiria tanto sobre os conteúdos (que serão universalizados) quanto sobre o método. Paralelamente ao passo a passo das associações livres individuais seria proposta, sob o nome de método simbólico, uma espécie de leitura ou de tradução "à primeira vista"[8]. Simbolismo *versus* associações, a minha pergunta é: seriam métodos paralelos e até complementares, como os via Freud, ou haveria ali dois vetores antagonistas, precisamente os da anti-hermenêutica e da hermenêutica?

A oposição entre ambos é nítida:
1. O método simbólico traduz "à primeira vista" a narrativa manifesta do sonho, preservando sua coerência e, por fim, conferindo a ela credibilidade; ele transpõe uma narrativa em outra. Já o método associativo dissociava a narrativa manifesta sem atribuir a ela o menor crédito.
2. Os métodos não estabelecem uma relação de cooperação, uma vez que, segundo Freud, *quando o simbolismo fala, as associações se calam*. É justamente o obstáculo oposto pelos assim chamados "elementos mudos" que forçaria o uso do simbolismo. É o que Freud sublinha sem tentar explicar.

Para ser melhor compreendido, mencionarei um sonho, presente já na edição de 1900, aquele do "homem com um machado".

"Um homem que sofria, há um ano, de uma doença grave tinha sonhado recorrentemente, entre seus onze e treze anos, tomado por profunda angústia, *que um homem com um machado o perseguia. Ele queria fugir, mas ficava como paralisado e não conseguia se mexer*"[9].

Não pretendo resumir a interpretação desse sonho, mas apenas sublinhar o paradoxo que ela propõe. Freud, antes de 1900, apro-

---

8 N.T.: No original, *à livre ouvert*, expressão que significa "com facilidade" ou "automaticamente".
9 *GW*, II-III, 590, tradução francesa, p. 496. [*A interpretação dos sonhos. Edição standard brasileira*, vol. V, Rio de Janeiro, Imago.]

pria-se dessa narrativa elemento por elemento, sem se preocupar com o roteiro, e conforme o método de desligamento clássico. As vias associativas o conduzem finalmente a cenas infantis de observação de um coito violento entre os pais.

Nem por um instante Freud lê a "castração", a tipicidade da castração, que pode parecer espantosa ao "psicanalista" contemporâneo, a partir da leitura do sonho manifesto. Aliás, essa castração estaria facilmente em conformidade com a angústia extrema que acompanha o sonho. Mas justamente, nessa época, Freud não entende a angústia como uma ameaça do mundo exterior (a castração), mas como resultado do ataque interno do sujeito pela pulsão sexual inconsciente.

Vamos resumir a minha interrogação. Trata-se, então, de um sonho que deveria ser considerado típico e lido a partir da chave "castração". Ora, Freud a ignora deliberadamente. E, por outro lado, não constata esse pretenso silêncio das associações que deveria atingir o sujeito quando seu sonho é regido pelo simbolismo. Concluindo, a leitura pelo simbolismo e pela tipicidade não é coadjuvante do método associativo. Quando um está presente, o outro está ausente, e vice-versa.

O que foi exposto até aqui conduz a formular esta hipótese: é o simbolismo que *faz calar* as associações. E, avançando ainda mais, a síntese, o pensamento codificado está do lado do *recalque*. Na análise do "homem com o machado", é por se recusar a descobrir a castração como roteiro sintético, como "complexo", que Freud pode prosseguir no método analítico.

No entanto, a *descoberta da castração* se estendeu ao longo da história da psicanálise ao ponto, talvez, de invadi-la e tudo ocultar.

A principal etapa é a análise do pequeno Hans (1906-1909). Eu denomino ironicamente a teoria ali traçada "teoria de Hans e Sigmund". É Hans quem põe em cena essa fábula que é uma "teoria sexual da criança". É Sigmund quem a adotará, dando--lhe forma e postulando, pouco a pouco, a sua universalidade.

Algumas palavras sobre essa teoria sexual infantil que se tornou, pretensamente, uma teoria psicanalítica. Uma teoria para fazer o quê? Para explicar um *enigma* proposto à criança pelo mundo dos adultos.

No início, esse enigma não é a diferença dos sexos, mas a diferença dos *gêneros*. O bebê não percebe uma diferenciação anatômica. Mas percebe muito rapidamente que a espécie humana está dividida em dois gêneros, segundo os hábitos, a apresentação, o comportamento, a função, etc. Deve haver, por trás disso, uma diferença enigmática, mascarada, proposta de saída pelo adulto como uma mensagem a ser decifrada. A teoria da castração quer dar conta desse enigma, simbolizando-o em um sistema codificado. O código, por sua vez, funda-se na anatomia e funciona como um mito binário, ±. Resumindo, no início, todos os humanos tinham um pênis. Mais tarde, ele foi extirpado de alguns, mas não de outros; estes últimos, contudo, permanecem sob ameaça.

Incidentalmente, é uma teoria inversa à teoria biológica, na qual o sexo de base é o feminino, enquanto a masculinização decorre da ação de um hormônio suplementar. É uma teoria fantasmagórica e contingente. Ainda em 1915, Freud considera que ela está longe de ser universal. Já os etnólogos, até mesmo psicanalistas como Roheim e Bettelheim, mostraram que há maneiras muito mais complexas e ricas de simbolizar a diferença dos gêneros.

Só bem tardiamente Freud preconizou a universalidade do "complexo de castração", com todas as dificuldades que acarreta sua aplicação, particularmente na menina.

Foi somente Lacan que colocou essa universalidade como um *a priori*, em nome de uma virada metafísica que dessexualiza o conjunto: a castração se tornou o significante da finitude humana, finitude que cada um deve assumir; e seria esse o objetivo da psicanálise...

Insistir sobre a contingência etnológica do mito de Hans e Sigmund não significa negligenciar a sua importância. Esse mito introduz o que eu chamei de lógica fálica, uma lógica binária do "mais" e do "menos". A tão exaltada assunção da castração não é um *amor fati* grandioso; ela está diretamente ligada à ascensão do binarismo, no qual se assenta por inteiro o mundo ocidental moderno.

Apesar da irresistível conquista do mundo pelo binarismo, convém lembrar que esse desenvolvimento permanece contingente em relação a tantas civilizações cujos mitos fundadores não são binários, mas plurais, aceitando a ambivalência em vez de apostarem tudo na diferença.

Para *concluir* este rápido percurso freudiano e antifreudiano, insistirei ainda sobre o fato de que a descoberta original de Freud é a de um método. Trata-se de um método inaudito, ligado à fundação, também inaudita, da situação psicanalítica. Onde, no mundo, antes da psicanálise e fora dela, é proposto e permitido dizer tudo, até os pensamentos mais secretos de chacina, racismo e violação? É um método estritamente individual que favorece as conexões individuais, de elemento por elemento, as "associações", em detrimento de toda autoconstrução e autoteorização. O método é analítico no sentido restrito do termo, associativo-dissociativo, desligante. Poder-se-ia chamá-lo de "desconstrutivo" — o termo *Rückbildung* está mesmo presente na obra Freud — se essa palavra não tivesse sido em seguida apropriada e aclimatada por uma filosofia exógena.

A recusa da síntese, antes de ser uma regra quase moral em Freud (recusa da sugestão, recusa de impor os próprios ideais, ainda que psicanalíticos), é uma abstenção metodológica. Sua máxima profunda é que, quando se segue a via da síntese, faz-se calar o inconsciente.

Ora, essa descoberta encontra-se oculta, encoberta pelo retorno da síntese, da "leitura", da hermenêutica. Esse retorno adota inicialmente o nome de tipicidade e simbolismo, logo desabrochando nos grandes "complexos" e, por fim, em todos os mitos pretensamente psicanalíticos que nos estorvam.

Não quer dizer que não se trate — com complexos e mitos — de descobertas parcialmente psicanalíticas. Mas tais descobertas estão mal situadas, ocultando o inconsciente na teoria psicanalítica, exatamente como o ocultam no ser humano. São formas utilizadas pelo ser humano para dominar os enigmas.

O PROBLEMA DA HERMENÊUTICA NO ÂMBITO DA TEORIA DA SEDUÇÃO GENERALIZADA

Algumas observações prévias

O esclarecimento anterior, por mais radical que possa ser em relação a uma concepção da psicanálise como pretensamente hermenêutica, não deixa de ser aparentemente "regional", restrito a um setor particular do conhecimento do homem. A pretensão de ser universal e fundamental não pode ser postulada a partir do simples polimento da psicanálise freudiana de um ponto de vista metodológico. A própria psicanálise freudiana só pode se fundar em uma teoria do ser humano, evidentemente elaborada a partir das descobertas freudianas, mas também da sua ocultação.

A elaboração daquilo que denomino "teoria da sedução generalizada" pretende seguir esta via: redescoberta da "teoria da sedução" formulada por Freud em 1895, aprofundamento da ocultação a que essa teoria foi submetida por volta de 1897. Aquilo que é chamado, de forma um tanto precipitada, de "abandono da teoria da sedução" não pode se restringir a um simples confronto empírico com os fatos, do qual a teoria sairia vitoriosa. Havia, nessa teoria freudiana, um germe de verdade, mas insuficientemente elaborado; consequentemente, pontos fracos, carências de generalização e de foco no essencial. Não se trata aqui de retomar essa elucidação, que me conduziu a uma generalização, no sentido epistemológico do termo.

A concomitância dessas ocultações — a da teoria da sedução e a do método individual em benefício de um retorno da leitura hermenêutica via simbolismo, tipicidade e complexos — deve ser associada, evidentemente, a ligações profundas. Não posso desenvolvê-las aqui, mas é fácil percebê-las.

Na exposição da teoria da sedução generalizada, falo mais de bom grado de tradução do que de leitura, interpretação ou mesmo compreensão. As razões são múltiplas.

Em primeiro lugar, sempre partimos de um sentido expresso, expresso para um outro, de uma mensagem. Essa mensagem é expressa numa "linguagem" — se dermos a este termo a sua acepção geral de sistema semiológico e não aquela de linguagem verbal, em sentido restritivo.

Em seguida, parece-me que o movimento hermenêutico, quando reescreve a sua história nos séculos 18, 19 e 20 — e nunca deixa de fazê-lo —, negligencia com excessiva frequência uma outra história, não obstante ela estar intimamente ligada à história da interpretação: a história da tradução e da teoria da tradução, como a apresenta Antoine Berman em *L'Épreuve de l'étranger*[10]. Sem dúvida, o nó entre tradução e hermenêutica é evidente em Schleiermacher. Resta saber se leitura e interpretação constituem uma categoria mais ampla que aquela da tradução, ou se elas não deveriam ser incluídas em uma teoria da tradução generalizada.

Por fim, eu privilegio a noção de tradução porque ela me permite elaborar o que denomino "modelo tradutivo" em uma teoria da recepção da mensagem do outro, uma teoria que também é teoria do recalque.

Hermeneuta, tradutor, teorizador, facetas de uma mesma atividade, a da recepção da mensagem do outro.

Volto, então, ao problema geral da hermenêutica para enunciar, no âmbito da teoria da sedução generalizada, esta proposição fundamental: *o único hermeneuta verdadeiro, originário, é o ser humano*. Todo e qualquer ser humano.

Nesta questão, aproximo-me parcialmente do ponto de vista heideggeriano: a hermenêutica fundamental não poderia ser trazida do exterior, como uma disciplina especializada. Ela não pode ser senão uma hermenêutica da condição humana, praticada pelo indivíduo humano. No entanto, minha explicitação dessa tese será profundamente diferente:

1) Aquilo que é objeto de uma protocompreensão, prototradução, não é a situação, mas a mensagem. Com efeito, como uma situação poderia ser objeto de uma tradução? Não há interrogação sobre a condição humana que não seja veiculada pela mensagem do outro. As grandes questões fundamentais — De onde viemos? Para onde vamos? Por que os gêneros? etc. — só chegam ao indivíduo colocadas pelo outro.

Que indivíduo? Que outro?

2) Aquele que exerce essa prototradução não é o homem adulto, em situação aqui, um *cogito,* quiçá um *Dasein.* O heideggerianismo e até mesmo a totalidade do pensamento hermenêutico permanecem marcados pelo selo do pensamento reflexivo, que eu chamo de pensamento ptolomaico e que é, por excelência, o pensamento do adulto fechado sobre si mesmo. Quem traduz

---

10 Paris, Gallimard, 1984. [*A prova do estrangeiro*: cultura e tradução na Alemanha romântica — Herder, Goethe, Schlegel, Novalis, Humboldt, Schleiermacher, Hölderlin, Bauru, EDUSC, 2002.]

originariamente, então, é a criança pequena, o bebê. E, para completar, o bebê que não tem inconsciente.

Arrisco com isso a ver os adeptos de uma filosofia do sujeito, qualquer que seja, fechando para sempre os ouvidos. "Ter um inconsciente", o que pode mesmo querer dizer esse realismo psicológico ingênuo? Ter-se-ia um inconsciente como um saco de nozes ou um feixe de lenha?[11] Ainda mais grave, aos olhos desses adultos, será o foco no bebê, ou na situação bebê-adulto. E, de fato, se só temos acesso ao inconsciente por um procedimento exterior, uma reconstrução a partir de lembranças ou observações empíricas, como esse recuo à infância poderia escapar à crítica de ser de natureza ôntica, puramente mundana, e a sua recusa como situação fundamental? A simples dúvida cartesiana aí bastaria.

Sem pretender desenvolver aqui a minha justificação, enunciarei o seu princípio: a situação de tradução originária se comunica, como provindo do interior, com a experiência única inaugurada por Freud, a situação analítica. A testemunha da "sedução" infantil é a "sedução" analítica, que chamamos "transferência"[12].

A situação originária (renovada no tratamento analítico), portanto, não é: eu estou aqui, em situação, e interpreto. Mas: o outro se dirige a mim, de forma enigmática, e eu (bebê-analisando) traduzo.

Expliquemos, então, em algumas palavras, essas "mensagens enigmáticas" do adulto endereçadas à criança. Chamo-as de "enigmáticas" em um sentido muito preciso; não no sentido de misteriosas, de difícil acesso ou inexplicáveis, mas como tendo duas faces, na medida em que o adulto "tem" um inconsciente que é particularmente despertado pela relação com a criança que ele mesmo foi um dia. Mensagens que são, geralmente, não verbais, como cuidados, mímicas, gestos, mas, às vezes, também verbais. São mensagens que considero comprometidas

---

11 *Und vieles*
Wie auf den Shultern eine
Last von Sheitern ist
Zu behalten
Hölderlin, *Stuttgarter Ausgabe*, 2, 1, p. 197.

12 Cf. Du transfert: sa provocation par l'analyste. In *La révolution copernicienne inachevée*, Paris, Aubier, 1992, p. 417-437.

por veicularem não apenas seu sentido manifesto, mas também seu comprometimento pelos significantes inconscientes, "comprometidas" exatamente no sentido mostrado por Freud em relação aos atos falhos, lapsos da fala (*Versprechen*), da escrita (*Verschreiben*), etc. São enigmáticas para o receptor, mas porque são enigmáticas para o emissor.

Não encontro um melhor modelo que a tradução para figurar a recepção desses endereçamentos. A tradução se efetua segundo códigos mais ou menos elementares, fornecidos inicialmente pelo mundo cultural, mas também pela fisiologia e até pela anatomia[13]. Além disso, a tradução originária — e isto é essencial — não tem apenas uma face de luz, de elucidação e de domínio, ela também tem uma face negativa. A tradução é sempre, ao mesmo tempo, fracasso da tradução, ou seja, recalque, constituição do inconsciente como resíduo da tradução[14].

O que seria então uma prática hermenêutica da psicanálise? Aplicando sobre uma antiga codificação uma nova codificação, centrando-se no manifesto para "relê-lo", ela não pode senão constituir uma reduplicação do recalque. Eu não viso principalmente a interpretação dita anagógica ou junguiana, adversário demasiado fácil, cuja crítica pode servir de álibi a hermenêuticas mais sutis, referendadas pelo próprio mestre Freud.

Contudo, no fluxo das teorizações secundárias, pretensamente psicanalíticas, o método e a situação analíticos permanecem como um rochedo, para lembrar a heterogeneidade do inconsciente em relação a qualquer sistema. O que faz esse método? Animado pelo campo da transferência e pela reativação da relação com o enigma (aquele do psicanalista), ele destraduz, por associação/dissociação e por *Deutung*, as traduções manifestas. Em seu percurso, depara-se frequentemente com camadas de tradução antigas que ele não se priva de reconstruir. Mas sempre para fazer avançar o rastreamento de resíduos inconscientes.

Lembremos o uso da metáfora da "chave" em hermenêutica. Lembremos também a análise e a crítica de Freud à interpretação clássica e popular dos sonhos dada pela "Chave dos

---

13 Cf. *Sedução, perseguição, revelação*, capítulo I, neste livro, a respeito da castração. O enigma dos gêneros é traduzido segundo o código "castrador", que é ao mesmo tempo anatômico e cultural.

14 Cf. *Curto tratado do inconsciente*, capítulo III, neste livro.

sonhos". Porque a chave que serve para abrir, serve também — e sobretudo — para fechar. O método psicanalítico, em sua origem, não tem chaves, mas chaves de fenda. Ele desmonta as fechaduras, não as abre. Somente assim, como um ladrão que irrompe, ele tenta se aproximar do tesouro, terrível e derrisório, dos significantes inconscientes.

O único hermeneuta é a criança, depois o analisando. Não vamos fazer dele um hermeneuta freudiano, kleiniano ou lacaniano. Ele será sempre suficientemente hermeneuta por si mesmo, na sua aspiração inextinguível à síntese, apesar de toda análise.

Terminarei tecendo uma rápida consideração sobre o que é a *teoria* em psicanálise. Parece indispensável distinguir *dois níveis*, bem marcados pelos títulos de dois textos de Freud: *Sobre as teorias sexuais das crianças* e *Três ensaios sobre a teoria da sexualidade*.

O primeiro nível, que, por comodidade, chamarei de nível I, é o das teorias descobertas no ser humano pela psicanálise. São ideologias, mitos, formalizações que, como tais, a psicanálise não poderia refutar nem provar. São essas teorias que os críticos da psicanálise atacam mais facilmente, e não sem razão, já que a maioria dos psicanalistas fizeram delas as *suas* teorias. É como pretender refutar o etnólogo demonstrando o caráter fantasmagórico e contingente de determinado mito ameríndio... A minha aproximação com a etnologia não é, por sinal, contingente: as "descobertas" psicanalíticas sobre as teorias míticas coincidem em muitos pontos com as descobertas etnológicas. Quanto à função dessas teorias, concordamos amplamente com Lévi-Strauss quando ele atribui a elas a tarefa de "acalmar a angústia intelectual e, se for o caso, existencial"[15]. Resta acrescentar apenas que essa angústia existencial é correlativa ao ataque pela mensagem do outro: o outro humano adulto, inicialmente (*der Andere*), e, depois, a outra coisa em nós (*das Andere*, o inconsciente).

A esse nível I eu oporei um nível II, o da teoria propriamente psicanalítica, que também denominamos *metapsicologia*. Como toda teoria, ela não poderia ser senão uma construção,

---

15 *La potière jalouse*, Paris, Plon, 1985, p. 227. [*A oleira ciumenta*, São Paulo, Brasiliense.]

para tentar dar conta de uma experiência, sendo esta, em primeiro plano, a do tratamento psicanalítico: situação, método, objeto. É a teoria do recalque, da gênese do inconsciente, de suas manifestações, de sua natureza. A teoria psicanalítica, como descrita no nível II, poderia reivindicar ser refutável e falsificável? O fato dela não usar modelos físico-matemáticos não impede que deva se submeter à prova do raciocínio e ao confronto com a experiência.

Por mais diferentes — até mesmo heterogêneos — que sejam esses dois níveis da teoria, existe entre eles uma relação *prática* essencial. A teoria nível II quer dar conta de uma experiência e de uma práxis e, inversamente, propõe-se a guiar essa práxis. Ora, uma das realizações da teoria II é dar conta da função da teoria (mitos e ideologias) no ser humano e, notadamente, no processo de recalcamento. Nesse sentido, e se o tratamento psicanalítico se propõe a um levantamento, pelo menos parcial, dos recalques, a sua máxima só poderia ser: *hands off* à ingerência das teorias, ou melhor, das ideologias "psicanalíticas" na prática analítica. No tratamento psicanalítico, tirem as mãos da hermenêutica, da *nossa* hermenêutica! Uma máxima reguladora, que só poderia ser observada assimptoticamente e cuja outra formulação seria aquela do "recusar-se[16] a saber" (*Versagung des Wissens*) da parte do analista.

---

16 N.T.: No original, *refusement*.

XI
A psicanálise: mitos e teoria[1]

Seria uma vã afirmação declarar que a exigência de verdade está no cerne de nossa prática, que ela está cotidianamente presente para todo psicanalista que se preze? Tenderíamos a acreditar que sim ao constatarmos que, desde sempre, como também recentemente, os pensadores mais ilustres e os mais rigorosos se permitiram forjar, com a maior desenvoltura, uma imagem mal-esclarecida e heteróclita de uma "psicanálise" que, desde então, não tiveram nenhum problema em desacreditar.

Continua ressoando em nós o grito de protesto lançado há cerca de dez anos por Marie Moscovici a respeito de *A oleira ciumenta*, de Lévi-Strauss: "A psicanálise é um mito, resumiu Lévi-Strauss"[2]. Por mais severa que possa ser, essa frase não é infundada. Quanto à psicanálise ser um "mito", Lévi-Strauss está certamente no direito de levantar a questão, e nós mesmos não deixamos de colocá-la à nossa maneira. Mas é pouco

---

1   *Revue philosophique*, 1997, 2 e *Revue française de psychanalyse*, 1998, 3. Trabalho apresentado na Associação Psicanalítica da França (APF) em 23 de janeiro de 1996.
2   In Moscovici, M. *Il est arrivé quelque chose*, Paris, Ramsay, 1989, p. 205.

contestável que a imagem da nossa disciplina trazida por Lévi-Strauss para a discussão é uma espécie de *abstract*[3], uma "bricolagem" a partir de fragmentos unilateralmente escolhidos e conectados sem essa referência à história de um pensamento que é indispensável, principalmente quando se trata de Freud.

Lévi-Strauss não é o único a considerar que uma informação aproximada é, sem dúvida, autorizada pela própria natureza da nossa disciplina. Poderíamos citar de bom grado, entre outros grandes pensadores, Heidegger e provavelmente também Wittgenstein.

Mas eu gostaria de me deter um pouco mais em Popper, inclusive em virtude do apreço que tenho por sua epistemologia, pela crítica ao raciocínio indutivo e pela noção de falsificação. Sabemos que Popper considera o marxismo e a psicanálise — esses dois ídolos da *intelligentsia* do período entreguerras — como protótipos das pseudociências, alegando que seus raciocínios e suas conclusões se aplicariam infalivelmente a qualquer conjuntura e que não se poderia sequer imaginar uma situação dita de "falsificação", isto é, cuja eventual falsidade pudesse ser testada.

Assim, a psicanálise se vê vinculada, ao mesmo tempo, à metafísica e ao pensamento mítico, duas acusações que costumam andar juntas: "No que se refere à epopeia freudiana do eu, do supereu e do isso, essas histórias descrevem certos fatos, mas à maneira dos mitos, não em uma forma testável"[4].

No entanto, quando procuramos saber que tipo de asserção "psicanalítica"[5] Popper contesta, deparamo-nos com uma fábula totalmente forjada e repetida muitas vezes, como se fosse um grande achado: "Um homem atira uma criança em um rio com a intenção de afogá-la; um homem sacrifica sua vida para tentar salvar uma criança. Ambos os casos podem ser explicados com

---

3   N.T.: *Abstract*, neste contexto, tem o sentido de resumo, mas pensamos que o autor, ao utilizar esse termo e não *résumé*, quer nos remeter também à grafia antiga da palavra francesa *abstrait*, para indicar a abstração operada por Lévi-Strauss na construção da imagem da psicanálise (abstraída do contexto da história do pensamento freudiano).
4   Popper, K. *Conjectures and refutations*, Nova Iorque, Harper & Row, 1968, p. 38.
5   Popper não se preocupa com a qualidade da informação nem com a precisão de suas fontes. A "psicanálise" é, em um mesmo e único movimento, "Freud, Jung e Adler".

a mesma facilidade em termos freudianos: segundo Freud, o primeiro homem sofria de recalque (digamos de um componente de seu complexo de Édipo) enquanto o segundo tinha alcançado a sublimação"[6].

Quase nos envergonhamos de reproduzir tamanhas tolices nas quais termos como "recalque" ou "sublimação" são utilizados sem escrúpulos em um raciocínio de tipo metafísico (no sentido de A. Comte), isto é, como abstrações que contivessem, em seus simples nomes, todo o seu poder explicativo[7].

Não basta se indignar. Nem rir, nem chorar, compreender. Que destino condena a psicanálise a ser reduzida, por seus mais ilustres adversários, a fábulas tão sumárias?

Sem dúvida, isso lembra os momentos em que Freud parece estar prestes a ceder quanto ao seu ideal científico, até mesmo positivista, com formulações do tipo "a bruxa metapsicologia", "a teoria das pulsões é nossa mitologia" e até com a noção pouco elaborada de "mito científico". Isso parece contradizer o que vemos na quase totalidade da sua obra: um obstinado corpo a corpo no qual discute provas e contraprovas.

Em vão Popper e seus eventuais sucessores objetariam aqui que um acúmulo de confirmações nunca validou, em absoluto, uma teoria. Porque Freud, precisamente, no âmbito de uma espécie de epistemologia pré-popperiana cujas fontes seria interessante encontrar, invoca em diversos momentos a eventualidade daquilo que ele denomina, entre aspas, o "caso negativo", por exemplo, como possibilidade de falsificação de sua teoria da etiologia sexual[8]. É da mesma forma que ele procede, por uma prova de falsificação, tanto em seu "abandono da teoria da sedução" como no texto em que se propõe examinar "um caso de paranoia que contraria a teoria psicanalítica da

---

6   Popper, 1957, apud Grünbaum, A. Precis of the Foundations of Psychoanalysis. In *The Behavioral and Brain Sciences*, 1986, 9, p. 254.

7   O que se pensaria de um epistemólogo que tentasse demonstrar o caráter pseudocientífico da teoria da gravidade pelo seguinte "raciocínio": "Seja que um imóvel desabe ou que se mantenha em pé, cada um desses casos poderia ser explicado com a mesma facilidade em termos de gravidade". Evidentemente, nessa asserção, a palavra "gravidade" é invocada de maneira mitológico-metafísica, abstraindo-se de todo conteúdo científico.

8   *OCF-P*, III, p. 224-225, X, p. 253. [*Edição standard brasileira*, vol. III, Rio de Janeiro Imago, p. 295-296 na edição de 1976; vol. XII, p. 48 na edição de 1969.]

doença"[9]. Podemos lembrar, ainda, da forma como Freud acolhe a falsificação, por parte de Melanie Klein, da teoria segundo a qual os interditos internos (o supereu) herdam os interditos dos pais e a sua severidade. Melanie Klein objeta que, não raro, indivíduos que tiveram uma educação mais tolerante se sentem ainda mais culpados. Pode-se apreciar com cautela a capacidade de Freud de integrar teoricamente a objeção; pelo menos não recorre a subterfúgios para evitá-la.

Por fim, para encerrar esta brevíssima revisão, mencionarei o conhecido início de *Construções em análise*, em que Freud discute amplamente a asserção de um "erudito respeitável" segundo a qual a interpretação psicanalítica, enunciando-se como um "cara, eu ganho; coroa, você perde", seria por definição inacessível à contradição. Freud enfrenta diretamente essa objeção sem tentar contorná-la. O ponto nevrálgico de sua resposta, que nenhum epistemólogo poderia refutar, é, em definitivo, que não há forma de confundir o "não" ou o "sim" proferido pelo analisando com o "não" ou o "sim" que pode advir da experiência do tratamento e da reflexão sobre ela[10].

Por que maldição, então, um Freud que jamais cedeu quanto a suas exigências positivistas tem de enfrentar, de maneira recorrente, a acusação de ter ele mesmo criado apenas um mito a mais? Maldição? Vício oculto da teoria psicanalítica? Ou *falsa avaliação da própria função mítica por parte da teoria*?

É, pois, entre *mito e teoria* que prossigo aqui. Mas há um terceiro termo no horizonte que deveria ser levado em conta: o *romance*. Porque, desde o "romance familiar dos neuróticos" de Freud e o "mito individual do neurótico" de Lacan[11], o que poderíamos chamar de romanceação não cessa de prosperar em psicanálise. A narratividade — termo muito utilizado desde Spence, mas que também pode ser associado a Ricoeur, a Viderman e a outros autores menos importantes — torna-se

---

9   *OCF-P*, XIII. [*Edição standard brasileira*, vol. XIV, Rio de Janeiro, Imago.]
10 Tradução francesa in *Résultats, idées, problèmes*, II, Paris, PUF, 1985, p. 269 e seguintes [*Edição standard brasileira*, vol. XXIII, Rio de Janeiro, Imago, p. 291 e seguintes, na edição de 1975.]
11 Há um interessante cruzamento entre as fórmulas "romance familiar" (Freud) e "mito individual" (Lacan). Mas, em ambos os casos, trata-se de mostrar como o indivíduo (o "neurótico") cria para si uma versão pessoal de roteiros que envolvem a "família" e que são propostos pelo mito.

uma espécie de slogan à sombra do qual volta, no seio da psicanálise, a velha, mas sempre viva, hermenêutica[12].

Entre mito, teoria e romance. Entre a romanceação do sujeito e a mitificação da teoria, impõe-se um posicionamento. Ele deve levar em conta a interrogação que eu tentei sugerir acima: por que e como o pensamento mítico-simbólico, principal redescoberta da psicanálise, tendeu indevidamente a se transformar na totalidade da psicanálise, para seus adversários, mas talvez também, às vezes, para ele mesmo?

As descobertas de Freud — refiro-me às descobertas essenciais — contam-se com os dedos de uma mão, e isso já é muito. Cada uma delas coloca, obviamente, a questão da sua integração bem-sucedida ou mais ou menos fracassada. Sempre há uma possibilidade de extravio[13]. E, sem dúvida, esse extravio já seria mais ou menos previsível em função de opções anteriores.

Já tentei mostrar como a descoberta do *narcisismo* (1910-1915) implicava, de forma estrutural ou quase caleidoscópica, a hipótese de pulsões de vida e de morte[14]. Hoje, proponho que nos transportemos a uma época mais precoce do percurso freudiano. Anzieu, em seu livro *L'auto-analyse de Freud*, descreve as duas principais descobertas iniciais de Freud, sob a batuta, de um lado, do "sentido dos sonhos" e, de outro lado, do "complexo de Édipo"[15]. Aceitarei essas duas rubricas, mas dando a elas uma abrangência muito maior, pois o que está em jogo não são apenas dois tipos de *conteúdo*, mas aquilo que é designado como dois *métodos* (associativo *versus* simbólico) e dois *campos de aplicação* — ou mesmo de origem — diferentes: o indivíduo *ou* o campo cultural.

---

12 Que ela tenha convocado o termo freudiano *après-coup* para encontrar nele apenas o sentido de uma atribuição de sentido retrospectivo não deixa de ser inquietante em relação a uma concepção da temporalidade mais complexa que esse conceito comporta (cf. capítulo II, neste volume).

13 N.T.: *Fourvoiement* é um termo muito empregado por Laplanche e já foi traduzido no Brasil por *desvio*, inclusive no título de um dos livros dele, mas alguns estudiosos de Laplanche julgam que *extravio* faz mais jus ao sentido do termo.

14 Cf. por ex. *Problématiques IV: L'inconscient et le ça*, Paris, PUF, 1981, p. 222 e seguintes. [*Problemáticas IV: O inconsciente e o id*, São Paulo, Martins Fontes, 1992, p. 182 e seguintes.] E cf. capítulo VIII neste volume.

15 Paris, PUF, 1988, p. 179. [*A autoanálise de Freud e a descoberta da psicanálise*, Porto Alegre, Artmed, 1989.]

Esse segundo grande canteiro de obras que se abre para a psicanálise — do qual Freud gosta de apontar que não é o único nem possivelmente o primeiro explorador — situa-se nos anos 1906 a 1911. Não se trata, no sentido restrito, de uma virada, mas da abertura de um novo domínio. Colocá-lo apenas sob o signo do complexo de Édipo é demasiado restritivo. Em meu juízo, desenvolvem-se, nesse período, a partir de um mesmo e único movimento, o estabelecimento dos grandes complexos (Édipo e castração), a multiplicação dos roteiros ditos "típicos" encontrados nos sonhos, o florescimento do simbolismo e, *last but not least*, a referência ao mito. Os principais discípulos — sem serem os únicos — são Stekel, Jung e Rank. Freud não hesita em incorporar dois ensaios de Rank, um dos quais versa sobre o mito, à quarta edição da *Traumdeutung*. E, aliás, é a evolução complexa das edições progressivas da *Traumdeutung* que melhor evidencia a dificuldade de integrar esse campo novo ao projeto inicial.

Seria difícil, talvez parcialmente vão, traçar um quadro da descoberta inicial de Freud *antes* dessa invasão — um pouco incoerente e, de qualquer forma, incômoda — pelo *típico* e pela *simbólica*. É preciso lembrar que a descoberta inicial era, na verdade, correlativa a uma verdadeira *invenção*: a situação analítica e o método associativo. Foi em função da instauração desse instrumento inédito que se traçaram os contornos do objeto que é seu alvo ou mesmo o seu umbigo: o inconsciente.

Como, então, reconstituir essa "protoanálise" no momento em que ela recusava fundamentalmente qualquer "chave dos sonhos" e, no mesmo sentido, de modo geral, toda e qualquer *chave*, ou seja, todo saber preestabelecido das estruturas que porventura viessem a ser descobertas? Sem dúvida, uma imagem como essa seria ambígua, uma vez que não deixaria de mostrar, apesar de tudo, um Freud que sabia mais do que queria realmente dizer. No entanto, as análises dos *Studien* ou ainda do sonho da injeção de Irma são impressionantes pelo que se poderia identificar como uma maneira de soltar as amarras de um discurso orientado por uma meta, para se entregar inapelavelmente às cadeias de associações, a suas divergências e a seus entrecruzamentos, em resumo, a um *desligamento*, sem que seja proposta, nem mesmo no horizonte, uma nova ligação possível; nenhum reagrupamento sob a autoridade de um grande tema de compreensão. A própria realização do desejo, considerada o motor do sonho, declina-se facilmente no plural, assim como as cenas ou reminiscências que se revelam uma após a outra, como em fila.

Contudo, em vez de reforçar os traços que fazem da análise essencialmente um desligamento, eu gostaria de trazer, a título de prova, a análise de um sonho que me parece especialmente significativa pelo que ela propõe e, principalmente, pelo que omite.

Freud relata, já desde a primeira edição da *Traumdeutung*, ou seja, antes de 1900, que "um homem de vinte e sete anos, que estivera gravemente enfermo durante um ano, relatou que, quando tinha de onze a treze anos de idade, repetidamente sonhara, com o acompanhamento de grave ansiedade, que um homem com uma machadinha o estava perseguindo. Tentou correr, mas parecia estar paralisado e não pôde mover-se do lugar"[16].

A partir desse sonho, Freud apresenta, em não mais que duas páginas, a série de associações colhidas junto ao sonhador. Tais associações conduzem, por vias bifurcadas, às noções de violência, agressão, rivalidade entre irmãos, etc. Até aquilo que finalmente irrompe como uma ideia incidente solta, lembranças de percepção do coito parental[17]. A angústia, conforme a concebia Freud naquele momento, está ligada à excitação sexual provocada pela cena que foi testemunhada sem que pudesse ser dominada por uma compreensão adequada.

O importante, porém, do meu ponto de vista, é o fato de que, nem por um instante, nesse sonho apresentado como repetitivo, Freud lê o que hoje nos parece saltar aos olhos: "a castração". Aliás, ela seria perfeitamente compatível com o fato de se tratar de um sonho de angústia. Uma cegueira ou um paradoxo que se manterá ao longo das edições sucessivas da *Traumdeutung*, já que esse sonho nunca será tomado como referência ao se

---

16 *GW*, II-III, 590. [A interpretação dos sonhos. *Edição standard brasileira*, vol. V, Rio de Janeiro, Imago, p. 622.]
17 Não designada, nessa época, com o termo mítico de "cena primária".

tratar a questão do simbolismo ou dos sonhos típicos de castração[18]. Retomarei isto que parece ser uma exclusão recíproca do trabalho associativo e da leitura simbólica.

O surgimento do simbolismo e a extensão do que Freud denomina sonhos típicos suscita, na própria edição da *Traumdeutung*, não apenas acréscimos, como será o caso nos *Três ensaios*, mas reajustes muito complexos dos quais o prefácio da *Edição standard* dá conta parcialmente. A dificuldade reside principalmente em que simbolismo (ou simbólica) e tipicidade estão *estreitamente ligados*. Freud insistirá, aliás, em afirmar que "O simbolismo onírico é também indispensável a uma compreensão daqueles que são conhecidos como sonhos *típicos*, comuns a todos, e dos sonhos *recorrentes* nos indivíduos"[19].

Não se pode objetar que simbolismo e tipicidade sejam duas coisas diferentes, visto que, enquanto o simbolismo evidenciaria relações termo a termo entre símbolo e simbolizado, a tipicidade faria emergir roteiros fixos. Sabemos bem, com efeito, que uma equivalência termo a termo de um significante e um significado é uma ilusão, inconcebível a não ser dentro de um contexto. A "analogia", da qual Freud faz, justificadamente, a principal mola do simbolismo, é sempre uma analogia de relações; ler a machadinha como instrumento cortante é, ao mesmo tempo, ler o contexto, o roteiro: a castração.

Já a tipicidade, por sua vez, é, como sabemos, o que introduz diretamente, em Freud, os "complexos": o complexo de Édipo se desenvolve por completo na *Traumdeutung*, na seção "Sonhos sobre a morte de pessoas queridas".

Simbolismo, tipicidade, complexos: falta acrescentar um quarto elemento, que é o mito. No capítulo "Sonho sobre a morte de pessoas queridas", é o mito de Édipo, como encenado em

---

18 Para melhor dimensionar a questão, acrescentaremos que a análise desse sonho termina com um violento ataque irônico contra a explicação da angústia infantil proposta por certos pediatras, sob a alegação de que faria parte de uma "mitologia médica". Seria preciso adotar necessariamente uma mitologia, a da castração, após ter recusado uma outra? (*GW*, II-III, p. 591-593). [A interpretação dos sonhos. *Edição standard brasileira*, vol. V, Rio de Janeiro, Imago, p. 623-625 na edição de 1972.]

19 Sur le rêve. *GW*, II-III, p. 699; Paris, Gallimard, 1988, p. 138 (grifos nossos). Lembremos que o sonho "do homem com a machadinha" é um sonho *recorrente* que poderia ser considerado, ao mesmo tempo, *típico* e *simbólico*. [A interpretação dos sonhos. *Edição standard brasileira*, vol. V, Rio de Janeiro, Imago, p. 724.]

Sófocles, que constitui a referência maior, como o catalisador que "amarra" o conjunto em um todo coerente. Não se trata apenas de uma confirmação do complexo no mito. A leitura dos mitos passa a ser considerada como primeira, como o lugar e o teste de verdade da simbólica. Freud se exprimirá assim em uma nota de 10 de novembro de 1909: "Os símbolos oníricos que não remetem a mitos, a contos de fadas, a usos populares, etc. devem ser considerados duvidosos"[20].

Lembro também o entusiasmo de Freud quando Oppenheim, médico que ele não conhecia, envia-lhe documentos etnográficos que tratam do "sonho no folclore": "Faz já algum tempo que sou assediado pela ideia de que nossos estudos sobre o conteúdo das neuroses poderiam ter a vocação de esclarecer o enigma da formação dos mitos, e que o cerne da mitologia não é outra coisa que o que nós chamamos 'complexo nuclear da neurose', como pude recentemente evidenciar na análise da fobia de um menino de cinco anos"[21].

Esses documentos de Oppenheim, como sabemos, serão objeto de uma publicação comum sob o título de "Os sonhos no folclore"[22], cujo comentário interpretativo é de Freud. Sobre essa questão, só ressaltarei que não se trata de sonhos sonhados, mas de sonhos inseridos no folclore. Assim, o método de interpretação, totalmente simbólico, é, *por definição,* não associativo[23], visto que *não* há sonhador a não ser aquele inventado pela narrativa folclórica.

Último elemento desta nebulosa — e não dos menores — é o constituído pelas "teorias sexuais das crianças", às quais nos introduz, na carta a Oppenheim citada acima, a alusão à análise do pequeno Hans. Essas "teorias" são sustentadas, pelo menos parcialmente, pela mitologia ou pela fábula. Mas não se pode

---

20 Jones, E. *La vie et l'œuvre de Sigmund Freud*, II, Paris, PUF, 1969, p. 467. [*Vida e obra de Sigmund Freud*, Rio de Janeiro, Zahar Editores, 1970.]
21 Lettre à Oppenheim, du 28 de octobre 1909. *OCF-P*, XI, p. 85 e seguintes. N.T.: Essa carta é mencionada pelo editor da SE no prefácio ao texto "Os sonhos no folclore", no vol. XII da *Edição standard brasileira*, mas não é incluída ali.
22 *OCF-P*, XI, p. 55 e seguintes [O caso Schreber, artigos sobre técnica e outros trabalhos (1911-1913). *Edição standard brasileira*, vol. XII, Rio de Janeiro, Imago].
23 Situação totalmente diferente daquela na qual se interpreta *in absentia* o sonho de um sonhador real. Neste último caso, a opção "simbólica" é escolhida *quando faltam associações individuais*.

negar que a teoria da castração, exprimida por Hans e elaborada por Sigmund, terá posteriormente um destino mitológico independente considerável. Neste caso, trata-se de um mito da gênese da diferença dos sexos a partir de um gênero humano que, no início, comportaria apenas um sexo, o masculino. Uma "teoria" para a qual poucos apoios foram buscados — ou encontrados — nos mitos registrados no *corpus* etnográfico. É essa "teoria de Hans e Sigmund" que será transmutada, poderíamos dizer, em mito psicanalítico, com o destino que já conhecemos: uma teoria da gênese dos sexos que será transfigurada na ideia de uma "castração" operada entre a mãe e seu filho. E, de um modo mais geral, "a castração" se transformará, de uma maneira totalmente metafísica, em uma simples expressão para dizer "finitude".

Mas, enquanto Freud e, depois dele, Lacan erigem o complexo de castração em um Universal da psicanálise — talvez mais universal ainda que o Édipo —, o trabalho dos etnologistas não tem cessado de mostrar que os mitos e rituais de corte, de decepamento ou de circuncisão têm uma significação muito menos unívoca do que essa lógica fálica binária à qual a versão moderna, psicanalítica e pós-psicanalítica, quer se limitar. Em Roheim, Bettelheim e também em Groddeck, o que se esboça é uma linha de simbolizações menos fixas, eventualmente ambivalentes e até contraditórias. Em *Problemáticas II: Castração-simbolizações*[24], é precisamente essa oposição entre uma simbolização unívoca, *a* castração, no singular, e simbolizações plurais que eu tentei trazer para o primeiro plano.

Como situar esse imenso campo diante do qual Freud, longe de minimizar sua importância, ficava, poderíamos dizer, estupefato? Sigamos algumas ideias do capítulo 10 das *Conferências introdutórias sobre psicanálise*.

No início, Freud faz questão de sublinhar que o simbolismo é uma *contribuição exógena* à psicanálise, e isso, em muitos sentidos. Historicamente, é uma espécie de retorno ponderado às antigas "chaves dos sonhos" (ou "livros dos sonhos"), criticadas inicialmente na *Traumdeutung* porque proporiam significações fixas, independentes da pessoa e da história do sonhador. Em um contexto mais moderno, Freud se declara

---

24 *Problématiques II: Castration-symbolisations,* Paris, PUF, 1981. [Edição em português: São Paulo, Martins Fontes, 1992.]

tributário do filósofo Scherner, a quem atribui explicitamente a descoberta do simbolismo dos sonhos.

A simbólica é uma contribuição exógena também de outra maneira, exógena em relação ao lugar original da atividade analítica: a interpretação do sonho ou do sintoma. A sua origem — Freud não se cansa de sublinhá-lo — é, antes de mais nada, a leitura das produções culturais coletivas. Esse conhecimento, que o sonhador não possui, provém dos contos, mitos, brincadeiras, tiradas espirituosas, do folclore e do uso idiomático coloquial[25]. "Não devemos supor que o simbolismo onírico seja uma criação da elaboração dos sonhos [...]"[26]. "O campo do simbolismo é imensamente amplo e o simbolismo onírico constitui apenas pequena parte dele: na verdade, não conduz a nenhum objetivo útil atacar o problema a partir dos sonhos"[27].

O segundo ponto, não menos essencial, é que o simbolismo permite uma *leitura* coerente e *como à primeira vista*: "[...] frequentemente estaremos em situação de interpretar um sonho com segurança — de traduzi-lo à vista, por assim dizer. (*vom Blatt weg*)"[28].

Aqui introduzo um parêntese. Às vezes nos damos ao trabalho de recusar a ideia de que certa leitura psicanalítica poderia se efetuar, por assim dizer, à primeira vista, de forma quase automática. É, por exemplo, uma acusação em relação ao mito ou ao ritual que Green pretende refutar em seu prefácio ao livro tão interessante do etnologista Juillerat, *Œdipe chasseur*: "A intepretação de um mitema, diz ele, não corre o risco de ser

---

25 *GW*, XI, p. 160; Fr. Paris, Payot, p. 144. [Conferências introdutórias sobre psicanálise (Partes I e II) (1915 ~ 1916). *Edição standard brasileira*, vol. XV, Rio de Janeiro, Imago, p. 198.] N.T.: A citação correspondente na *Edição standard brasileira* seria a seguinte: "[...] tais relações simbólicas não constituem peculiaridade do sonhador ou da elaboração onírica, através da qual elas adquirem expressão. Esse mesmo simbolismo, como vimos, é empregado por mitos e contos de fadas, pelas pessoas em seus ditados e em suas canções, pelo uso idiomático coloquial e pela imaginação poética". Aqui Laplanche parece retomar essa passagem de forma resumida e livre. Por isso, eliminamos as aspas.
26 *Sur le rêve. GW*, II-III, p. 699; tradução francesa, p. 138. [*A interpretação dos sonhos. Edição standard brasileira*, vol. V, Rio de Janeiro, Imago, p. 724.]
27 *GW*, XI, p. 168-169; tradução francesa, p. 151. [Conferências introdutórias sobre psicanálise (Partes I e II) (1915 ~ 1916). *Edição standard brasileira*, vol. XV, Rio de Janeiro, Imago, p. 198.]
28 Ibid., p. 152; tradução francesa, p. 136. [Conferências introdutórias sobre psicanálise (Partes I e II) (1915 ~ 1916). *Edição standard brasileira*, vol. XV, Rio de Janeiro, Imago, p. 181.]

decifrada ao modo da tradução simultânea: isto querendo dizer aquilo"[29]. No entanto, é justamente dessa tradução simultânea que Freud se serve para a leitura simbólica, a mesma que ele pratica, por exemplo, no livro publicado com Oppenheim...

Enfim, sempre seguindo Freud, essa leitura rasa traz uma consequência teórica capital. A descoberta da simbólica demonstra que pode existir uma deformação sem censura[30], sendo precisamente a que encontramos nos mitos e nos aspectos simbólicos dos sonhos[31]. É justamente essa ideia de uma deformação ligada unicamente ao processo de simbolização, à expressão em outro código, que leva Freud a delinear a hipótese de uma "língua fundamental"[32].

O principal problema que se coloca desde então é o de articular essa nova descoberta, como *conteúdo* e como *método* ao mesmo tempo, ao que, naquele momento, era considerado o cerne da descoberta freudiana.

Como *conteúdo*, em primeiro lugar. Segundo Freud, até esse momento, a investigação psicanalítica nos conduzia à descoberta de "tendências inconscientes"[33] ou, digamos em termos um pouco diferentes, às pulsões e a seus representantes inconscientes. No entanto, Freud acrescenta: "trata-se aqui, para além disso, dos conhecimentos inconscientes, das relações de pensamento, das comparações entre diversos objetos...", etc. Inclusive, Freud chega a se perguntar se a designação de inconsciente, em se tratando do conhecimento da simbólica, "nos conduz realmente muito longe"[34]. Vemos despontar aqui,

---

29 Juillerat, *Œdipe chasseur*, Paris, PUF, 1991, p. 16.
30 Ainda que a censura possa utilizar, embora *secundariamente*, a deformação simbólica, esta, segundo Freud, em nada é obra daquela. O esforço virtuoso de Jones para relacionar o simbolismo ao recalque ia totalmente de encontro a essa afirmação de Freud. "Virtuoso" porque, querendo salvar *tanto* o sexual *quanto* o conflito defensivo, não conseguiu dar o passo de apontar que o simbólico, dentro desse conflito, está *totalmente* do lado da defesa (cf. E. Jones. Le symbolisme, 1916. In *Théorie et practique de la psychanalyse*, Paris, Payot, 1969).
31 Isto, de novo, contraria a ideia de Green de que o "inconsciente" dos mitos "não poderá ser concebido independentemente da pulsão, do recalque e da censura". In Juillerat, *Œdipe chasseur*, op. cit., p. 16.
32 Aliando-se especialmente às hipóteses de Sperber.
33 *GW*, XI, p. 168; tradução francesa, p. 151. [Conferências introdutórias sobre psicanálise (Partes I e II) (1915 ~ 1916). *Edição standard brasileira*, vol. XV, Rio de Janeiro, Imago.]
34 Ibid.

referida à situação e à natureza dessa espécie de *inconsciência* que caracteriza o conhecimento mito-simbólico, uma interrogação que Freud não levará adiante, mas que não deixará de assombrar o debate entre mitólogos e psicanalistas. Ela está presente na obra do etnologista Juillerat, que já citei e que se interroga sobre a natureza desse inconsciente, refugiando-se, talvez de forma um pouco apressada, em uma alegação de incompetência: "Nós não procuramos distinguir inconsciente de pré-consciente ou subconsciente e preferimos, de cara, declarar a nossa incompetência para lhe atribuir uma função precisa na produção mítica"[35] Retenhamos esta questão sobre a natureza do pretenso "inconsciente" do mito para voltarmos a ela no final do nosso percurso.

A segunda oposição, *metodológica*, entre a psicanálise anterior e posterior ao simbolismo, é ainda mais importante.

O método associativo/dissociativo, como sabemos, não visava diretamente a revelar um sentido latente inconsciente. Por vias difluentes, múltiplas, cruzando-se em certos pontos para separar-se de novo, tal método visava, antes, a circundar, a postular *elementos* inconscientes que, no melhor dos casos, poderiam ser reinseridos no discurso consciente, para fazer aparecer ali um sentido mais completo e satisfatório. Assim — e faz muito tempo que insisto nisso[36] —, o método psicanalítico originário *não* visava *a um segundo sentido*, coextensivo ao sentido consciente, mas a elementos significantes que tinham sido originariamente excluídos, recalcados, sem, contudo, terem se organizado em um segundo discurso. Em suma, o isso não é um segundo eu, eventualmente mais verdadeiro que o primeiro.

Já o método simbólico, como o descreve Freud — e sem rodeios —, opõe-se ao método analítico associativo na medida em que ele é, definitivamente, a *leitura de um sentido oculto*. Talvez nem sempre uma tradução simultânea ou à primeira vista, mas sempre uma explicitação visando a restituir uma sequência latente, mais verdadeira, mais fundamental. Freud não fala de explicitação (*Auslegung*)[37], mas esse termo, que tomo

---

35 Juillerat, *Œdipe chasseur*, op. cit., p. 35-36.
36 Laplanche, J., Leclaire, S. L'inconscient, une étude psychanalytique (chap. 1). In *Problématiques IV*, op. cit., p. 261-274. [O inconsciente, um estudo psicanalítico. In *Problemáticas IV*, op. cit., p. 215-227.]
37 Hermenêutica e análise se opõem como *Auslegung* e *Zerlegung*.

emprestado da hermenêutica, dá conta perfeitamente de seu proceder em relação aos sonhos típicos ou aos sonhos do folclore. É o mesmo procedimento corriqueiro e reconhecido dos mitólogos, cujos sucessos não podem ser contestados.

Posto isso, o problema que se coloca a Freud — e também a nós — é o de se perguntar como esses dois métodos, tão diferentes, se articulariam entre eles. O termo "complementaridade" (*Ergänzung*) sai da sua pena. Mas com isso não se deve entender de modo algum uma espécie de colaboração ou de assistência recíproca. Citarei uma passagem bastante extensa que inicia o capítulo 10 das *Conferências introdutórias*, pois é fundamental para nosso propósito:

> Já fiz ver aos senhores [p. 50] que, às vezes, realmente acontece não ocorrer à pessoa em análise nenhuma ideia em resposta a determinados elementos de seus sonhos. [...] restam casos nos quais deixa de surgir uma associação [...]. Se nos convencemos de que, em tais casos, não há pressão que possa nos ser de utilidade, terminamos por descobrir que esse evento indesejado ocorre regularmente em conexão com determinados elementos oníricos [...].
>
> Assim sendo, somos tentados a interpretar esses elementos oníricos "mudos" *por nós mesmos*, a nos pôr a traduzi-los com nossos próprios recursos. Somos então compelidos a reconhecer que, sempre que nos aventuramos a efetuar uma substituição dessa espécie, encontramos um sentido adequado para o sonho, ao passo que este permanece carente de sentido; e a cadeia de pensamentos se mantém interrompida enquanto nos abstivermos de intervir dessa maneira (*Eingriff*)[38].

Saliento o termo *Eingriff*, usurpação ou intrusão, e também as palavras "tradução" e "substituição" para qualificar o método simbólico. Mas o que me interessa especialmente é o termo "elementos mudos" (*stumme Traumelemente*): *ali onde a simbólica fala, a associação livre se cala*. Eu não poderia deixar

---

[38] *GW*, XI, p. 150-151; tradução francesa, p. 134-135. [Conferências introdutórias sobre psicanálise (Partes I e II) (1915 ~ 1916). *Edição standard brasileira*, vol. XV, Rio de Janeiro, Imago, p. 107-108.]

de associar a tal enunciado a situação inversa, constatada na análise do homem com a machadinha: as associações falavam enquanto, curiosamente, a leitura simbólica permanecia muda. Haveria, então, entre os dois métodos, para além de uma aparente complementaridade, uma relação de exclusão recíproca. Quando um fala, o outro se cala. Ora, a nossa interrogação premente é a seguinte: não seria o simbolismo que *faria calar* as associações? De modo que, se Freud tivesse lido a castração no homem com a machadinha, tudo levaria a supor que as associações teriam permanecido mudas.

A partir dessa nova descoberta de um campo até então inexplorado, resta *examinar como as coisas se organizam* desse momento em diante.

A justaposição pura e simples dos dois métodos não é mais possível, tornando-se impensável.

Em contrapartida, o que se observa é a extraordinária expansão em psicanálise do método e do pensamento que poderíamos chamar "mito-simbólico". Tal expansão toma como ponto de partida a psicanálise fora do tratamento. Freud nos convenceu, talvez justificadamente, de que esse pensamento está em casa, como em seu lugar de descoberta e de florescimento, na abordagem dos fenômenos coletivos.

Todavia, na psicanálise fora do tratamento, não são tratados apenas fenômenos coletivos; existem também casos individuais. Nestes últimos casos, é raro que o analista tenha ao alcance da mão (por ex., com os cadernos de Leonardo)[39] produções que possam se aproximar de associações surgidas durante o tratamento. Poderíamos dizer então que os casos individuais fora do tratamento propõem, como por necessidade, o paradigma de um objeto no qual a associação individual se cala, deixando todo o campo livre ao mito-simbólico e à sua hermenêutica. Essa é a crítica fundamental que formulam, por exemplo, em relação ao caso Schreber, tanto Zvi Lothane como Edmond Ortigues. Na resenha da obra deste último autor: "A psicanálise aplicada [...] pode degenerar, como o próprio Freud mostrou, em psicanálise selvagem, dando origem a mitos hermenêuticos.

---

39 Cf. Maidani-Gerard, J.-P. *Léonard de Vinci. Mythologie ou théologie*, Paris, PUF, 1994, especialmente p. 23-36.

As leituras hermenêuticas de Schreber deram origem a mitos que mais tarde viraram lendas"[40].

No entanto, essa objeção não é sempre impeditiva. Mas isso dependerá de que o analista (Freud, no caso) se mostre capaz de observar, *nas entrelinhas de um simbolismo demasiado acessível e demasiado hegemônico*, o que esse simbolismo não conseguiu fazer calar totalmente.

Quanto ao tratamento psicanalítico, considero que o pensamento mito-simbólico está muito mais presente nele atualmente do que poderíamos supor. Constata-se, por certo, que os símbolos particulares, a "chave dos sonhos" descrita por Freud, não estão mais em voga nem são ensinados na escola. Mas o pensamento mito-simbólico não se restringe a uma bateria de símbolos. Ele reside, sobretudo, no sistema, na ligação desses símbolos. Em suma, *o* simbólico de Lacan não está tão afastado da simbólica. Pouco importam as figuras imaginárias que vêm ocupar lugares no jogo de cartas, dizia Lacan; o que conta são os lugares e a regra do jogo. No entanto, esta, infelizmente, simplificou-se ao ponto de assumir uma uniformidade lamentável. Quando o método associativo é considerado obsoleto, ou, simplesmente, quando se *faz calar* as associações interrompendo a sua fala ao fim de cinco minutos, então a usurpação intrusiva, a *Eingriff* do simbólico corre o risco de se enunciar assim: "Silêncio às associações! Sou eu, a castração, quem fala!"

Antes de entrar em considerações pessoais, gostaria de lembrar qual é, no final das contas, a solução teórica adotada por Freud. Ela consiste em uma hierarquização na qual o mito-simbólico ocuparia um lugar mais profundo, mais arcaico, mais primordial do que o recalcado individual. No próprio cerne do indivíduo, é, em definitivo, o inconsciente original, não recalcado, estrutural e estruturante, que é colocado como alicerce. É a hipótese das "fantasias originárias", que traz com ela danos consideráveis. Por exemplo, o de um retorno inesperado ao instinto como comportamento pré-formado (o esquema instintual, ainda que seja o edipiano). Ou ainda o risco de uma desvalorização do recalque como origem do inconsciente, tendo-se no kleinismo

---

40 Lothane, Z. In *Defence of Schreber: soul murder and psychiatry*, Hillsdale New Jersey, The Analytic Press, 1992, p. 438, cité par Edmond Ortigues, Schreber revisite. In *Psychanalystes*, 1993-1994, 48, p. 215 (grifos de J. L.).

uma de suas formas mais bem estabelecidas. Enfim, na relação indivíduo-sociedade, essa via conduz à hipótese filogenética, no sentido restrito de uma herança biológica, única maneira de "fixar", se assim podemos dizer, a vivência atávica típica no centro do indivíduo[41].

———

Em meu juízo, é preciso buscar outro tipo de articulação. O primeiro passo, preliminar, seria uma necessária libertação, um distanciamento da psicanálise em relação aos mitos e teorias que ela contribuiu para tornar inteligível com respeito ao homem. Por mais fascinantes que sejam essas estruturas de compreensão e, sem dúvida, em primeiro plano, o complexo de Édipo, a análise não tem de vincular e muito menos comprometer *suas verdades* vendo-as como coincidentes com as *"verdades" dessas estruturas*[42].

41 Critiquei o princípio desse centramento em *La révolution copernicienne inachevée*, Paris, Aubier, 1992, p. XXXII-XXXIII. Quanto à "filogênese", quem, dentre seus partidários, arriscar-se-ia a pedir aos biólogos que localizem, na cadeia cromossômica, o gene da "morte do pai"?

42 Sem dúvida, o próprio Lévi-Strauss não foge em absoluto à tentação de considerar seu próprio pensamento como fazendo parte, virtualmente, da totalidade que ele descreve. "Nós construímos — diz ele no vertiginoso final de *L'homme nu* — um mito a partir de mitos (Paris, Plon, 1971, p. 504) [*O homem nu. Mitológicas IV*, São Paulo, Cosac Naify, 2011]. Também não se furta a se perguntar: trata-se de um modelo científico ou será que o nosso próprio mito não poderia se encontrar, de maneira concreta, nessa população recôndita da América, na "singularidade oregonesa", "nó umbilical das culturas norte-americanas", "terra outrora prometida?" (p. 541-542).
Ora, a vertigem da "língua fundamental" como versão originária do pensamento científico se encontra em outras disciplinas. O que se afirma é, poderíamos dizer, a homogeneidade de nossa teoria dos fatos humanos com as teorias espontâneas descobertas no ser humano. Não posso entrar no movimento apaixonante e poético desse desvio no qual o etnologista parece ter soltado as amarras de sua posição de erudito, verdadeiro barco bêbado (alusão ao poema de Rimbaud *Le bateau ivre*, traduzido por Augusto de Campos para o português como *O barco bêbado*) que não se sente mais "guiado pelos rebocadores". Por minha parte, e sob o risco de reafirmar meu prosaísmo e até meu positivismo, "ansiando pela Europa e os velhos peitoris" (verso de Rimbaud do mesmo poema na tradução de Augusto de Campos), recuso-me definitivamente a me ver preso na verdade da "teoria da castração", inclusive sustentada pelo xibolete de um complexo de Édipo que não é mais canônico e cujo interesse maior possivelmente resida nas suas variações. Um "Édipo" como aquele dos Yafars, onde o assassinato do pai está ausente, a castração é apenas esboçada, e onde o maior perigo, como punição do incesto, é precisamente o retorno ao seio materno, parece-me eminentemente instrutivo sem que, por isso, eu precise aceitá-lo como verdade, ainda que possa se tratar de um "organizador" privilegiado.

A *psicanálise* — como Freud teve a sensatez de apontar em relação à simbólica — deveria lembrar que seus grandes complexos, como muitos outros mitos, são explorados e explicados por várias outras disciplinas além da sua. Mais do que isso, não deveria exagerar no mítico, forjando esquemas pretensamente canônicos como "a morte do pai da horda primitiva".

Mas, sobretudo, a psicanálise deve demonstrar sua diferença em relação ao pensamento mito-simbólico, elaborando um modelo capaz de *situar esse pensamento e de dar conta de sua função*.

Os modelos do pensamento psicanalítico são, antes de mais nada, *construções metapsicológicas*. Como todo o pensamento freudiano evidencia, tais modelos são elaborados à distância da experiência, lançando mão, às vezes, de elementos nocionais extraídos de outras áreas de conhecimento, fazendo-os mudar de registro. A pregnância dos modelos fisicalistas em Freud é bem conhecida. Eles não apresentam apenas inconvenientes, mas têm a desvantagem de incitar constantemente a um retorno a seu campo de origem. Por exemplo, embora Freud tenha insistentemente afirmado o contrário, localizar a energia libidinal em uma "instância" particular (o "isso") incita constantemente e, sem dúvida, falaciosamente a voltar ao espaço da neurofisiologia.

Aderindo, a benefício de inventário, às grandes instâncias da tópica freudiana — eu, isso inconsciente, supereu e instâncias ideais —, tenho me dedicado principalmente a tentar dar conta da gênese do aparelho psíquico, especialmente pelo processo do recalque. O modelo a partir do qual trabalho é um modelo dito "tradutivo". Inspirado em algumas linhas da carta 52 a Fliess, ele tem, a meu ver, a vantagem de apresentar uma proximidade maior entre o metaforizante (a tradução) e o metaforizado (o recalque). Proximidade, mas também distância, permitindo perceber as diferenças com respeito à tradução *stricto sensu*. Mas o modelo tradutivo comporta outro interesse ainda maior. Se é verdade que nunca se traduz senão um texto que já tem um sentido, esse modelo nos lembra que nenhuma atribuição de sentido pode incidir sobre o dado bruto. O ser humano, desde seus primeiros segundos de vida, é confrontado não com um mundo de *objetos* a interpretar, mesmo que esses objetos possam ser humanos, como, por exemplo, aquilo que chamamos seio. Não. Desde o início, ele tem a tarefa de traduzir *mensagens* que lhe são endereçadas pelo mundo adulto. É nessa medida que considero a necessidade de superar o debate entre verdade material e verdade psicológica: o lugar original da verdade e do erro, e, consequentemente, a *verdade psíquica,* só pode ser concebido a partir desse terceiro domínio: o da mensagem[43].

Voltemos ao mito. Observa-se que, entre os mitólogos, a noção de código se torna cada vez mais pregnante. Em Lévi-Strauss, especialmente, o mito age propondo um código ou, antes, uma pluralidade de códigos ao mesmo tempo diferentes e conversíveis uns nos outros. Que Lévi-Strauss declare que Freud não fez outra coisa senão *encontrar* esses códigos no ser humano não deve nos incomodar, pois tal asserção não contradiz em nada o que Freud diz do sítio original dos mitos, ou seja, a cultura. Com efeito, Lévi-Strauss, ao distinguir, da pluralidade dos códigos, seu arcabouço lógico, é levado com excessiva frequência a privilegiar a estrutura abstrata às custas da "carne" dos mitos, que constitui, entretanto, a parte essencial de seus estudos.

"A exigência de ordem, nos diz Lévi-Strauss, está na base de todo pensamento"[44]. É preciso se perguntar ainda sobre o que

---

[43] Neste sentido, também, só consigo ver como inconveniente continuar falando, como Freud, de representação. O termo "representação" remete necessariamente a uma problemática sujeito-objeto que é, talvez, a de uma "teoria do conhecimento". Essa teoria se situa em uma perspectiva que eu denomino ptolomaica. A psicanálise deve partir da comunicação interpessoal e da prioridade, no bojo dessa comunicação, da mensagem sexual do outro. As mensagens "te amo" ou "coma para me deixar feliz" não veiculam nenhuma informação sobre o mundo nem nenhum problema quanto à adequação da "representação" e do "representado". Meu desvio da fórmula de Freud *Sachvorstellung* pela tradução enviesada "representação-coisa" não é senão um meio pedagógico de sugerir que o problema, no inconsciente, não é a relação intencional de uma representação com seu objeto (representação de uma coisa), mas o fato de que uma parte da mensagem se torna aí "dessignificada", ou seja, uma espécie de "coisa" (e uma "causa"). Cf. sobre esta questão, Court traité de l'inconscient. In *Nouvelle Revue de psychanalyse*, 1993, 48.

[44] *La pensée sauvage*, Paris, Plon, 1962, p. 17. [*O pensamento selvagem*, São Paulo, Papirus, 1989, p. 214-215.]

deve ser ordenado. Se o pensamento mítico tem a função de codificar, qual seria o objeto dessa codificação? Lévi-Strauss mudou de posição ou evoluiu em relação a essa questão desde o tempo em que, movido por uma vontade isenta de emoção, reduziu o totemismo a não mais que um sistema destinado a classificar os grupos humanos. A título de retificação, citarei algumas linhas de *A oleira ciumenta,* que refletem uma etapa totalmente nova de seu pensamento: "Uma solução — que não é tal — acalma a inquietação intelectual e, se for preciso, a angústia existencial desde o momento em que uma anomalia, uma contradição ou um escândalo são apresentados como a manifestação de uma estrutura de ordem mais aparente em outros aspectos do real..."[45]

Em minha própria linguagem, eu diria que o mito propõe um esquema para uma nova tradução, visando a enfrentar a angústia "existencial" provocada por elementos enigmáticos que se apresentam como "anomalia, contradição ou escândalo".

Para mim, não se trata de aderir sem reservas à reflexão dos mitólogos[46], pois eu sublinharia de bom grado os pontos nos quais o seu pensamento me parece insuficiente. *Primeiro*, por considerar apenas o pensamento mítico elaborado nos mitos ou nos ritos dos adultos, esse pensamento descuida de se perguntar como, em que formas, o pensamento mítico-simbólico é proposto ao ser humano como código virtual *desde os primeiros dias de sua vida*[47]. Se, como propõe Juillerat, esse ritual (*Yangis*) repete a sequência da separação, promovida pelo pai, da criança em relação à mãe, é preciso que esse roteiro tenha estado presente, bem mais precocemente, para o bebê.

---

45 *La potière jalouse*, Paris, Plon, 1985, p. 227-228.
46 Mesmo que alguns, como Juillerat, adiram em contrapartida a uma espécie de pensamento psicanalítico, ao mesmo tempo desordenado e simplificado, seguindo uma linha curiosamente hegeliana-ricoeuriana-lacaniana.
47 Deste ponto de vista, a reavaliação de Merleau-Ponty da contribuição dos culturalistas (M. Mead-Kardiner) é apaixonante e merece ser levada em conta: "Para M. Mead, a situação edipiana descrita por Freud não é senão uma solução particular de um problema universal. O que é universal é um certo problema colocado a todas as sociedades pela existência de pais e filhos. *O fato universal* é que as *crianças* são *frágeis e pequenas* no começo, *ao mesmo tempo em que se associam estreitamente à vida adulta*, etc." (Cours de psychologie de l'enfant, 1963-1964. In *Bulletin de psychologie*, novembro 1964, 236, p. 120). Falta, é claro, a noção de mensagem e de tradução.

Por outro lado, os mitólogos nos deixam em suspense quanto a saber *o que* o código mítico é convocado a "tratar". "Uma angústia", diz Lévi-Strauss. Uma situação?

A minha resposta — que talvez já tenha sido vislumbrada — é que os roteiros mito-simbólicos têm como função principal permitir à criança que está chegando ao mundo (ao mundo humano) tratar as mensagens enigmáticas que provêm do outro adulto. Mas, para esclarecermos melhor a questão, precisamos ainda nos livrar de duas hipotecas que a mitologia e os mitólogos nos legaram: centrar-se nas formas elaboradas das narrativas míticas sem se interrogar como o mito "passa" à criança; centrar-se nos mitos etnográficos (mesmo os da Grécia antiga) sem se interrogar sobre as formações e roteiros que, *nos dias atuais* e *no Ocidente*, encarnam a função mito-simbólica. A psicanálise possivelmente nos cegou em relação a esse último ponto ao tentar impor, como único e exclusivo mito contemporâneo, versões simplificadas, oriundas do falocentrismo freudiano e, mais tarde, lacaniano.

───

Retomarei essas questões em poucas frases. Para além das múltiplas hermenêuticas derivadas, secundárias, o único hermeneuta fundamental é *o ser humano*; o hermeneuta original é o pequeno ser humano. Aquilo a que ele precisa dar sentido não é uma situação, um ser em situação, como colocaria Heidegger, mas sequências que, em si mesmas, apresentam-se como já tendo sentido; é o que eu chamo, de modo geral, as mensagens dos adultos.

As tentativas de tradução mobilizadas para tratar essas mensagens também não começam do zero[48]. Entre os códigos que a criança encontra ao seu alcance, há o que eu chamo de código mito-simbólico, de origem cultural e transmitido pelo mundo adulto.

O *recalque*, do modo como eu o concebo, *não* é a tradução, mas, ao contrário, os fracassos forçosos da tradução ante a

---

48 Gadamer tem insistido enfaticamente neste ponto: não há hermenêutica que comece do zero sem ter ao seu dispor preconcepções, expectativas de sentido, preconceitos, chaves. Para um resumo desta posição, cf. J. Grondin. *L'universalité de l'herméneutique*, Paris, PUF, Épiméthée, 1993, p. 167-171.

intrusão do enigmático sexual nas mensagens do adulto. Seria, portanto, *ilegítimo*, conforme o meu raciocínio, designar o mito como *formação do inconsciente,* do mesmo modo que o sonho ou o sintoma, e tentar fazê-lo derivar do inconsciente individual. O mito, como disse acertadamente Freud, não carrega a marca da censura. E, mais do que isso, eu acrescentaria que ele se situa necessariamente *do lado* da censura. Longe de ser sexual, a formação mito-simbólica é aquilo que se propõe para enquadrar, ligar e finalmente recalcar o sexual. O que pode haver de menos sexual, afinal, que a tragédia de Sófocles?

Isso me leva a voltar, no fim, à questão do inconsciente. Defendo, faz muito tempo, a concepção dita "realista", já proposta, em 1959, com Serge Leclaire: o inconsciente não é um sentido oculto a ser decifrado, com maior ou menor esforço e método, por trás do "texto" consciente-pré-consciente de nossas palavras e atos. O inconsciente, no sentido do recalcado, consiste em significantes (não primordialmente verbais) que foram excluídos, isolados, dessignificados durante o recalcamento-tradução.

Essa concepção, na época, já se opunha a outra posição — a de Politzer — segundo a qual a latência do inconsciente, uma presença implícita, era da mesma ordem que aquela da regra do jogo em uma partida de tênis. Cabe esclarecer que a concepção de Politzer, longe de ser abandonada, é a que prospera quase universalmente no âmbito da psicanálise. Essa concepção — que podemos denominar, em sentido amplo, "hermenêutica" — é certamente a única que autores como Lévi-Strauss consideram digna de consideração[49].

Hoje, no entanto, faço questão de acrescentar que a concepção de inconsciente recalcado individual, como eu a sustento, não exclui em absoluto levar em consideração, paralelamente, a noção de *implícito,* noção que vários autores substituem indevidamente ao inconsciente freudiano.

Independentemente da concepção que se tenha da sobreposição de diferentes códigos num roteiro mítico, de que se admita ou não uma hierarquia desses níveis, convém, mesmo assim, dar lugar não a *outro* inconsciente, mas a outra espécie de latência, aquela que subjaz principalmente às produções

---

[49] De fato, Lévi-Strauss, quando alude ao pensamento freudiano, só se refere a textos posteriores à descoberta do simbolismo.

culturais coletivas. Tal latência é da ordem do implícito; o movimento da sua leitura é o da explicitação (*Auslegung*), um trabalho que não exige que se tenha de vencer resistências.

Distinguir radicalmente essas duas modalidades da latência é, ao mesmo tempo, articulá-las entre elas: o inconsciente recalcado é precisamente o que escapa, o que escapou, da codificação cujas modalidades são propostas ao indivíduo pela cultura. O latente implícito, à diferença do inconsciente individual, não tem lugar, não tem isso.

Mas caberia aqui distinguir também, como propus no início, o nível propriamente coletivo do mito e aquele, derivado, do romance individual. É com essas romanceações que lidamos, de saída, no tratamento psicanalítico. Explicitar a sua trama é uma coisa; quebrar sua casca pelo método propriamente associativo depende do movimento inverso. Por certo, a análise do sujeito neurótico — como Freud indica por meio de uma comparação com a química — se situa sempre entre duas ou várias psicossínteses, igualmente inevitáveis e espontâneas. Todo tratamento, na verdade, não para de oscilar entre a dimensão sintética — propriamente falando, psicoterápica — e a dimensão do desligamento — propriamente falando, analítica. A exata proporção a atribuir a cada uma depende certamente da apreciação psicopatológica de cada caso. Mas esta apreciação, por sua vez, só pode se fundar em uma metapsicologia do aparelho psíquico cuja ambição, entre outras, é dar conta do movimento de romanceação do ser humano.

Para terminar. Eu quis opor dois níveis da teoria e mostrar que não temos de referendar, como fazendo parte do pensamento psicanalítico, os conjuntos mito-simbólicos utilizados pelo ser humano nas traduções que efetua das mensagens do outro e nas teorizações que constrói sobre si mesmo.

A teoria psicanalítica propriamente dita, como modelo elaborado à distância dos fatos, seria suscetível de falsificação, de refutação, de confrontação com a experiência analítica e extra-analítica? Deixo essa questão em aberto, esperando que, pelo menos, tenha sido aclarada pelo descomprometimento, em relação ao pensamento mítico, de uma metapsicologia cuja posição *meta* não é apenas afirmada, mas fundada, na medida em que ela adquire os meios de dar conta da função das construções míticas na constituição do ser humano. Nesse sentido, a metapsicologia pode ser, ela mesma, ampliada em uma indispensável meta-antropologia.

XII
Narratividade e hermenêutica: algumas considerações[1]

I.1.
Por "narratividade" pode-se entender uma abordagem do ser humano que confere uma importância primordial à maneira como ele formula para si mesmo a sua existência sob a forma de uma narrativa mais ou menos coerente. A narratividade é uma categoria que pode se aplicar aos grupos humanos na sua história, mas que interessa à psicanálise como narrativa de uma história individual.

A categoria da narratividade está estreitamente ligada à maneira pela qual o ser humano se temporaliza e à noção de *après-coup*. Em psicanálise e em psicopatologia, tende-se a privilegiar as narrativas *a posteriori* — histórias de vida, de doença, de tratamento —, em função da própria situação clínica, que é, como por definição, retrospectiva. Mas a narração não exclui a narrativa de um projeto de vida.

Do ponto de vista teórico, boa parte da obra de Ricoeur dedica-se aos pressupostos, às modalidades e às implicações da narratividade[2].

1   *Revue française de psychanalyse*, 1988, 3.
2   Especialmente *Temps et récit*, 3 vol., Paris, Le Seuil, 1991.

Do ponto de vista da prática analítica, a atitude narrativa consiste em privilegiar, em relação a uma rememoração do passado ou a uma reconstrução verídica deste, a construção de uma narrativa coerente, satisfatória, integrada. Os principais autores que adotam esse ponto de vista (Viderman, Spence, Schafer) enfatizam a importância dessa narrativização — obra comum do analisando e do analista — como motor do tratamento.

I.2.

A perspectiva narrativista esbarra logo de início na crítica ao relativismo ou, ainda, ao "criacionismo" que ela comportaria: a narrativa seria uma criação (eventualmente em dupla) que não teria de buscar referências em nenhuma realidade.

Como em todo "relativismo", é possível distinguir aqui uma versão "radical" e uma versão "moderada".

A versão "radical" encontra uma das suas formulações mais nítidas nesta frase de Viderman: "Pouco importa o que Léonard *viu* (sonho ou lembrança); pouco importa o que Léonard *disse* (abutre ou gavião). O que importa é que o analista, sem levar em conta a realidade, ajusta e reúne esses materiais para construir um todo coerente que não reproduz uma fantasia preexistente no inconsciente do sujeito, mas que a faz existir ao dizê-la"[3].

Vamos encontrar fórmulas análogas em Spence ou Schafer.

A versão "moderada" consiste em remeter, em última análise, a pretensa criatividade do narrador a estruturas fundamentais preexistentes, que se reencontram como virtualidades no analisando e como teorias no analista: Viderman invoca aqui as "fantasias originárias"[4], Schafer, as "estruturas narrativas" ou os "esquemas narrativos" organizadores, como o complexo de Édipo. Mas essas são "estratégias narrativas brilhantes" que se bastam a si mesmas, sendo alheias a qualquer referência histórica.

Um exemplo recente da atitude narrativista é fornecido pelo destino da teoria de M. Mahler sobre a noção de *simbiose*. Como sabemos, essa autora acreditou poder inferir, a partir da constatação clínica de estados "simbióticos" psicóticos, a existência

---

3   Viderman, S. *La construction de l'espaceanalytique*, Paris, Denoël, 1970, p. 164.
4   La bouteille à la mer. In *RFP*, 1974, XXVIII, 2-3, principalmente nota p. 354; cf. também p. 330.

prévia de uma fase simbiótica normal em que toda criança teria a tarefa de superar por meio de um processo chamado "separação-individuação". Tal teoria, que já foi amplamente rebatida pelas observações das crianças (Brazelton, Stern, Dornes), foi salva por uma reinterpretação narrativista. Segundo Baumgart[5], a noção de simbiose manteria todo o seu valor como "esquema narrativo" ao proporcionar a alguns sujeitos a possibilidade de construírem uma narrativa retrospectiva coerente.

Poder-se-ia perguntar se essas concepções fazem alguma coisa além de reacender a ideia de "fantasia retroativa", que Jung já reivindicava contra Freud.

I.3.
As teses dos narrativistas enfrentaram outra crítica, não menos pertinente. Ao pretender dar toda a ênfase à "verdade narrativa" em detrimento da "verdade histórica", tais teses acabam dando uma imagem caricata da verdade histórica que nenhum empirista endossaria. Em relação a Viderman, M. Dayan[6] mostrou que esse autor fica preso a uma oposição ingênua entre um puro imaginário, chamado fantasia, e uma "realidade", uma objetividade absoluta do acontecimento, que em nada seria remanejada pela memória. A mesma crítica é endereçada por Sass e Woolfolk[7] a Spence, que compara a verdade histórica a uma fotografia, supondo, à maneira de Hume, que a vivência arcaica é feita de "sensações" brutas, numa sequência cronológica de fatos atomizados sem nenhum acréscimo de significação e da qual se poderia fazer um relato neutro. Trata-se de uma concepção das experiências originárias que nenhum filósofo ou psicólogo se permitiria defender[8].

---

5   Baumgart, M. (1994) Die psychoanalytische Metapsychologie im Lichte der Säuglingsforschung: Verwerfen oder üderdenken? In Pedrina, F. et al. (Hg.), *Spielräume: Begegnungen swischen Kinder-und Erwachsenenanalyse*, Tübingen (edition diskord), p. 51-82.
6   *Inconscient et réalité*, Paris, PUF, 1995, p. 358-396.
7   Sass, L. A., Woolfolk, R. L. Psychoanalysis and the hermeneutic turn: A critique of narrative truth and historical truth. *J. Amer. Psychoanal. Assn*, 36, 1988, 2, p. 429-453.
8   Resulta risível o caráter obsoleto destas teses quando lembramos que a obra de Maurice Halbwachs, *Les cadres sociaux de lamémoire*, é de 1925 e que um dos seus principais capítulos se intitula "A reconstrução do passado". A *Fenomenologia da percepção*, de M. Merleau-Ponty, é de 1945.

II

Esta última crítica, formulada pelos partidários da "virada hermenêutica" em psicanálise, permite-nos levantar a questão sobre narratividade e hermenêutica. Certamente, a hermenêutica, no sentido amplo de uma teoria da interpretação, da explicitação ou da atribuição de sentido, apresenta numerosos pontos em comum com o narrativismo. Ademais, a hermenêutica de inspiração heideggeriana representa um passo decisivo em relação aos narrativistas. Para Heidegger, a interpretação se situa como secundária, como uma explicitação (*Auslegung*) em relação a um momento primário, o *Verstehen*, que pode ser entendido como uma protocompreensão, ou seja, a forma pela qual o ser-aí (*Dasein*) dá sentido à sua situação inicial, à sua derrelição (*Geworfenheit*). Por outro lado, certos textos de Heidegger não contrariam a ideia de que essa protocompreensão é inerente a toda criança pequena[9].

Assim, para os psicanalistas que se apoiam em Heidegger contra o relativismo de Viderman, Spence e Schafer, a interpretação se fundaria, em última análise, numa experiência "pré-reflexiva", "modelizada (*patternd*) e plena de sentido em si mesma". "O objetivo primário do diálogo psicanalítico seria o de construir um modelo similar a um modelo anterior"[10].

III

Mesmo reconhecendo-se esse avanço decisivo do modo como é formulado por Heidegger, restam numerosas questões abertas à crítica:

• O que é interpretado, isto é, o que é objeto da narrativização?
• Quais são os instrumentos da narrativização?
• Quais são os resultados da narrativização, especialmente em termos metapsicológicos?
• Qual é a função da prática analítica em relação à narrativização?

---

9 *Das frühzeitlicheundfrühmenschliche Dasein*, Heidegger, *GA*, 27, p. 123 e seguintes. Texto gentilmente indicado pelo Prof. Greisch.
10 Sass et Woolfolk, loc. cit., p. 445.

III.1.

O objeto da protocompreensão não pode ser, em hipótese alguma, uma situação bruta. Só se pode atribuir sentido àquilo que já traz consigo um sentido. Mas, neste ponto, a objeção feita a Spence e Viderman — não opor uma narratividade plena de sentido a um dado bruto — corre o risco de conduzir a uma escalada *ad infinitum*.

Ora, para nós, essa escalada não pode ser freada sem se levar em conta a intervenção do outro. Com efeito, convém afirmar que a protocompreensão não diz respeito a um dado, mas a uma *mensagem*. Logo, a hermenêutica é, antes de mais nada, hermenêutica da mensagem. Correlativamente, preferimos designar esse processo — a passagem de uma mensagem à sua compreensão — com o termo que lhe cabe: *tradução*. Uma tradução não necessariamente interlinguística, mas, eventualmente, intersemiótica (Jakobson).

Concretamente, nas situações primevas da infância, essas mensagens são as que os adultos dirigem à criança.

III.2.

Os *instrumentos* da protocompreensão ou as primeiras traduções são as estruturas narrativas, códigos, mitos, apresentados à criança pelo mundo social.

Nesse sentido, pode-se contestar a ideia de que o código tradutivo seria pura e simplesmente a linguagem verbal do mundo adulto. As estruturas linguageiras, tanto por sua generalidade (quando se trata de uma mesma língua vernácula) quanto pelas diferenças estruturais frequentemente consideráveis entre elas, não conseguem dar conta da especificidade dos códigos narrativos apresentados à criança. Esses códigos são abordados, de um lado, pela etnologia e, de outro lado, pela própria psicanálise, que fez um inventário parcial de tais códigos sob a rubrica de grandes "complexos", "fantasias (ditas) originárias", "teorias sexuais das crianças", "romances familiares", etc.

O valor de "conhecimento" desses códigos é inexistente, já seu potencial de ligação e de configuração é inegável. Pertencem ao terreno da ideologia.

III.3.
Para avaliar as consequências de tal prototradução para a *metapsicologia*, convém levar em conta o fato de que as primeiras mensagens do adulto estão comprometidas por sua sexualidade, sendo, nesse sentido, enigmáticas. Assim, a tradução tem como contrapartida necessária o fracasso da tradução, que é o recalque. A constituição do aparelho psíquico, eu e isso, deve ser referida aos avatares da tradução originária[11].

III.4.
Não se pode situar a "narrativização" no âmbito do tratamento psicanalítico sem levar em conta a sua função primeiramente defensiva. No exemplo do sonho, Freud logo de início evidenciou essa função, denominando-a "elaboração secundária", ou, ainda, "consideração à inteligibilidade". O fato de se tratar de uma defesa eventualmente "normal" ou, em todo caso, inevitável, e de que a "narrativização" deva ser correlacionada com o aspecto psicoterápico de todo tratamento, não modifica em nada a ponderação metapsicológica que vê nela a garantia e o selo do recalque.

Isso significa que o vetor propriamente "analítico", o da destradução e o questionamento das estruturas narrativas e dos ideais ligados a elas, opõe-se, em todo tratamento, ao vetor reconstrutivo, sintético, narrativo.

---

11 Cf. *Nouveaux fondements pour la psychanalyse*, Paris, PUF, 1987. [*Novos fundamentos para a psicanálise*, São Paulo, Martins Fontes, 1992.]

XIII
Sublimação e/ou inspiração[1]

A sublimação seria ainda um conceito útil, utilizável, utilizado? Pontalis e eu concluímos nossa reflexão, em 1967, assim:

> Recorre-se frequentemente ao conceito de sublimação; é efetivamente o índice de uma exigência da doutrina, e é difícil imaginar como poderia ser dispensado. A ausência de uma teoria coerente da sublimação permanece sendo uma das lacunas do pensamento psicanalítico[2].

Ainda é possível afirmar isso? Haveria uma exigência da qual não se pode prescindir? Podemos nos perguntar se o "índice", indicação imperiosa de manter a questão em aberto, não se tornou uma simples referência obrigatória, embora vaga, às vezes reverenciada, sem que isso comporte um uso preciso ou

---

1 Apresentado na Universidade de Atenas em 14 de janeiro de 1999 e nas *Soirées de l'APF* em 21 de janeiro de 1999.
2 N.T.: Embora Laplanche não tenha indicado a referência no texto original, encontramos esta citação no *Vocabulário da psicanálise* (Laplanche e Pontalis, Martins Fontes, São Paulo, 2000, p. 497).

uma concepção metapsicológica clara. Sabe-se, além disso, que o próprio Freud abandonou ou destruiu o ensaio que tratava da sublimação e que deveria ser incorporado aos seus escritos metapsicológicos.

A palavra não foi abandonada. A noção, por sua vez, é sujeita a reservas, quando não é simplesmente descartada. Poderíamos dar diversas ilustrações disso.

No que diz respeito ao *tratamento psicanalítico*, em nossas reflexões ou discussões clínicas, a sublimação raramente está em questão. Isso por uma razão central que pode ser denominada, desde Freud, a "razão da Cruz Vermelha". Em tempos de guerra, a Cruz Vermelha, que devia supostamente prevenir os bombardeios, seria mais um sinal de que o inimigo se refugiou na ambulância para se camuflar. "Não atirar na ambulância" não é uma regra da análise, e com razão. No início de uma análise, não é de regra pôr à parte, como respeitáveis, sublimações nas quais não deveríamos tocar. Na prática, em tratamento psicanalítico, não separamos, quanto à intenção de analisar, sublimação e sintoma. Esse posicionamento de analisar tudo, sem respeito nem reserva, seria a transposição das famosas palavras de Montfort: "Mate-os todos, Deus reconhecerá os seus" num: "Analise tudo, a sublimação reconhecerá os seus". Quanto ao fim do tratamento, se, às vezes, podemos nos sentir tentados pelo entusiasmo balintiano por um "novo começo", isso pode ser contrabalanceado por aquela regra de recusar-se[3] que impõe ao analista analisar até o último instante, deixando em aberto, por assim dizer, a ferida da análise.

Dever-se-ia, então, pensar que a sublimação é um conceito reservado, sobretudo, à *psicanálise* dita *aplicada*? Não é por acaso que o texto principal acerca do assunto ainda é o "*Leonardo*" de Freud, com todos os prolongamentos propostos por nomes como Eissler ou Maidani-Gérard, entre outros. Justamente, apesar de tudo o que este último autor possa ter contribuído para aproximar os diários de Leonardo da rede de associações durante uma análise, a distância se mantém. Poder-se-ia dizer, então, que a sublimação seria um incômodo no exercício da atividade prática, mas que esse incômodo desaparece quando

---

3 N.T.: No original, *refusement*.

estamos sós, sem responsabilidades, deitando um personagem histórico no divã?

Uma terceira série de interrogações estaria ligada ao termo *sublime*. Sabe-se que Freud o emprega à sua maneira, definindo a alquimia que leva a pulsão a sublimar-se, como dirigida para metas "socialmente valorizadas". Uma definição pelo "social" que introduz todo um campo de reflexão, pois não se poderia considerá-la, na escrita de Freud, como acessória, como extrínseca ao próprio processo. Com certeza, a "essa adaptação social" várias objeções podem ser feitas. Assim, em seu texto *La sublimation et les valeurs*, Lagache mostra que os valores visados pela sublimação não são necessariamente aqueles de um consenso mais ou menos conformista; podem ser também valores de um grupo restrito, marginal, máfia ou gangue de delinquentes. Numa ordem de ideias um tanto próxima, fizeram-me notar diversas vezes o caráter sempre um pouco elitista de nossos exemplos de sublimação. Por que sempre o pintor e o pesquisador, e não o torneiro, o jogador de golfe ou quem cultiva seu jardim? E o que dizer daquele que se fascina ao navegar na internet?

Mas a questão do "social" não se reduz a sua produção de valor individual. Freud e, junto com ele, certos dinossauros da nossa disciplina não recuaram diante da ambição de confrontar a sublimação com a gênese dos fenômenos sociais em sua generalidade. Gênese da linguagem, na esteira dos trabalhos do linguista Sperber; gênese da atividade em sociedade, tal qual se depreende dos grandes textos meta-antropológicos de Freud.

Não posso deixar de dar um exemplo de como esse debate acaba por se cristalizar no momento do florescimento conjunto e antagonista da antropologia psicanalítica e do freudo-marxismo; segue uma breve citação de W. Reich, relatando uma discussão que ele teve com G. Roheim[4]:

> Falamos com Roheim sobre a interpretação simbólica e, na mesma ordem de ideias, sobre a interpretação analítica do surgimento das ferramentas. Lancei a ideia de que o machado fora inicialmente concebido

---

4 Reich, W. *L'effondrement de la morale sexuelle* (1932), citado em Borneman, E. *Psychanalyse de l'argent*, Paris, PUF, 1978, p. 65.

> por motivos racionais, ou seja, para cortar mais facilmente a madeira, e em seguida, secundariamente, adquiriu também um significado simbólico, mas esse simbolismo não era absolutamente necessário. Uma árvore ou um pau podia significar um falo no sonho, mas não precisava necessariamente ter esse significado... A tese de Roheim, ao contrário, era de que o machado simbolizava o pênis e que nessa condição fora inventado, o racional sendo, no caso, secundário [...].

Em suma, pela visão de Roheim, a pulsão sexual está na própria origem da civilização, de modo que se poderia colocá-la em seu conjunto sob a égide da "sublimação". Para Reich, a civilização tem uma origem coletiva autônoma, que o desígnio sublimatório do indivíduo reutiliza de forma contingente por intermédio da simbolização.

Trata-se de um debate obsoleto? O mero freudo-marxismo já poderia fazer pensar assim. Mas, afinal, a sociologia e a antropologia social continuaram a se desenvolver notavelmente sem se enfeudar ao marxismo nem à psicanálise. Deixo em suspenso, então, essa expressão freudiana voluntariamente modesta "valorização social" como um questionamento, esperando poder voltar a trabalhá-la.

• A sublimação é um termo marcado pela *metapsicologia* e, mais especificamente, pela *teoria das pulsões*. Isso também talvez não esteja muito em voga na psicanálise.

Quero dizer que pensamos com frequência poder discutir casos ou diversas outras coisas que não são casos — alguns fenômenos culturais, por exemplo — sem nos perguntarmos se há entre nós um mínimo de concordância sobre o que *move* essencialmente os seres humanos. Não tenho dúvida de que cada um de nós tem uma ideia bastante clara acerca do que denomina pulsão de morte, para aceitá-la, refutá-la, interpretá-la. Mas — seria por civilidade, por ceticismo em relação a qualquer teoria, por "atitude analítica" transposta para a discussão cortês entre colegas? — a teoria é discutida, em geral, com luvas de pelica.

Seguramente, é diferente do que acontecia nos tempos de Freud. Naquela época, certamente não se era "pós-moderno".

Um "paradigma" científico não era considerado como uma escolha arbitrária dentro de um leque de possibilidades. No entanto, o rigor metapsicológico quase intratável de Freud conjuga-se com uma evolução que poderia desconcertar: você é 1ª, 2ª ou 3ª teoria das pulsões, 1ª ou 2ª tópica? Aqui as considerações da estrutura e aquelas da evolução devem ser conjugadas com precaução, a menos que se considere — alguns o fizeram — a psicanálise como o meio de afirmar tudo e o seu contrário.

Tomemos um exemplo bem definido, mas central: o das relações ditas de *ternura*. Dentro da primeira teoria das pulsões, quando o sexual é oposto ao campo bem delimitado da "autoconservação", é a esta que se refere a "corrente terna", aquela que liga a criança à mãe e, mais tarde, a outras pessoas. Essa corrente terna se opõe à corrente sexual ou "sensual". De certa forma, podemos compará-la com "o amor de objeto primário", de Balint. Em compensação, na segunda teoria das pulsões, a ternura deve derivar da sexualidade, precisamente por "inibição quanto à meta" e por "sublimação". Todavia, não poderíamos nos contentar em assinalar simplesmente uma contradição do pensamento freudiano sem nos perguntarmos se outros elementos teóricos, entrementes, não mudaram de lugar. Nomeadamente, se o "sexual" da primeira teoria é mesmo idêntico ao Eros da segunda.

A questão do dualismo pulsional — dos dois dualismos — é, pois, fundamental. Na tentativa de nos situarmos, vamos partir, se assim quisermos, de um ponto aparentemente polêmico: a acusação dita do *pansexualismo,* contra a qual Freud não para de se defender. O pansexualismo, se afirmado com radicalidade, arruína a própria ideia de sublimação. Se "tudo é sexual", o único desafio da psicanálise é desvendar a maneira pela qual o sexual vem se dissimular, traduzindo-se sob outras formas.

Mas, ao mesmo tempo, a questão se inverte. Se "tudo é sexual", a palavra "sexual" se torna apenas uma denominação insípida, a libido se torna equivalente a termos mais neutros, como energia, atividade psíquica, etc. Esse debate ocupou o mundo intelectual em diversas manifestações de resistência à introdução do sexual freudiano — debate não só com Jung, mas também, na França, com Claparède, Pichon, Laforgue e tantos outros. Essa tentação, contudo, continua atual, mesmo que o aspecto estreitamente energético da discussão tenha se tornado obsoleto. Assim é com a onipresença da noção quase consensual, atualmente sem discussão, que se mantém mais ou menos dessexualizada, da "relação de objeto".

Freud, então, não para de lutar contra o pansexualismo, com a seguinte afirmação: "Em psicanálise, o sexual não é tudo". Essa é sua maneira de manter a especificidade do sexual, na acepção própria.

O problema é que aquilo que *não é* sexual assume duas formas totalmente diferentes no que chamamos duas teorias das pulsões:

• Sexualidade — autoconservação.
• Eros — pulsão de morte.

O próprio Freud descreveu diversas vezes essa evolução, tendo, entre as duas teorias, um momento monista transitório em "aproximação aparente das visões de Jung", um momento em que a autoconservação é absorvida pela sexualidade — sob a égide do investimento sexual do eu, o narcisismo —, enquanto a pulsão de morte ainda não surgiu.

Além dessa observação muito esquemática, o importante é o fato de que esses dois dualismos são muito diferentes no que diz respeito à nossa prática, um não substituindo o outro em absoluto.

O primeiro traz, com a autoconservação, um verdadeiro exterior, tanto em relação à sexualidade, quanto, sem dúvida, em relação à situação analítica.

O segundo apresenta um par muito mais indissociável, pulsões de vida e pulsões de morte como dois lados de uma mesma moeda, um par que avança no mesmo passo, na vida, na análise, na teoria.

Na teoria, Eros e pulsão de morte apresentam-se, sobretudo, como dois grandes princípios ligação-desligamento, estando, logo, correlacionados. Isso pode ser confirmado pelo fato de que Freud sempre se recusou a atribuir uma energia própria à pulsão de morte, o que sugere que é justamente *uma única e mesma libido* que, conforme o caso, está ligada ou desligada.

Estou convencido de que a sucessão dos dois dualismos, em Freud, não é absolutamente a substituição de um sistema menos válido por outro. Ela tem seu correspondente na realidade do ser humano; a evolução de um ao outro corresponde a uma gênese, na virada entre dois estados ou posições sucessivas, equivalendo, talvez, ao que consideramos a passagem da "natureza à cultura".

Como conceber o dualismo pulsão de vida/pulsão de morte? Primeiramente, trata-se de um dualismo interno à própria sexualidade. Há muito tempo que insisto nisto: convém falar de "pulsões sexuais de morte". A pulsão de morte toma para si o que Freud considerou de saída o aspecto mais inconciliável da sexualidade: Lúcifer-Amor. Não é à toa que, no mesmo período da infância, Freud situa o autoerotismo, enquanto M. Klein vê o sadismo no auge. Minha hipótese é de que ambos veem *uma única e mesma coisa* com dois termos diferentes: o caráter indomável e anárquico da sexualidade. A pulsão de vida, por sua vez, corresponde aos aspectos mais ligados do sexual, ligados ao objeto e ligados ao objeto-eu. Acerca dessas duas formas do sexual, propus os termos "pulsão de índice" e "pulsão de objeto". Voltarei talvez a falar delas mais adiante.

A questão poderia, então, ser formulada da seguinte maneira. O tratamento psicanalítico nos faz repelir aos seus limites, para fora do enquadre, as considerações de oportunidade, de interesse prático e, a rigor, de sobrevivência. A respeito do atraso de um paciente, o tratamento exclui de seu campo de interpretação os horários dos trens ou as greves dos ferroviários, a não ser que sejam mediados e investidos pelos interesses sexuais ou narcísicos do paciente. No plano teórico, dizemos que Eros, o Eros narcísico, assume os interesses da autoconservação. O paciente está atrasado ou no horário, em última análise, em função de seu investimento sexual, de vida ou de morte. Ou, para dizer em termos menos paradoxais, ele "associa" a respeito dessas eventualidades somente na medida em que as investe. Senão, as coisas permanecerão fora do enquadre.

Sei que essa visão é esquemática. Pelo menos, ela me ajuda a formular a pergunta: o segundo dualismo teria vindo realmente substituir o primeiro, Eros tendo colonizado completamente a autoconservação? Esse ponto de vista, que é o do tratamento psicanalítico, também seria transponível a uma consideração metapsicológica geral do ser humano? No homem, Eros teria assumido totalmente a autoconservação, da mesma forma que isso se constata na evolução do pensamento freudiano?

Admitindo-se que seja assim, a própria noção de uma gênese, de uma espécie de "pansexualismo em ato", não nos forçaria a supor que essa gênese, essa colonização também ocorre no ser humano? Isso indicaria que o primeiro dualismo, na realidade da existência humana, preexistiria ao segundo e constituiria seu fundamento.

———

Haveria no início — e subsistiria depois —, no ser humano, algo das tendências não sexuais, e para dizê-lo claramente, do instinto? Não tenho certeza quanto a essa questão, e minha reflexão é um pouco oscilante. Tudo o que posso fornecer são algumas indicações sobre a minha linha de pensamento.

Em primeiro lugar, seria necessário fazer uma reavaliação completa do termo "autoconservação". Um termo abstrato que supõe a existência de um indivíduo que sobrevive de forma autônoma em um universo inanimado. Esse é o sistema de partida do *Projeto para uma psicologia científica*, um sistema que só é válido para os organismos inferiores, incluindo os peixes. Esse tipo de autoconservação homeostásica se encontra largamente ultrapassado na evolução das espécies, entre as quais uma grande parte, sobretudo os mamíferos, tem sua subsistência vital integrada numa intercomunicação — principalmente entre mãe e filhote — que, desde Bowlby, passou a ser chamada de "apego". A retomada atual dessa noção deve-se à observação tanto dos animais como do pequeno ser humano, cujas capacidades precoces de interação foram subestimadas durante muito tempo.

A existência de relações primárias — ou pelo menos muito precoces — entre o bebê e o seu ambiente não deixa de atualizar a ideia do amor primário de objeto de Balint, acerca do qual se deve enfatizar, contudo, que ele não se situa no plano do sexual.

Mas, do meu ponto de vista, é também para situar melhor a noção de mensagem enigmática, ponto de partida da pulsão sexual, que se faz necessário supor uma comunicação de base, não sexual, entre a mãe e o bebê, uma espécie de onda portadora não sexual, que seria como que modulada, ou melhor, parasitada pela intervenção do sexual adulto. Com base em uma comunicação recíproca, algo passa de forma vetorizada, unilateral.

Não só na criança, mas no adulto também, é difícil não sustentar, ao menos virtualmente, esse polo autoconservativo original, mesmo se ele é em larga medida encoberto e reinvestido pelo narcisismo. Para dar um exemplo que não poderei desenvolver, numa *psicologia* da agressividade, ao lado da destrutividade sádica e da rivalidade narcísica, não é possível desprezar totalmente um terceiro fator que, de acordo com Denise van Caneghem, podemos chamar de "combatividade".

Vale reiterar que essa "ordem vital", esse nível "animal", na acepção própria do termo, continua sendo no homem um nível virtual: exatamente da mesma forma que a primeira teoria das pulsões permanece virtualmente presente na segunda.

―――

Depois de ter compartilhado incertezas e questionamentos levantados pela ressurgência moderna da teoria do apego, passo agora ao nosso propósito: uma mutação possível da pulsão, a dita "sublimação". Ora, se consideramos que, no ser humano, a oposição pulsões sexuais de morte-pulsões sexuais de vida — mais exatamente ainda, desligamento-ligação — vem cobrir o campo de base, animal, chegamos a um estranho paradoxo.

Eros reassumiu, por assim dizer, sob a égide da ligação, a autoconservação. O ser humano se sustenta e combate, a rigor, não para sobreviver, mas por amor ao eu, ou então por ódio ao eu que lhe é estranho. Por outro lado, Tânatos, a pulsão sexual sem amarras, assumiu o polo do inconciliável, o do sexual no sentido freudiano originário do termo.

Essa reversão, essa inversão dos polos e dos significados tem uma consequência mais que inesperada do ponto de vista da sublimação. Se é mesmo o eu, agente maior de Eros, que toma ao seu encargo os interesses vitais, e se sua energia é, como diz Freud, "dessexualizada e sublimada", então a sublimação, a mutação da pulsão quanto às suas metas e aos seus objetos, aparecerá, na verdade, como a transferência, a transposição da energia sexual de morte em energia sexual de vida, a domesticação, a ligação de uma pulsão anárquica e destrutiva em suas origens. Essa concepção — insisto — implica ter compreendido bem que Eros, na segunda visão de Freud, esse demiurgo que visa formar unidades cada vez mais englobantes, não tem mais nada a ver com a sexualidade parcial e parcializadora dos *Três ensaios*.

WO ES WAR SOL ICH WARDEN

Se concordarmos que o núcleo do isso é a pulsão sexual de morte, essa frase poderia ser transposta assim: onde estava a pulsão sexual de morte, lá deverá estar Eros, a pulsão de vida.

O fato de Freud acrescentar que esse é um "trabalho cultural comparável a drenar o Zuiderzee" indica explicitamente que *todo esse processo psíquico*, que podemos chamar de ligação, pode ser finalmente assimilado ao campo anteriormente denominado sublimação.

Explico-me, traçando algumas referências.

1) A sublimação era tradicionalmente assimilada, por assim dizer, a uma espécie de tratamento dos resíduos pré-genitais da genitalização. Cito algumas linhas de Freud, em *As transformações da pulsão exemplificadas no erotismo anal*: "A questão de saber onde se alojam posteriormente as moções pulsionais erótico-anais era inevitável. Qual é o destino delas depois de perderem sua significância para a vida sexual, depois de instaurada a organização genital definitiva?"[5] Sabe-se que Freud afirmou constantemente que o destino sublimatório era, em primeiro lugar, o dos restos não integrados das pulsões pré-genitais.

Todavia, a partir do momento em que subsumimos a dita "genitalização", sob a égide geral dos processos de ligação, ela perde seu privilégio, sua situação à parte, em relação ao movimento geral de aculturação e — deve-se dizer — de dessexualização. Corro o risco de chocar ao sustentar a afirmação de

---

5   OCF-P, XV, p. 55-56. [*Edição standard brasileira*, vol. XVII, Rio de Janeiro, Imago.]

que o "Édipo" é profundamente não sexual e dessexualizante. A "lenda do conquistador", por eliminação do pai e pelo casamento com a mãe, relega totalmente ao esquecimento a sexualidade orgástica, cuja existência se pode apenas suspeitar pelo coito com Jocasta e pelo gozo no assassinato de Laio.

Para falar do cotidiano, podemos nos referir à "relação genital" sob todas as suas formas: do "louco amor" ao casamento "por amor" que se torna casamento "pela razão", das uniões efêmeras ao comprometimento numa existência comum e criadora, da união sem filhos ao destino familiar. As formas são ricas e inúmeras, mas como afirmar que sejam unicamente — e mesmo principalmente — formas da "vida sexual"? Os aspectos sexuais propriamente ditos, a sexualidade no sentido dos *Três ensaios*, seja ela genital ou paragenital, representam quantitativamente apenas uma pequena parte, estando sempre integrados qualitativamente numa relação — social ou associal, pouco importa — que os excede.

Todas essas formas de genitalidade poderiam ser justificadamente chamadas de *modos de sublimação* da sexualidade. A "ternura", da qual falávamos anteriormente, é apenas um aspecto entre outros.

2) Um segundo ponto seria que, em todas essas formas da *vida* (tomando esta palavra no sentido das pulsões de vida, de Eros), o que tem para ser ligado ainda e sempre são os diversos elementos da pulsão sexual de *morte*, do sadismo e do masoquismo. Tratarei mais adiante do principal significado da analidade a partir desse ponto de vista. De qualquer maneira, não é por acaso que a maioria dos exemplos de sublimação, principalmente profissionais, refere-se a uma integração da agressividade. O paradigma do cirurgião permanece central: o manejo do bisturi é controlado, ligado, integrado numa trama, ou melhor, numa variedade de breves histórias em que o técnico se conjuga com o médico, até mesmo com a "solicitude" pelo caso humano.

3) Meu terceiro ponto, por fim, mostrará o quanto o elemento que Freud denominava "valorização social" muda de aspecto aqui: de fator acessório ele passa a ser algo intrínseco ao próprio processo de ligação, com a ideia de *processo cultural*.

Isso não significa — cabe ressaltar — que nos coloquemos numa posição de aprovação em relação a determinada cultura, nem, inversamente, que nos posicionemos num relativismo culturalista. Mas essa reserva merece uma explicação que requer uma breve revisão dos modos de ligação empregados pelo eu. A ação de síntese do eu pode ser de dois tipos bem diferentes. Num primeiro modo, que poderíamos chamar de gestaltista, o eu impõe uma unidade à diversidade e à anarquia da pulsão, pela sua própria forma unitária, especular. Essa ligação é eminentemente narcísica e, como tal, rudimentar. O eu unifica o diverso, seja diretamente, seja por simples oposição, termo a termo. Encontraríamos aqui a formação dos traços de caráter (obstinação, ordem, economia) que Freud apontou, destacadamente, no erotismo anal. O traço de caráter da obstinação é diretamente oriundo, por bloqueio, continuação e generalização, do conflito anal de oposição. O traço da limpeza e da ordem apresenta-se como uma formação reativa, isto é, como a imagem invertida e, digamos, espelhada do interesse pelas fezes. Quanto à economia, sua derivação diz respeito ao problema complexo da troca, retomado por Freud em *As transformações da pulsão exemplificadas no erotismo anal*[6]. Eu gostaria apenas de ressaltar aqui que as formações de caráter colocam em marcha um modo de ligação simples, até mesmo simplista, narcísico, muito pouco inserido em redes de significação.

O outro modo de ligação, em contrapartida, efetua-se graças a conexões simbólicas. Propus a ideia de que a ligação da mensagem enigmática do outro se faria conforme o modelo da tradução, graças a códigos mais ou menos elementares ou elaborados fornecidos à criança pelo seu entorno. Essa tradução não diz respeito apenas às primeiras mensagens e aos recalques originários. Durante toda a infância (diga-se também, durante o tratamento analítico), ocorrem momentos de destradução e retradução regidos pelo processo de *après-coup*. À estupidez da ligação narcísico-gestaltista, em que a totalidade unificadora se impõe sem mediação, opõe-se a complexidade das ligações

---

[6] N.T.: Este título foi traduzido conforme a *Edição standard brasileira*. No entanto, em tradução livre, a partir do título do texto em francês, *Transposições pulsionais, em particular no erotismo anal*. Laplanche falará mais adiante, neste capítulo, em "transposições pulsionais", e não em "transformações das pulsões".

simbolizantes e dos sistemas simbólicos nos quais — se quisermos adotar referenciais filosóficos — o objeto e o conceito estão necessariamente correlacionados a tramas, proposições e juízos.

Não disponho de tempo para mostrar — apenas indico — que esses dois modos de ligação do eu são, contudo, complementares e estão associados. Assim, os códigos mito-simbólicos podem ser investidos como objetos narcísicos e, inversamente, o investimento narcísico de formas distintas faz com que coagulem, por assim dizer, objetos no desenrolar dos roteiros propostos ao sujeito. Para citar um exemplo bem conhecido, não existe Aníbal nem identificação com Aníbal sem a lenda de Aníbal. Mas também não existe a lenda de Aníbal sem que o eu venha, de forma especular, destacar o personagem em sua história.

―――――

As transformações da pulsão exemplificadas no erotismo anal é um texto que já citei e que propõe uma encruzilhada no que se refere à simbolização e também à sublimação. Vemos mutações da pulsão, de seu objeto e necessariamente de sua meta, sob a insígnia do *objeto parcial*. Vale dizer desde já que, se tivéssemos que caracterizar esse momento de ligação da pulsão, deveríamos falar de *troca*, de uma troca em que o objeto anal permanece um caso particular, embora essencial — o erro seria considerar a analidade um estágio, uma vez que ela já está presente desde os primeiros dias de vida[7]. Lembremos então do extraordinário quadrilátero ou pentágono que Freud desenha em seu artigo, com suas vias de comunicação, e também suas fugas. Os quatro polos são as fezes, o pênis, o bebê e a dádiva, aos quais vem se somar o objeto-homem, indicando-nos que, desta vez, Freud concentra sua reflexão na pulsão na mulher. Trata-se, portanto, de um polígono de trocas, com base em equivalências. Freud encontra dificuldade para fundamentar esse valor de troca no plano empírico, investigando o que ele chama de *tertium comparationis*. Assim, o elemento caracterizado como "o pequeno" quase não se sustenta a partir do momento em que se pergunta (como se tem feito desde os socráticos): "pequeno em relação

---

7 Mas, nesse primeiro período da vida, não sob a forma do "bastão fecal".

a quê?" Com isso se pode perceber que a troca não poderia ser facilmente deduzida do empírico, mesmo que seja a troca da dádiva-fezes pela recompensa parental.

Na verdade, depois de Marcel Mauss e Lévi-Strauss, poderíamos facilmente considerar a troca como o sistema simbólico que *permite manter junto* o quadrilátero. Porém, principalmente com Marcel Mauss, surge também a ideia de que a troca generalizada, recíproca, abstrata que Freud parece tomar como referência, é apenas um código entre outros possíveis. Mauss chama nossa atenção, por exemplo, para sistemas em que o objeto trocado permanece, mesmo assim, vinculado ao doador ou, eventualmente, ao criador. Um relógio de parede dado de presente por um amigo será para sempre o relógio de parede de Pedro; mesmo que um quadro de Picasso mude cem vezes de mãos e de donos continuará sendo um quadro de Picasso. Freud parece de fato rejeitar essa ligação da obra com o autor, da palavra com quem a empenhou ou mesmo do pênis com o homem que o tem. Conhecemos uma frase particularmente abrupta nesse texto: "O desejo infantil do pênis... transforma-se em desejo pelo *homem*, o que torna, assim, o homem um suplemento do pênis". O homem é "a pequena coisa" do pênis, como o pênis é a "pequena coisa" do homem. Não se poderia ir mais longe no sistema de "troca" — entenda-se esse vocábulo no sentido econômico ou no sentido sexual.

Essas poucas reflexões não poderiam dar conta da riqueza de tal texto nem da confluência que ele representa. Nele é tratado o surgimento do objeto parcial[8].

Outra característica notável dessa figura do pentágono: a agressividade está ausente, ou pelo menos, é cuidadosamente dominada. Green formulou, a respeito das passagens e das mutações entre pulsão de morte e pulsão de vida, a noção de "função objetalizante-função desobjetalizante". Essa ideia mereceria ser retrabalhada: o termo "função" me parece totalmente injustificado devido à sua conotação de funcionalismo. Em contrapartida, nada impede reconhecer um movimento objetalizante (em direção ao objeto parcial) e seu inverso desobjetalizante (em direção ao índice inconsciente ou ao

---

8   O seio, contudo, está ausente. Algumas hipóteses poderiam ser formuladas a respeito.

puro *significante dessignificado*). Desde que se observe que a "desobjetalização" *não é absolutamente um desinvestimento*, mas um *outro* investimento, o dos índices como fontes da pulsão, essencialmente fontes da pulsão de morte, que justamente reduz o objeto a um puro índice.

Contarei aqui uma breve anedota. Um menino em idade de perder os dentes de leite costuma colocar seu dentinho dentro de uma caixinha, embaixo do travesseiro. O ratinho virá, durante a noite, trocar o dente por um pequeno presente. Ao acordar, confiante, o menino põe a mão embaixo do travesseiro, apalpa... e encontra um papelzinho. Certo de que é uma carta avisando-o que ele não merece presente porque foi muito malvado, o menino desata a chorar. Sua mãe consegue apenas consolá-lo um pouco, mostrando-lhe que é uma nota... de dinheiro.

Por que essa mutação do bom em mau, do presente em punição? Avento uma hipótese, sugerida pelo próprio vocábulo "nota": nota pode ser ao mesmo tempo carta de reprovação e nota de dinheiro. Nas duas extremidades, enquadrando o objeto parcial do presente, encontramos o puro significante. De um lado, o significante inconsciente, sempre ligado a um certo ataque interno — sabemos que perante o inconsciente ninguém é inocente; e, do outro lado, mais além do presente pessoal trazido pelo ratinho, encontra-se o puro significante como signo monetário, o objeto-moeda que se torna um não objeto (Marx dizia que a mercadoria-moeda é uma não mercadoria). Insisto, portanto, nessa passagem do índice ao objeto parcial e, com Freud, na circulação dos objetos parciais como determinantes no movimento de simbolização. O fato da sublimação manter as mais estreitas relações com o objeto parcial, o fato do próprio movimento de simbolização da pulsão de morte se efetuar através de um sistema do qual um dos paradigmas nos é mostrado pelo pentágono de Freud é também o que demonstraria certa discrepância terminológica, fazendo com que se fale mais, talvez, desde Klein, de criatividade que de sublimação. O termo criatividade supõe que se situe de saída o objeto parcial em relação ao doador, ao autor, ao transmissor. Opõe-se à ideia muito simplista de uma passagem do objeto parcial ao objeto total por uma "totalização" qualquer. Porque o outro "total" — se é que podemos manter essa palavra "total" — está presente de saída, ou pelo menos desde muito cedo, já na fundação do aparelho psíquico, como outro da mensagem e como outro especular ao mesmo tempo.

Volto mais uma vez ao esquema da produção, da dádiva e da troca que se encontra no artigo sobre as transposições pulsionais, *As transformações da pulsão exemplificadas no erotismo anal*, verdadeira placa giratória da sublimação. A relação com as fezes é central como primeira produção do ser humano, mas, por outro lado, é preciso assinalar que o sexual como prazer passou totalmente ao segundo plano. Se considerarmos, depois de Hans Blüher e Lou Andreas-Salomé, a distinção entre o anal e o fecal[9], o erotismo *anal* é um dos grandes recalcados desse sistema.

A passagem da pulsão sexual desligada a uma ligação sob o signo do objeto parcial é obra do eu, instaurando um sistema simbólico-ideológico. Trata-se de sistemas primordiais, regulando a troca no plano antropológico. Nada nos permite pensar que este ou aquele sistema tenha exclusividade. Mencionei anteriormente Marcel Mauss, que opõe a troca universal abstrata da economia moderna, em que tudo tem um preço abstrato (até mesmo o tempo, um quadro de Van Gogh ou o custo dos investimentos sociais necessários para "produzir" um piloto de linha), a modos mais restritos de troca em que, para citar Marcel Mauss, "as coisas vendidas mantêm uma alma, continuam sendo seguidas pelo antigo dono e o seguem"[10]. Não se trata de optar por uma mitologia em vez de outra, por um sistema simbólico no lugar de outro. Mas não se pode deixar de observar que, com a troca abstrata e generalizada, ocorre uma espécie de *regressão do objeto parcial ao índice*, da pulsão de vida à pulsão de morte e, com ela, uma dessublimação. Aliás, é bem verdade que o objeto parcial, por sua própria parcialidade, contém um significado de arma e projétil mortal que Melanie Klein sempre enfatizou. Num artigo de 1921, Mauss lembrou os dois sentidos do vocábulo alemão *Gift*: dádiva/presente e veneno. "A coisa recebida [...] vinda de alguém, fabricada ou

---

9   Hans Blüher citado por Lou Andreas-Salomé em *Anal et sexuel, Amour du narcissisme*, Paris, Gallimard, 1980, p. 109.
10 Essai sur le don in *Sociologie et anthropologie*, Paris, PUF, 1960, p. 259.

possuída por ele, sendo dele, confere-lhe poder sobre o outro que a aceita"[11].

Façamos uma síntese. A sublimação, como fomos levados a concebê-la, não tem nada de um processo à parte. Ela é, dever-se-ia dizer, o processo normal de aculturação pelo qual o eu tenta ininterruptamente drenar o Zuiderzee do isso, transpondo em parte as pulsões de morte em pulsões de vida. Nesse processo, destacamos aqui a função do objeto parcial, objeto de produção mantido como tal. Nesse sentido, podemos confrontá-lo com o puro "objeto" de consumo, índice de um gozo em que toda especificidade e toda origem desaparecem. É possível que esse movimento — que Freud atribui à fase anal, mas que ultrapassa em muito seus contornos temporais, e cujo significado é muito importante para a criatividade — ocorra no *après-coup* dos recalques originários e de sua relação com os índices da oralidade[12].

Por fim, eu não gostaria de terminar esse desenvolvimento, que trata da sublimação comum no sentido mais amplo, sem tomar alguma distância em relação ao privilégio atribuído por Freud a esse movimento conquistador da pulsão de vida. Por mais necessário que seja o processo de ligação, não se deve esquecer que esta é efetuada pelo eu segundo duas modalidades principais: ligação pela imagem narcísica e ligação pelos sistemas mito-simbólicos. Destes últimos, aprendemos a desconfiar, e não se poderia realizar uma análise sem aceitar que sejam questionados em sua contingência, sua historicidade, até mesmo em suas contradições e absurdos. As diatribes de alguém como Bourdieu aos "sistemas simbólicos" dominantes não devem, *a contrario sensu*, nos inibir numa atitude que deve ser analítica em relação a eles.

Observemos também que, diferentemente do que postula certo lacanismo, tanto o "simbólico" como o "imaginário" estão a serviço do eu. E, por estarem a serviço do eu, estão inseridos na perspectiva quase inelutável do fechamento "ptolomaico".

Não vejo como essa progressão de Eros em cada existência individual, principalmente por intermédio da simbolização, possa ser diferenciada da sublimação. Ela é a própria subli-

---

11 *Le Monde*, 30 de março de 1968. Suplemento, p. 5.
12 Ver acima a ausência da sexualidade oral na figura do pentágono freudiano.

mação como integração das metas sexuais anárquicas numa perspectiva "socialmente valorizada".

Poderíamos situar esse movimento da sublimação entre dois polos: o do *sintoma* e aquele que eu designo como *inspiração*.

No que se refere ao primeiro, ressalto apenas que ele também marca uma modificação e uma dessexualização parcial das metas. Mas esta se efetua conforme o modo principal do compromisso, em que, embora certa simbolização não esteja ausente, ela é sempre errática em relação ao conjunto do eu. Em muitas existências, a uma sublimação que existe efetivamente em todo ser humano vem justapor-se uma sexualização neurótica — em que o sexual retorna com frequência sob as formas mais cruas —, seja infiltrando-se nas tarefas materiais cotidianas, abertas à obsessionalidade ou mesmo a uma analidade patente, seja insinuando-se nas relações inter-humanas, marcadas muitas vezes pelo sadomasoquismo, até mesmo pelo ódio.

É aqui que a sexualidade dita pré-genital, mas também genital infantil, recupera sua preeminência. Talvez não tenha sido suficientemente observado que, diferentemente da sexualidade genital adulta, suas metas são essencialmente fantasmáticas. Assim, as ações descritas por Klein acerca da posição paranoide (atacar o interior do outro, despedaçá-lo, queimá-lo, etc.), elas mesmas buscadas em esquemas da vida cotidiana, inserem-se naturalmente nesta sob formas mais ou menos disfarçadas.

Eu arriscaria dizer que essa sexualização quase aberta ajuda simplesmente uma parte — a maior parte — da humanidade a viver, aquela que pouco ou nunca vemos, a não ser pela mídia.

Considero indispensável mencionar um ponto essencial, em se tratando de um tema de antropologia psicanalítica — a sublimação — que requer ser enfocado numa perspectiva também antropológica. Não podemos esquecer que a análise tem em seu campo de experiência efetiva apenas 0,000...% dos indivíduos cujas existências só conhecemos pelas nossas telas de televisão: autores de massacres e suas vítimas, assassinos, estupradores e estuprados, deportados, carcereiros e prisioneiros, escravos dos tempos modernos e de todos os tempos. O benefício primário e, sobretudo, secundário trazido por uma sexualização não sublimada não poderia ser subestimado. Uma sexualização sob o comando, acima de tudo, da pulsão sexual de morte sádica e, sobretudo, masoquista, não implicaria em absoluto que a tendência à ligação e à simbolização não continue operando por outro lado.

Todavia, um dos resultados mais significativos da abordagem psicanalítica, quando se acompanha excepcionalmente um caso semelhante ao que acabo de descrever, é ver as próprias tarefas se diversificarem, desligarem-se e abrirem-se. Há, às vezes, como se diz, ascensão social, mas não necessariamente. Trata-se mais de uma espécie de mutação. A sexualização persiste, mas se torna menos rígida, menos grosseira, menos extrínseca, menos presa também num confronto social sem mediação. A via da simbolização parece esboçar-se.

―――

Com o meu outro polo, o da *inspiração*, passo agora a navegar em águas mais calmas. Só aparentemente. Para começar: se a sublimação bem-sucedida sempre se delineia sob a égide do eu e do recentramento ptolomaico — ou com a bênção de uma "filosofia do sujeito" —, não seríamos obrigados a nos lembrar daquilo que situamos na origem da pulsão, a saber, a relação com a mensagem enigmática do outro? Mantida alguma reminiscência de um duplo ponto de vista, na teoria e no próprio ser humano. Porque as reminiscências da primeira são também do segundo.

É novamente em Freud que pretendo identificar essa reminiscência, em suas dificuldades de estruturar a própria noção de sublimação. É nesse sentido muito específico que podemos opor duas atitudes teóricas: "situar" a sublimação e "fazê-la derivar".

Situar a sublimação é ater-se ao jogo das transposições pulsionais, como esboçamos, considerando o processo de simbolização como se desenrolando a partir de pulsões já constituídas pelo recalque. "Fazer derivar a sublimação" é tentar seguir a pista de uma gênese que se situa no movimento originário da própria pulsão: no recalque originário.

Ora, no mesmo período em que a questão do pansexualismo se torna urgente, com a absorção da autoconservação em Eros, eis que aparece o grande texto de Freud sobre a criatividade científica e artística: *Leonardo da Vinci e uma lembrança de sua infância*, de 1910. E, para o propósito que nos interessa, é espantoso constatar que esse texto principal sobre a sublimação — sendo pelo menos o mais inspirado — apresenta-se ao mesmo tempo como uma das mais importantes ressurgências da sedução infantil precoce.

O mais simples, para o nosso propósito, é relermos as páginas sobre a gênese da "pulsão de saber". *Wisstrieb* ou *Forschertrieb*. Freud situa essa gênese em Leonardo — e talvez de modo geral — como sendo bem mais originária que as outras sublimações, até mesmo as artísticas.

Freud situa no ponto de partida duas "pulsões" (diremos: duas "funções") que provêm da autoconservação, sendo uma o prazer-desejo de ver, *Schaulust*, e a outra, a pulsão de dominação. Essas duas funções que, portanto, não são sexuais no início — poder-se-ia dizer, dois elementos do funcionamento psicofisiológico, que nada impede supor que tenham uma maior ou menor força constitucional — são, logo de saída, tomadas no processo sexual, cuja iniciativa pertence ao adulto. Em outras palavras, essas funções constituem o lugar, o local próprio da sedução. Vamos seguir Freud novamente. A investigação, que passa a ser sexual, pode ter três "destinos". Todos os três precedidos por — e ligados a — um recalque, inclusive dito "enérgico".

1) A inibição intelectual. Vitória do recalque (apoiado, com frequência, pela religião).

2) A obsessivação do pensamento. O sexual invade a defesa por formação reativa. "Neste caso, a investigação torna-se uma atividade sexual, muitas vezes exclusiva [...], mas o caráter sem conclusão possível das investigações infantis é também repetido no fato de que tal ruminação nunca termina [...]."

3) Mas, antes de passar ao terceiro tipo, é necessário destacar que esses três modos não se excluem um ao outro. O caso "mais raro e mais perfeito", o terceiro, pode coexistir ou alternar com momentos de inibição e de ruminação. Esse é o caso de Leonardo. Mas o encontramos também em Giacometti, cuja figura cito aqui pela primeira vez.

Na verdade, esse terceiro tipo nos dá, no texto de Freud, sublimes aberturas, mas uma insatisfação também. Há efetivamente o recalque, mas não o de um certo componente, aquele ligado à *investigação* sexual. Todavia, há recalque mesmo assim, uma vez que a investigação evitaria "os temas sexuais". É justamente o que, de certa forma, é falso em Leonardo.

As palavras mais sugestivas de Freud são as que expressam a ideia de uma sublimação "desde o início" (*von Anfang an*).

> A libido escapa ao destino do recalque sendo sublimada desde o começo em desejo de saber e ligando-se à poderosa pulsão de investigar como forma de se fortalecer[13].

Esse não é o único trecho.

> [...] a sublimação original, cuja forma foi preparada por ocasião do primeiro recalque[14].

Isso nos encoraja a passar do nível dos recalques secundários — com pulsões já constituídas — àquele do *recalque originário*. Em outras palavras, *esse início da sublimação* nos remete ao *início da pulsão sexual*.

Não podemos negligenciar aqui que o "Leonardo" marca a *ressurgência* — temporária em Freud — da *sedução*, sob a tutela dos efeitos da sedução materna. Com certeza, a teoria da sedução não ressurge como teoria. Cabe a nós convocá-la. Mais especificamente, detrás da vetorização secundária, pulsional, convém buscar uma vetorização mais primitiva que atua, talvez não entre forças intrapsíquicas, mas na relação interindividual. Com base numa relação originária recíproca, intervém alguma coisa que não é menos originária: o caráter unilateral de algo do sexual, comprometido sexualmente, na comunicação adulta.

A mensagem enigmática é o que indica a dimensão irredutível da alteridade. Não em virtude de sabe-se lá qual alquimia ou metafísica, mas porque essa mensagem traz com ela o traço irredutível e indecifrável do inconsciente sexual do outro, do outro adulto. A vetorização da mensagem enigmática é "copernicana". Ela se baseia numa vetorização interpessoal, aquela do apego não sexual.

A *mensagem enigmática* inscreve-se na criança como mensagem. Como "significando para", e não como traço ou como

---

13 OCF-P, X, p. 105. [*Edição standard brasileira*, vol. XI, Rio de Janeiro, Imago.]
14 OCF-P, X, p. 160. [*Edição standard brasileira*, vol. XI, Rio de Janeiro, Imago.]

representação, uma metapsicologia do traço ou da representação é irredutivelmente solipsista.

Assim sendo, o que a criança pode fazer com essa mensagem? Os *destinos* desta são diversos.

1) A mensagem pode ficar sem tradução, forcluída. É o caso da mensagem persecutória e de seu parente, a mensagem superegoica.

2) A mensagem pode ser tratada, isto é, traduzida. Aparentemente, sem resto. "Aparentemente", pois o resto não traduzido é recalcado. Portanto, é como se não fosse nada para o eu.

É sempre o eu aquele que diz (parafraseando O. Mannoni): "Sei perfeitamente". Isto é, eu englobo numa tradução. E quanto ao resto: "Não quero saber".

Esse é o recalque que Freud define constantemente como um "não querer saber".

3) Pode-se agora imaginar o terceiro "tratamento" a que Freud se refere nesse trecho sobre a sublimação desde a origem? *Um recalque, mas mantendo o agulhão do enigma?* Algo do tipo: sei perfeitamente; e, quanto ao que eu não sei, não quero saber de nada de seu conteúdo; "mesmo assim", pressinto permanentemente que não sei.

Essa manutenção da dimensão do enigma, a despeito dos avatares do recalque, é, no meu entender, o que Freud tenta nos mostrar em Leonardo. Ele opõe todo o tempo duas sublimações: a pictural, mais tardia, ligada à "alegria de viver", e a sublimação intelectual — originária —, que vem avivar, mas também paralisar, a criação artística.

Cabe citar aqui novamente este verdadeiro irmão de Leonardo: Giacometti. E, ao lado do Leonardo de Freud, o Giacometti de Bonnefoy, que acompanhou durante um ano um trabalho coletivo.

A diferença, em Giacometti, estaria no fato de que a pesquisa — a investigação — *anima diretamente* a pintura ou a escultura. Mas a diferença é pequena se examinarmos atentamente. Refiro-me às páginas muito conhecidas de Freud em que ele retoma a grande oposição entre conhecer, de um lado, e amar ou odiar, de outro. Amar e odiar se situam no campo da pintura; o "conhecer" se coloca inicialmente como auxiliar indispensável da arte, mas, às vezes, torna-se também seu inimigo:

> Não se tem o direito de amar ou odiar qualquer coisa da qual não se tenha conhecimento profundo. Por fim, a investigação prevalece, sendo capaz de paralisar a criação[15].
>
> O artista usara o pesquisador para servir à sua arte; agora o servo tornou-se mais forte que o seu senhor e o dominou[16].

E em Giacometti:

> Interesso-me muito pela arte, mas interessa-me infinitamente mais a verdade[17].
>
> Nem fazer belas esculturas, nem me expressar, o importante é o tema.

Ele chega a afirmar diversas vezes que a escultura será descartada como concha vazia, quando a tiver terminado:

> De certa maneira, isso ainda não começou.
>
> Faço uma escultura para me livrar dela.
>
> É para se desfazer. (Entrevista concedida para o documentário *Les heures chaudes de Montparnasse*.)

Em Giacometti, o aspecto da *sexualização* que chamo de secundário certamente não está ausente. Freud observa em Leonardo também essa intrincação de diferentes níveis:

> Desse modo, o recalque, a fixação e a sublimação repartem entre suas contribuições da pulsão sexual para a vida mental de Leonardo[18].

---

15 *OCF-P*, X, p. 97. [*Edição standard brasileira*, vol. XI, Rio de Janeiro, Imago.]
16 *OCF-P*, X, p. 101. [*Edição standard brasileira*, vol. XI, Rio de Janeiro, Imago.]
17 *Écrits*, Paris, Hermann, 1990, p. 267.
18 *OCF-P*, X, p. 159 [*Edição standard brasileira*, vol. XI, Rio de Janeiro, Imago].

Em Giacometti, isso não acontece sem a participação de elementos — principalmente sádico-anais — muito próximos daqueles de Leonardo. Anais, quero dizer, desde que borrou precocemente a tela de seu pai com fezes, até os gessos pintados, também borrões, quase como um sacrilégio.

E, em Leonardo, conhecemos todas as suas brincadeiras escatológicas.

A prática da escultura — de forma mais imediata que a pintura —, quero dizer, a modelagem, tem evidentemente uma relação direta com a analidade, e Giacometti, que conhece Freud, sabe bem disso: "Mexer com o barro é uma mania como qualquer outra, com o pretexto de trabalhar".

Quanto ao sadismo e à morte. Antes de falar algumas palavras sobre eles em Giacometti e em Leonardo, quero reunir alguns pontos.

Em Leonardo e, sobretudo, em Giacometti, a criação parece *transpassada pelo vetor da "pesquisa"* ou, melhor dizendo, da "busca". Mas em que direção orientar esse vetor? Sem dúvida, a pesquisa, como a criação, vem do indivíduo, sendo, nesse sentido, centrífuga. Porém, o que a convoca e orienta é um vetor vindo do outro. Para *Leonardo*, "o olho é a janela da alma", o que marca uma abertura, até mesmo uma exposição da alma, ao trauma do outro.

Em *Giacometti*, o que deve ser restituído é o olhar do outro. Não é um "sujeito" determinado, mas a figura humana e, acima de tudo, o olhar. Não um olhar pessoal, tampouco um olhar abstrato, mas o olhar do outro como enigma. Segundo Yves Bonnefoy: "Fazer semelhante, para Giacometti, foi compreender e expressar a tensão que faz com que esse ser do interior, essa "alma" — vamos arriscar dizer essa palavra — se aproprie dos olhos, da boca, da fronte, para tirá-los do espaço"[19].

Isso que é tão manifesto em Giacometti está presente em Leonardo com o sorriso — que é também endereçamento — eternamente indecifrável. Apesar dos rabiscos de Dali zombando da Mona Lisa.

Usei o termo "transpassar" para caracterizar o vetor dito da pesquisa. Mas deve-se assinalar que não se trata de um vetor

---

19 *Giacometti*, Flammarion, 1991, p. 374.

centrífugo, levando, por assim dizer, o sujeito em direção ao seu objeto. É um vetor centrípeto, vindo do outro. E tudo o que o sujeito pode fazer é permanecer aberto ao trauma e pelo trauma.

Esse trauma do enigma não é adquirido, nem aberto de uma vez por todas; ele tem eclipses. A abertura é justamente estar disponível para o outro que vier me surpreender.

Pareço usar um tom um tanto místico. No entanto, é bem assim, com encantamento, que Freud fala de Leonardo envelhecendo e do encontro deste com a Mona Lisa:

> Ao atingir o ápice de sua vida, quando ingressava na casa dos cinquenta [...], ele sofreu uma nova transformação. Camadas ainda mais profundas de seu conteúdo anímico tornaram-se mais uma vez ativas; mas esta nova regressão veio beneficiar a sua arte que se encontrava num processo de atrofiamento. Encontrou a mulher que lhe despertou a lembrança do sorriso feliz e sensual de sua mãe [...]. Pintou a *Mona Lisa*, a *Sant'Ana com Dois Outros* e a série de retratos misteriosos caracterizados pelo sorriso enigmático[20].

Do Leonardo criança, obviamente não temos fotos. Mas, de Giacometti, temos um extraordinário retrato de família, com uma troca de olhares que vai além de qualquer descrição. Confrontam-se ali o verdadeiro sorriso leonardesco da mãe e o olho perscrutador, duro como rocha, de Alberto[21]. Um olhar perscrutador que imaginamos ser o mesmo de Leonardo, acompanhando os condenados à morte à forca para decifrar o enigma derradeiro. Longe de mim a ideia de que o enigma do outro seja sempre, como propõe Levinas, mediado, vetorizado pelo olhar.

Por outro lado, estou convencido de que é o *enigma do outro — do outro humano, adulto — que veicula outros enigmas que consideramos primeiros.*

Em Giacometti, os encontros com o rosto, com o olhar do outro, vêm pontuar, relançar a investigação. Alguns de seus modelos privilegiados precisam ser literalmente exauridos. Há o olhar do outro moribundo em dois famosos episódios nar-

---

20 *OCF-P*, X, 160-161. [*Edição standard brasileira*, vol. XI, Rio de Janeiro, Imago, p. 80.]
21 Ver Bonnefoy, Yves. *Giacometti*, op. cit., p. 37.

rados diversas vezes (*Morte de Van M. — Morte de T.*). Cito aqui a profunda reflexão de Freud acerca do enigma que a própria morte representa; nossa própria morte é mediada pela morte do próximo: "O homem já não podia manter a morte à distância, pois a havia provado em sua dor pelo defunto"[22].

Isso vale também, a meu ver, para o que eu designo, não sem reservas, como o enigma do ser, ao qual eu estenderia sem dificuldade a frase de Bonnefoy a respeito de Giacometti: "Só há pensamento do ser no encontro dos seres"[23].

É então aqui que tento reintroduzir o velho termo *inspiração*, outrora posto em uso pelos românticos, mas ressalto que sua explicitação, até mesmo entre os românticos alemães, não nos leva muito longe.

Por que apresentar esse termo como alternativo, ou talvez mais adequado, do que essa sublimação originária da qual fala Freud?

Na verdade, não se trata de um mecanismo a ser substituído por outro. Um mecanismo é sempre conjugado em eu ou em sujeito. Já a inspiração se conjuga em outro. Seu sujeito não é "o" sujeito, mas o outro, assim como na sedução, na perseguição, na revelação. Em ressonância com o outro adulto originário, esse outro, em momentos privilegiados, vem reabrir a ferida do inesperado, do enigma.

Sem referência a um conteúdo específico, aberto a múltiplas traduções, o sorriso de *São João Batista* é sempre perturbador:

> Esses quadros respiram um misticismo cujo segredo ninguém ousa penetrar [...]. As figuras são novamente andróginas, mas não mais no sentido da fantasia do abutre. São jovens lindos, de uma delicadeza feminina e de formas afeminadas; já não abaixam os olhos, mas contemplam-nos com uma expressão de misterioso triunfo como se conhecessem uma grande felicidade cujo segredo devessem calar. O sorriso fascinante e familiar leva-nos a crer tratar-se de um segredo de amor[24].

22 *OCF-P*, XIII, p. 156 [Reflexões para os tempos de guerra e morte. *Edição standard brasileira*, vol. XIV, Rio de Janeiro, Imago, p. 175].
23 Op. cit., p. 365.
24 *OCF-P*, X, p. 144. [*Edição standard brasileira*, vol. XI, Rio de Janeiro, Imago, p. 70.]

As próprias palavras de Freud mostram que a explicação em primeira pessoa é, sem dúvida, possível, mas insuficiente: "um misticismo cujo segredo ninguém ousa desvendar"; "uma grande felicidade cujo segredo devessem calar"; "um segredo de amor"; "um menino perturbado pela sua mãe". Essas expressões estão impregnadas de respeito, vindas de um personagem tão pouco respeitoso quanto o inventor da psicanálise.

Sem dúvida, a inspiração nunca é pura, nem totalmente irredutível ao olhar analítico. A interferência com elementos neuróticos, e mais ainda psicóticos, é patente em muitos casos. Mas a psicose não seria também uma reminiscência do primado do outro?

Antes de deixarmos de lado aquele a quem damos o nome de criador, vamos mostrar um último paradoxo e marcar uma outra inversão. Além do outro cuja ação traumática tentamos detectar, o outro do encontro, mas também, mediado por este, o outro da Morte ou até mesmo da Natureza, o poeta, o criador em geral, está exposto a um outro apelo, o do *público*.

Há, certamente, o público determinado sobre o qual se quer causar um certo efeito por meios adaptados e calculados. Esse público pode ser definido como objeto de uma *pragmática*, ou mesmo de uma técnica, num movimento cuja intenção é sempre ptolomaica. Mas, além desse, há o outro indeterminado, ao qual se dirige uma mensagem infinita e inapelável, o outro do século por vir, parafraseando Stendhal.

Penso que não se pode reduzir esse momento do "endereçamento" aos seus aspectos narcísicos, como Freud parece fazer em *Escritores criativos e devaneio*: um movimento que vai do criador que "se expressa" a um público "receptor", do qual é esperado, em retorno, um certo benefício. O movimento ptolomaico-narcísico da criação é inegável. Mas, além deste, com ele, efetua-se uma inversão: a expectativa do público, ela mesma enigmática, que se torna então o agente provocador do trabalho da obra.

Haveria, portanto, abertura no duplo sentido de *ser aberto por* e de *estar aberto a*; abertura pelo encontro, que renova o traumatismo dos enigmas originários, e abertura ao e pelo público indeterminado, esparso no futuro.

Do artigo de D. Lagache[25] *La psychanalyse comme sublimation* [A psicanálise como sublimação], tenho na memória o questionamento ligado ao título. E, extrapolando, direi: "A psicanálise como sublimação e/ou como inspiração".

De fato, não podemos prosseguir nessa prática — a menos que a consideremos como um instrumento profissional entre outros — sem termos a profunda convicção de que ela tem algo a ver com o originário do ser humano. A situação analítica reitera o questionamento em relação ao enigma do outro. Ela restaura, mantém firmemente sua abertura. O seu oposto inevitável e indispensável é o movimento psicoterápico inerente à própria análise, mas que constitui justamente seu polo egoico, correspondendo à incessante tendência ao fechamento.

Na situação que a presença do analista cria para o analisando, encontraríamos as *duas alteridades* que caracterizam o que eu chamei de inspiração. De um lado, o que *quer para mim* esse analista, emissor enigmático, portador de um desejo por ele mesmo ignorado. E, de outro, o que *quer de mim* essa espécie de "público", destinatário cuja expectativa se mantém permanentemente suspensa, feita para não ser satisfeita.

Freud chegou a comparar a análise com uma operação cirúrgica. Você não vai — diz ele ao paciente — deixar tudo como está e saltar da mesa de cirurgia com a barriga aberta! É pertinente essa comparação, pois a análise é, primeiramente, trabalho de desligamento. Poderíamos dizer que é uma prática controlada do desbridamento, até mesmo da pulsão sexual de morte.

Análises que fecham feridas, o que pode ser mais legítimo? Análises que se fecham, às vezes, em torno das feridas. Não vamos levar a comparação tão longe. Aliás, com muita frequência, a decisão de "fechar" não parte de nós.

No entanto, o que acredito saber é que existe um tipo de abertura que a análise às vezes mantém, aquela que é justamente sua marca de origem, sua marca *pela* origem. Essa abertura pode ser mantida, transportada para fora, para outros campos de alteridade e de inspiração. É o que se deve chamar de transferência de transferência. Transferência da transferência em oco, evidentemente, isto é, transferência da relação com o enigma enquanto tal.

---

25 *Oeuvres*, V, Paris, PUF, 1984.

É claro que se pensa, acima de tudo, na passagem à prática analítica, que não implica um "des-ser" qualquer, mas a possibilidade de ser surpreendido, capturado, atravessado pelo questionamento sem fundo daquele que vem ao nosso encontro. Mas há vários outros campos de inspiração aos quais levam o desprendimento, o luto que marca o término de uma análise. Formulei a hipótese de que o essencial desse desprendimento não era a perda de um objeto, mas a irreparável constatação de que a palavra do outro — do morto — permaneceria para sempre inacabada.

É exatamente o mesmo inacabamento que marca a fala do analista, tanto nos últimos minutos quanto ao longo da análise. Um inacabamento que cabe ao analisando transportar para outro lugar. E, nesse sentido, é inútil temer, como expressado com frequência, que a análise possa exaurir a inspiração.

Copyright © 1999 Presses Universitaires de France/Humensis
Título original: *Entre séduction et inspiration: l'homme*

CONSELHO EDITORIAL
Eduardo Krause, Gustavo Faraon, Luísa Zardo,
Nicolle Garcia Ortiz, Rodrigo Rosp, Samla Borges

REVISÃO TÉCNICA
José Carlos Calich (coord.), Fábio Belo, Felippe Lattanzio,
Fernando Cézar Bezerra de Andrade, Hélida Paiva de Magalhães,
Henriqueta Arcoverde de Melo, Luiz Carlos Tarelho,
Maria Tereza de Melo Carvalho, Marta Rezende Cardoso,
Paulo de Carvalho Ribeiro, Raquel Garcia

REVISÃO
Fernanda Lisbôa, Samla Borges

CAPA E PROJETO GRÁFICO
Luísa Zardo

**DADOS INTERNACIONAIS DE
CATALOGAÇÃO NA PUBLICAÇÃO (CIP)**

L314e Laplanche, Jean.
Entre a sedução e a inspiração: o homem / Jean Laplanche ;
trad. Vanise Dresch. — Porto Alegre : Dublinense, 2023.
272 p. ; 23 cm.

ISBN: 978-65-5553-116-9

1. Psicanálise. 2. Psicanálise — Estudo. 3. Processos
psicanalíticos. I. Dresch, Vanise. II. Título.

CDD 150.195 • CDU 159.964.2

Catalogação na fonte:
Eunice Passos Flores Schwaste (CRB 10/2276)

Todos os direitos desta edição
reservados à Editora Dublinense Ltda.
Porto Alegre • RS
contato@dublinense.com.br

Descubra a sua próxima
leitura em nossa loja online

dublinense.COM.BR

Composto em ARNHEM e impresso na PALLOTTI,
em PÓLEN BOLD 70g/m², em AGOSTO de 2023.